Dr. Stefan Bandel, Antonie Klotz,
Brigitte Wallstabe-Watermann

HILFE, ICH HABE GEERBT!

Stiftung Warentest

Inhaltsverzeichnis

178 Tipps von unseren Finanztest-Experten: So legen Sie Ihr Erbe am besten an

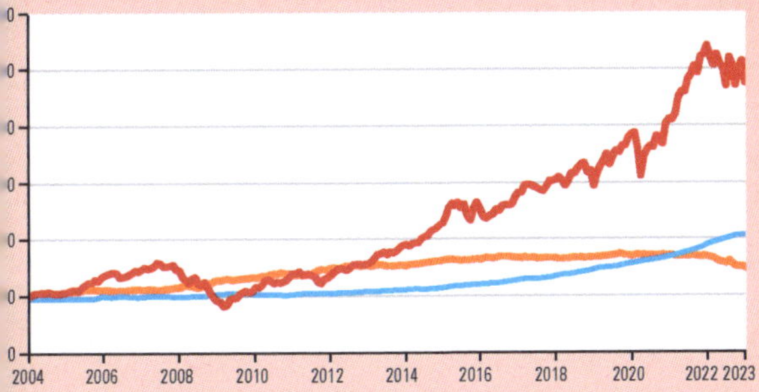

28 Annehmen oder ausschlagen? Wichtige Fristen im Überblick

131 Alles rund um die Erbschafts- und Einkommenssteuer

Was wollen Sie wissen?

Wenn jemand verstorben ist, müssen Hinterbliebene nicht nur mit ihrer Trauer zurechtkommen. Es stürmen auch viele Fragen und Probleme rund ums Erbe auf sie ein. In diesem Buch finden Sie alle wichtigen Antworten für Erben und Erbinnen. Ein paar besonders häufig gestellte Fragen finden Sie hier bereits kurz beantwortet.

Kann ich das Haus meiner Eltern steuerfrei erben, obwohl es sehr viel wert ist?

Ja, das ist möglich, vorausgesetzt, die Immobilie ist nicht allzu groß. Das selbst genutzte Familienheim ist steuerlich privilegiert, egal ob kleine Stadtwohnung oder Vorort-Villa. Im Erbfall gelten Verschonungsregeln. Das hat den Vorteil, dass die Steuerfreibeträge bei der Erbschaftssteuer für andere Vermögensübertragungen genutzt werden können.

Aber Sie müssen sich ganz exakt an die Spielregeln halten, um in den Genuss des Steuerprivilegs zu kommen. Kinder erben das Elternhaus steuerfrei, wenn sie unverzüglich in die Immobilie einziehen und mindestens zehn Jahre darin wohnen bleiben. Unverzüglich bedeutet in der Regel binnen sechs Monaten nach dem Erbfall.

Steuerfrei ist für erbende Kinder nur eine Wohnfläche bis 200 Quadratmeter. Was darüber hinausgeht, ist leider steuerpflichtig, sofern die allgemeinen Erbschaftssteuerfreibeträge bereits ausgeschöpft wurden. Mehr zur Besteuerung von Erbschaften siehe Kapitel „Die wichtigsten Steuerregeln“ ab S. 131.

Meine Eltern haben ein Berliner Testament. Was bedeutet das für uns Kinder?

Das Berliner Testament ist eine Besonderheit des deutschen Erbrechts und sehr beliebt, denn Ehepartner können sich gegenseitig finanziell absichern. Sprich, wenn ein Partner verstirbt, wird der andere zum Alleinerben und erhält das gesamte Vermögen. Das klingt erst einmal sinnvoll, doch die Regelung birgt auch eine Reihe von Nachteilen. Für Kinder kann das Berliner Testament enorme steuerliche Nachteile mit sich bringen, vor allem, wenn es sich um größere Vermögen handelt. Zwar haben Ehepartner und Kinder großzügige Freibeträge, übersteigt das Erbe diese aber, fällt beim Tod des ersten Elternteils Erbschaftssteuer an und später erneut, wenn das Erbe nach dem Tod des zweiten Elternteils an die Kinder weitergegeben wird. Was es für den überlebenden Ehepartner und die Kinder bedeutet, lesen Sie unter „Berliner Testament" ab S. 95.

Mein Vater vererbt alles seiner neuen Familie. Was kann ich tun?

Ihnen steht dennoch ein Anteil zu. Laut Gesetz haben Sie Anspruch auf den sogenannten Pflichtteil, einen Geldbetrag. Den müssen Sie allerdings von den Erben verlangen. Aber wie viel ist das? Der Pflichtteil entspricht der Hälfte des gesetzlichen Erbteils. Angenommen, der Vater hat insgesamt vier Kinder und ist erneut verheiratet. Hat er bei Eheschließung keinen Ehevertrag geschlossen, würde die Ehefrau eine Hälfte erben, die andere würde unter den Kindern aufgeteilt werden, sprich jedem Kind stünde ein Achtel des gesamten Erbes zu. Der Pflichtteil beträgt die Hälfte davon, also ein Sechzehntel. Mehr dazu siehe S. 103.

Brauche ich immer einen Erbschein?

Nicht immer. Weisen Sie auf anderem Wege nach, dass Sie erben, können Sie sich den Erbschein sparen – und viel Geld. Die Kosten eines Erbscheins hängen vom Wert des Nachlasses ab. Besonders strenge Anforderungen an Erben stellt das Grundbuchamt: Erben Sie eine Immobilie auf Basis eines notariellen Testaments, ist die Ausstellung eines Erbscheins auch hierfür in aller Regel nicht nötig. Gab es ein privates oder gar kein Testament, brauchen Erben jedoch einen Erbschein. Haben Sie Vermögensgegenstände im Ausland geerbt, ist häufig ein Europäisches Nachlasszeugnis erforderlich. Mehr Infos dazu auf S. 38.

Ich erbe von meiner Tante 100 000 Euro. Muss ich das Geld versteuern? Wie lege ich es gut an?

Glückwunsch, nicht viele Menschen erhalten so ein großzügiges Erbe. Nichten und Neffen haben leider nur einen geringen Steuerfreibetrag: 20 000 Euro sind steuerfrei. Auf die verbleibenden 80 000 Euro wird Erbschaftssteuer gemäß Steuerklasse II fällig, hier 16 000 Euro (Steuersatz: 20 Prozent, mehr Details siehe „Die wichtigsten Steuerregeln", S. 131). Langfristig anlegen können Sie das Kapital nach einem einfachen bewährten Konzept: dem Pantoffel-Portfolio von Finanztest. Es streut das Risiko, ist kostengünstig, transparent, flexibel und kann von jedermann umgesetzt werden. Und so funktioniert es: Das Kapital wird in Zinsanlagen und Aktien-ETF investiert. Je nach Risikoneigung können Sie selbst bestimmen, wie hoch der Aktien- und Zinsanteil sind, und können die Gewichtungen jederzeit verändern. Mehr zum Konzept, wie Sie geschickt vorgehen und welche ETF geeignet sind, lesen Sie in „Was tun mit dem Erbe?" ab S. 153.

Ich weiß nicht, ob mein Vater Schulden hatte. Soll ich das Erbe ausschlagen?

Unter Zeitstress stehen Erbinnen und Erben, die erwägen, ein möglicherweise überschuldetes Erbe auszuschlagen. Ihnen verbleiben für diese Entscheidung grundsätzlich nur sechs Wochen Zeit, und zwar ab dem Zeitpunkt, zu dem sie erfahren, dass sie geerbt haben. Sie sollten sich daher schnellstmöglich einen Überblick über den Nachlass verschaffen. Man kann ein Erbe nur als Ganzes ausschlagen. Wer sich dazu durchringt, muss eine beglaubigte Erklärung gegenüber dem Nachlassgericht abgeben, mehr dazu auf S. 44.

Meine Geschwister und ich erben ein Haus. Wie können wir es gerecht aufteilen?

Eine Sorge vieler Erben. Hinterlässt die verstorbene Person mehr als einen Erben und hat sie die Verteilung nicht per Testament bestimmt, entsteht eine Erbengemeinschaft. Das bedeutet, dass allen alles gemeinsam gehört. Damit die Sache nicht im Streit endet, sollten alle Beteiligten kompromissbereit sein und eine einvernehmliche Lösung anstreben. Im Idealfall setzen sie sich an einen Tisch und besprechen ihre Vorstellungen. Will ein Erbe das Haus behalten, muss der Wert ermittelt werden, damit die anderen einen fairen Anteil erhalten. Möglicherweise ist dafür eine Kreditaufnahme nötig. Siehe hierzu auch S. 165. Finden die Erben keine gemeinsame Lösung, sollten Sie einen Notar als Vermittler oder einen professionellen Mediator einschalten. Wird auch dann keine Lösung gefunden, droht die Teilungsversteigerung, die in aller Regel weniger als den Wert der Immobilie einbringt. Mehr zu Erbengemeinschaften und den Möglichkeiten einer gerechten Aufteilung von Immobilien finden Sie ab S. 71.

Basiswissen für Erben

Wenn Sie dieses Buch in Händen halten, ist wahrscheinlich ein Ihnen nahestehender Mensch verstorben. Trotz Trauer müssen Sie jetzt vieles organisieren. Dieses Kapitel hilft Ihnen, sich einen ersten Überblick zu verschaffen und sich als Erbe zurechtzufinden.

Als ob der Schock über den Verlust von Vater, Mutter, Schwester, Bruder oder eines anderen Verwandten oder Freundes für sich genommen nicht schon groß genug wäre. Doch leider haben Hinterbliebene häufig zunächst kaum Zeit zu trauern, denn eine Vielzahl organisatorischer Dinge muss jetzt schnell auf den Weg gebracht werden. Neben vielem anderen geht es auch um die sehr bedeutsame Frage, wer Erbin oder Erbe des oder der Verstorbenen wird – und was das im Einzelnen für Rechte, aber auch für Pflichten mit sich bringt.

In diesem Buch helfen wir Ihnen dabei, sich darauf einzustellen, was auf Sie als Erbin oder Erbe zukommt. Oder zählen Sie zwar nicht zum Kreis der Erben, aber erhalten ein Vermächtnis aus dem Nachlass? Wir erklären Ihnen die Unterschiede. Sie erfahren hier aber auch, welche Möglichkeiten Sie haben, wenn Sie wider Erwarten nichts erben sollten, das aber als nicht gerechtfertigt erachten.

Wir starten damit, Ihnen in diesem grundlegenden Kapitel zu erläutern, welche wichtigen Termine und Fristen Hinterbliebene bei einem Todesfall im Allgemeinen zu beachten haben, welche Schritte Sie wann unternehmen müssen und welche Fallstricke auf Sie lauern könnten. Wir erklären Ihnen die wichtigsten Begriffe rund ums Erben und geben Ihnen einen Überblick über das deutsche Erbrecht. Denn wie Sie wahrscheinlich schon wissen, hängt es entscheidend von den Verwandtschaftsverhältnissen ab, wer erbt und wer nicht, wenn es nur nach dem Buchstaben des Gesetzes geht. Das gilt dann, wenn der oder die Verstorbene keinerlei Verfügung zum Beispiel in Form eines Testaments getroffen hat. In den nachfolgenden Kapiteln gehen wir dann tiefer in die Details.

Was als Erstes zu tun ist

Nach dem Tod eines Angehörigen haben Hinterbliebene viele Formalitäten zu erledigen – manches kann etwas warten, anderes leider nicht. Wir helfen Ihnen, den Überblick zu behalten.

Vermutlich wissen Sie gar nicht, wo Ihnen der Kopf steht. Vieles stürmt jetzt auf Sie ein. Zunächst geht es um die Abwicklung der wichtigsten Formalitäten bei einem Sterbefall. Das schauen wir uns nun näher an.

Das Thema Erben spielt schon mit hinein, steht aber zunächst eher im Hintergrund. Es gilt allerdings: Sollten Sie ein Testament finden, sind Sie verpflichtet, es unverzüglich beim zuständigen Nachlassgericht abzugeben. Dazu später mehr unter „Pflichten und Fristen für Erben" ab S. 28. Dort werden wir wichtige Fristen und Termine vertiefen.

Ist eine Person zu Hause verstorben, sollten Sie als Erstes einen Arzt oder eine Ärztin rufen, für gewöhnlich die Hausärztin oder einen Notarzt. Den Notarzt rufen Sie, wenn ein Angehöriger im öffentlichen Raum verstirbt. Der Arzt stellt den Tod fest und stellt den Totenschein aus. Darin vermerkt werden Todesursache, -zeitpunkt und -ort ebenso wie die Personalien der verstorbenen Person. Dafür wird der Personalausweis der verstorbenen Person benötigt.

Stellt der Arzt oder die Ärztin eine natürliche Todesursache fest, wird der Totenschein sofort ausgestellt. Ist die Todesursache jedoch nicht natürlich oder unklar, werden die zuständigen Behörden benachrichtigt. Können Sie selbst erkennen, dass die Todesursache nicht natürlich ist (eindeutige Selbsttötung oder ein kriminelles Delikt), so müssen Sie die Polizei benachrichtigen.

Stirbt ein Mensch im Krankenhaus, wird der Totenschein dort ausgestellt, bei einem Tod im Pflegeheim verständigt das Personal Ärztin oder Arzt. Bei einem Todesfall im Ausland sollten Sie sich an die deutsche Botschaft oder ein Konsulat wenden, die sich dann um wichtige Formalitäten kümmern. Den Totenschein als sehr wichtiges Dokument benötigen die Angehörigen, um die Sterbeurkunde beim Standesamt zu beantragen und die Bestattung zu organisieren (siehe Checkliste „Alles vorhanden?“, S. 13).

Als Nächstes beauftragen Sie ein Bestattungsunternehmen. In Deutschland sind Verstorbene in der Regel binnen 24 bis 48 Stunden vom Sterbeort in geeignete Räumlichkeiten zu bringen, etwa die Leichenhalle des Bestatters oder eines Krematoriums.

→ Wer kümmert sich um die Bestattung?

Die Bestattungspflicht regelt, dass nahe Angehörige sich darum zu kümmern haben, dass die verstorbene Person ordnungsgemäß und innerhalb einer bestimmten Frist beerdigt wird. Für die Kosten aufkommen müssen in der Regel die Erben. Sie sehen also, dass beide Pflichten auch auseinanderfallen können. Verstirbt beispielsweise ein alleinstehender, kinderloser Mann, müssten sich seine Eltern oder Geschwister um die Bestattung kümmern. Seine Patentochter, die der Mann testamentarisch zur Alleinerbin eingesetzt hatte, müsste die Bestattung bezahlen.

Des Weiteren sollten Sie so wichtige Dokumente wie den Personalausweis und die Geburtsurkunde des Verstorbenen bereitlegen, bei Verheirateten auch die Heiratsurkunde. Oftmals finden sich die beiden letztgenannten Dokumente im Familienstammbuch der Person oder – falls vorhanden – im Notfallordner. Diese Dokumente werden für die anstehenden Ämtergänge benötigt. Denn ist Ihr Angehöriger zu Hause verstorben, müssen Sie den Todesfall spätestens am dritten folgenden Werktag beim Standesamt melden. Zuständig ist das Standesamt, in dessen Einzugsbereich der Sterbeort liegt. Diese Aufgabe kann auch ein Bestattungsunternehmen übernehmen. Beim Tod im Krankenhaus oder Senioren- und Pflegeheim informiert der Träger der Einrichtung das Standesamt.

Sterbeurkunde beantragen

Die Sterbeurkunde ist das amtliche Dokument, das den Tod eines Menschen bescheinigt. Angehörige benötigen davon mehrere Ausfertigungen, zum Beispiel für die Bestattung, die Krankenkasse und die gesetzliche Rentenversicherung. Die Sterbeurkunde beantragen Sie beim Standesamt oder bei der Kommunalverwaltung des Sterbeortes. Für die Ausstellung einer Sterbeurkunde sind der Totenschein und abhängig vom Familienstand weitere Unterlagen vorzulegen.

War die verstorbene Person ledig, benötigen Sie den Personalausweis und die Geburtsurkunde (sie ist häufig im Familienstammbuch abgelegt). Lebte sie in einer Ehe, ist auch die Heiratsurkunde vorzulegen. War sie verwitwet, benötigen Sie neben dem Personalausweis, der Geburtsurkunde und Heiratsurkunde auch die Sterbeurkunde des Partners. Auch diese Sterbeurkunde ist üblicherweise im Familienstammbuch oder Notfallordner abgelegt. Hat sich die Kriminalpolizei mit dem Todesfall befasst, braucht man vor der Bestattung zusätzlich den Freigabeschein der Staatsanwaltschaft.

Versicherungsverträge im Todesfall

Bei Versicherungsverträgen gilt der Grundsatz: Personenbezogene Versicherungen, etwa Krankenversicherungen, enden im Todesfall automatisch, eine Kündigung ist nicht nötig. Sachversicherungen wie Auto- und Hausratversicherung müssen Sie dagegen kündigen.

So oder so müssen Versicherer schnellstmöglich vom Tod ihrer Kundschaft unterrichtet werden, etwa per E-Mail oder Fax ans Unternehmen. Erforderliche Nachweise sind immer der jeweilige Versicherungsschein und eine Kopie der Sterbeurkunde.

→ 48 Stunden Zeit

Sehr wenig Zeit, nämlich zumeist zwischen 24 bis 72 Stunden nach dem Todesfall, bleibt den Hinterbliebenen, um die Versicherungsunternehmen zu informieren, bei denen Verstorbene wichtige Verträge hatten. Das gilt für eine Kapital-, Risikolebens- oder Sterbegeldversicherung. Näheres finden Sie in den Versicherungsunterlagen oder können Sie telefonisch erfragen. Steht Ihnen die Auszahlung einer Todesfallleistung einer privaten Unfallversicherung zu, müssen Sie den Todesfall binnen 48 Stunden der Versicherung melden. Ist die verstorbene Person bei einem Unfall ums Leben gekommen, prüft der Versicherer die Todesursache, eventuell wird eine Obduktion angeordnet.

Was sonst noch zu erledigen ist

Sofern die verstorbene Person noch im Berufsleben stand, ist der Arbeitgeber schnellstmöglich zu informieren. Hinterbliebene müssen sich auch um die nun verwaiste Wohnung kümmern, insbesondere, wenn es Haustiere zu versorgen gibt. Gegebenenfalls sollten sie Strom, Wasser, Gas und Telefon abbestellen, Fahrzeuge abmelden und Abonnements kündigen.

Selbstverständlich sind auch die gesetzliche oder private Krankenversicherung und die gesetzliche Rentenversicherung über den Tod in Kenntnis zu setzen. Letzteres ist unter anderem online über den Rentenservice der Deutschen Post möglich (https://onlinemitteilung.deutschepost.de/rentenservice/).

Hinterbliebene von Arbeitnehmerinnen und Arbeitnehmern sowie selbstständig Tätigen haben unter Umständen Ansprüche auf eine Rente. Sie können sich vorab zur Klärung der Ansprüche an die Rentenversicherungsträger wenden und anschließend eine Rente beantragen.

Hinterbliebene von Beamtinnen und Beamten wenden sich an die jeweils zuständige Dienstbehörde der verstorbenen Person. Dort können sie eine Hinterbliebenenversorgung in Form von Witwen-/Witwer- und Waisengeld sowie die Dienstbezüge für den Sterbemonat und das Sterbegeld in zweifacher Höhe der Dienstbezüge beantragen.

Um die Dinge, die jetzt anstehen, zu erledigen, können Angestellte beim Tod naher Angehöriger in aller Regel bezahlten Sonderurlaub nehmen (§ 616 BGB). Wie viele Tage möglich sind, ist gesetzlich nicht festgeschrieben. In der Praxis hängt die Anzahl der Tage insbesondere von ihrem Arbeitsverhältnis ab, aber auch vom Verwandtschaftsgrad zur verstorbenen Person. Beim Tod der engsten Angehörigen sind zwei bis drei Tage üblich. Sonderurlaub. Oftmals sind Arbeitgeber kulant.

Checkliste

Alles vorhanden?

Diese Dokumente der verstorbenen Person benötigen Sie rasch:

- ☐ **Personalausweis**
- ☐ **Totenschein**
- ☐ **Geburtsurkunde**
- ☐ **Bei Verheirateten:** Zusätzlich Heiratsurkunde/Familienbuch
- ☐ **Bei Geschiedenen:** Zusätzlich Heiratsurkunde und Scheidungsurteil
- ☐ **Bei Verwitweten:** Zusätzlich Heirats- und Sterbeurkunde des verstorbenen Partners

Weitere wichtige Dokumente

- ☐ **Chipkarte** der Krankenversicherung
- ☐ **Bestattungsvorsorgevertrag** (sofern vorhanden)
- ☐ **Versicherungsunterlagen,** Rentenversicherungsnummer
- ☐ **Mitgliedsausweise** einer Gewerkschaft – falls diese Sterbegeld zahlt.

Von Erben und Vermächtnisnehmern

Das Erbrecht ist gespickt mit juristischen Begriffen. Sie sollten wissen, was sie bedeuten, damit Sie nicht in Fallen tappen.

Umgangssprachlich werden die Begriffe „vererben“ und „vermachen“ gerne als Synonyme für ein und dasselbe genutzt. Doch die juristische Wirklichkeit sieht vollkommen anders aus. „Mein Haus und alles, was darin ist, vermache ich meinem Mann, den anderen Teil meines Vermögens vermache ich unseren beiden Töchtern.“ Wenn Sie nach dem Tod einer Angehörigen einen solchen letzten Willen finden, der nur aus diesem Satz besteht, wäre das sehr problematisch. Ein solches Testament wäre nicht rechtssicher und klar formuliert. Denn daraus geht nicht eindeutig hervor, wen die Verstorbene denn jetzt wirklich als Erben einsetzen möchte. Rechtlich betrachtet sind „vererben“ und „vermachen“ keineswegs dasselbe, sondern zwei ganz verschiedene Paar Stiefel.

Wer etwas vermacht bekommt, erhält aus einem Nachlass lediglich einen Vermögensvorteil. Üblicherweise sind das zum Beispiel Gegenstände von immateriellem oder materiellem Wert wie zum Beispiel Schmuck oder ein Auto etc.

Erbe zu werden bedeutet dagegen viel mehr: Denn Erben werden zu Rechtsnachfolgern der verstorbenen Person und treten daher in alle ihre Rechte und Pflichten ein – auch im weniger Guten, wenn etwa Erblasser verschuldet waren. Ein gravierender Unterschied also.

Jeder Mensch hat mindestens einen Erben, der seine Rechtsnachfolge antritt. Es kann auch mehrere Erben geben. Dazu gleich im Detail mehr.

Klar ist: Für das richtige Verhalten im Erbfall ist es wichtig, genau einschätzen zu können, in welcher Position Sie sich befinden – ob Sie wirklich zum Kreis der Erben zählen oder beispielsweise als Vermächtnisnehmer einzustufen sind. Daher klären wir im Folgenden die wichtigsten Begriffe rund ums Erben.

→ Deutsches Recht

Was Sie beachten sollten. Die Erklärungen hier richten sich allein nach deutschem Recht. Denn es gibt international weder einheitliche Begrifflichkeiten geschweige denn eine Einheitlichkeit in den Rechtsfolgen, wenn ein Erbfall eintritt.

Was es heißt, Erbe zu werden

„Erbe“ bezeichnet die Person oder die Personen, die zum Zeitpunkt des Todes eines Menschen („Erblasser“) juristisch an dessen Stelle treten. Im deutschen Recht geschieht dies automatisch in der Sekunde des Todes. Übrigens muss man nichts tun, um Erbe zu sein beziehungsweise zu werden, insbesondere muss man eine Erbschaft nicht aktiv annehmen. Vielmehr muss man sie ausschlagen, wenn man sie nicht haben will.

Der gesetzliche Begriff „der Erbe“ umfasst zum Ersten natürliche Personen, also Menschen aller Geschlechter und jedes Alters. Zum Zweiten können auch juristische Personen wie die Bundesrepublik Deutschland oder Vereine, Stiftungen oder Gesellschaften wie GmbH, Aktiengesellschaften etc. erben. Auch in diesem Falle ist es unerheblich, wo eine juristische Person ihren Sitz hat – alles ist möglich, was nicht von Gesetzen ausdrücklich verboten wird.

Es muss immer mindestens einen, es kann aber auch mehrere oder sogar zahlreiche Erben geben – eine zahlenmäßige Obergrenze gibt es nicht. Fakt ist: Erben mehrere Personen gemeinsam, bilden sie zusammen eine Erbengemeinschaft. Für ihr Miteinander und ihr Zusammenwirken gelten bestimmte zusätzliche Regeln und Pflichten, auf die wir gleich im Abschnitt „(Hilfe!) Erbengemeinschaft“ ab S. 71 näher eingehen werden. Erbengemeinschaften können, müssen aber nicht, größere Probleme mit sich bringen.

HÄTTEN SIE’S GEWUSST?

Erinnern Sie sich an den deutschen Modeschöpfer **Rudolph Moshammer**? Nach seinem Tod erhielt sein Yorkshire-Terrier Daisy ein lebenslanges Wohnrecht in seiner Villa.

Damit wurde **Daisy** aber nicht zu Moshammers Erbin, auch wenn das in manchen anderen Ländern möglich gewesen wäre.

Nach deutschem Recht können nur Personen Erben sein. Tiere sind nicht rechtsfähig. Sie können daher weder Erben noch Vermächtnisnehmer werden. Sie werden nach dem Tod ihres Eigentümers ähnlich wie Gegenstände Teil der Erbmasse.

Auf welcher Basis erbe ich?

Es gibt mehrere Möglichkeiten, wie jemand zum Erben oder zur Erbin werden kann. Der Erblasser kann dies durch eine letztwillige Verfügung bestimmt haben. Dazu zählen ein Testament oder auch ein Erbvertrag. Die vom Grundgesetz garantierte Testierfreiheit lässt Erblassern völlig freie Hand, wen sie zum (Allein-)Erben einsetzen. Der Erbe oder die Erbin wird aber je nach Konstellation womöglich nicht alles behalten dürfen, was er oder sie erbt. Mehr dazu erfahren Sie im Kapitel „Es gibt ein Testament" ab S. 85.

Haben Verstorbene dagegen keinen Erben durch eine letztwillige Verfügung bestimmt, kommt die gesetzliche Erbfolge zum Tragen. Dazu erfahren Sie Näheres im Abschnitt „Erbrecht in Kürze" ab S. 22, außerdem viele wichtige Details im Kapitel „Wenn es kein Testament gibt" ab S. 57.

Und was ist, wenn es auf den ersten Blick keinen Erben gibt, weil der Verstorbene alleinstehend war, keine Kinder und Verwandte hatte und auch keinen Freund oder Freundin als Erben eingesetzt hat? Oder weil der Erblasser nur Schulden zu vererben hatte, sodass alle gut beraten sind, die Erbschaft abzulehnen – das Fachwort nennt sich Ausschlagung. Mehr dazu im Abschnitt „Annehmen oder ausschlagen?" ab S. 44.

Fakt ist, dass es nach deutschem Recht immer einen Erben gibt. Schlagen tatsächlich alle Personen, die eigentlich erben könnten, die Erbschaft aus, dann erbt das Bundesland, in dem Verstorbene zur Zeit des Erbfalls ihren letzten Wohnsitz oder – falls sich der nicht feststellen lässt – ihren gewöhnlichen Aufenthalt hatten. Im Übrigen erbt die Bundesrepublik Deutschland (was nicht ausschließt, dass andere Staaten auf Erbschaften zugreifen, die in ihrem Herrschaftsbereich liegen).

Solange die Erben unbekannt sind, sorgt einstweilen das zuständige Nachlassgericht für die Sicherung des Nachlasses, bis sie ermittelt worden sind. Es kann für die unbekannten Erben einen Nachlasspfleger bestellen, der dann die notwendige Abwicklung übernimmt.

Erben sind Rechtsnachfolger

Genau betrachtet wird in der Todessekunde des Erblassers der Erbe, die Erbin oder die Erbengemeinschaft zum Gesamtrechtsnachfolger. Dieser Begriff ist von großer Bedeutung – und in der Tat sehr umfassend zu verstehen. Konkret bedeutet das, dass Erben das gesamte Vermögen der verstorbenen Person erwerben. Dazu zählen alle Tiere des Verstorbenen genauso wie seine Sachen, wie zum Beispiel Immobilien, Autos, Möbel, Schmuckstücke, aber genauso gut auch die Wertstoffsammlung oder der Müll in der Garage. Gleiches gilt für alle vererblichen Rechte, zum Beispiel Patente oder Zahlungsansprüche, die Verstorbene innehatten.

Daneben werden auch alle Verträge und Mitgliedschaften vererbt – zum Beispiel Miet- oder Leasingverträge, Abonnements, Kauf-, Darlehens- und Anstellungsverträge,

Mitgliedschaften im Fitnessstudio, gebuchte Reisen. Mit dem Tod enden diese Verträge nicht automatisch. Allerdings kann der Tod ein Recht begründen, dass Erben die Verträge aus wichtigem Grund kündigen können. Das gilt zum Beispiel für ein Zeitschriftenabonnement oder den Mobilfunkvertrag. Gleiches gilt auch für den jeweiligen Vertragspartner.

In guten wie in schlechten Zeiten – das trifft auch auf die Betrachtung eines Erbfalls zu. Denn der Erbe oder die Erbin treten die Rechtsnachfolge nicht nur im Hinblick auf das Vermögen der verstorbenen Person an. Sie stehen grundsätzlich auch für deren gesamte Schulden gerade. Wichtig zu wissen: Jeder Miterbe einer Erbengemeinschaft haftet den Gläubigern für die gesamten Schulden, also nicht nur in Höhe seines Anteils an der Erbengemeinschaft. Darüber hinaus werden Erben auch Rechtsnachfolger für Situationen und Ereignisse, die den Erblasser betroffen haben – also zum Beispiel für den Unfall, der zum Tod der Erblasserin geführt hat. Das kann bittere Folgen haben: Hat die Erblasserin etwa den Unfall verursacht, bei dem weitere Personen geschädigt wurden, ist es möglich, dass der Erbe Schadenersatz leisten muss. Umgekehrt steht dem Erben das Recht zu, Schadenersatz von Dritten zu verlangen, die den Tod der Erblasserin oder sonstige Schäden an deren Vermögen verursacht haben. Dabei geht es oft um Versicherungsansprüche.

Manchmal finden sich im Nachlass aber auch strafrechtlich relevante Sachverhalte – auch um diese können Sie sich als Erbe oder Erbin und somit als Gesamtrechtsnachfolger nicht herumdrücken. Finden Sie zum Beispiel Hinweise darauf, dass der Erblasser (Schwarz-?)Geld in Steueroasen angelegt und – bisher unentdeckt – Steuern hinterzogen hat, müssen Sie so etwas unverzüglich offenlegen und daraus resultierende Verzugszinsen zahlen. Das Erben von Schwarzgeld selbst ist nicht strafbar – wohl aber können sich Erben strafbar machen, wenn sie damit nicht angemessen umgehen. Sie stehen in der Pflicht, Schwarzgeld unverzüglich dem Finanzamt zu melden. Wenn

Ob ein Erbe oder eine Erbin in eine Gesellschaft (BGB-Gesellschaft, OHG, GmbH etc.) als Rechtsnachfolger automatisch eintritt und in dieser bleiben kann, ist eine Frage des Gesellschaftsvertrags (der Satzung) und damit des Einzelfalls. Scheidet er aus oder kann er von den verbleibenden Gesellschaftern ausgeschlossen werden, stehen ihm zumeist Abfindungsansprüche zu.

Sie das jedoch „vergessen“ und unterlassen, dann begehen Sie womöglich selbst Steuerhinterziehung – mit all den juristischen Konsequenzen, die das mit sich bringen kann. Als Erbe haften Sie auch für die vom Erblasser hinterzogenen Steuern. Das kann zum Problem werden, wenn das sonstige ererbte Vermögen nicht ausreicht, um diese Steuerschulden zu begleichen. Sie haben die Möglichkeit, das Erbe auszuschlagen, dazu mehr ab S. 44. Mehr Details zum Thema Steuern finden Sie im Kapitel „Die wichtigsten Steuerregeln“ ab S. 131.

Als Erbin oder Erbe werden Sie auch Rechtsnachfolger in Bezug auf alle persönlichen Dinge und Angelegenheiten, zum Beispiel Briefe, Tagebücher, Fotoalben (egal, ob verkörpert oder in digitaler Form), Accounts in sozialen Medien einschließlich strafbarer Inhalte wie Kinderpornografie.

Nicht an den Erben oder die Erbin vererbt werden hingegen Fähigkeiten, Berechtigungen, persönliche Sanktionen und der persönliche Status der verstorbenen Person. Dazu zählen der Führerschein genauso wie die Stellung als Bürgermeisterin oder Bürgermeister, Vorstand oder Geschäftsführer eines Unternehmens, Beamtin oder Angestellter, die verhängte Freiheitsstrafe oder die Staatsangehörigkeit, Aufenthaltsberechtigung und dergleichen.

Wer erbt, erbt Verantwortung

In der Regel trifft die Erben die Verpflichtung und damit auch die Verantwortung, den Nachlass abzuwickeln. Testamentarisch kann diese Verpflichtung auch einem Testamentsvollstrecker auferlegt werden. Mehr zur Rolle von Testamentsvollstreckern finden Sie ab S. 124.

Ein häufiges Missverständnis besteht darin, dass oftmals davon ausgegangen wird, dass die erbende Person automatisch auch wirtschaftlich am meisten von der Erbschaft profitiert. Das ist keineswegs die Regel. Der Erbe oder die Erbin erwirbt zwar zunächst alles. Doch das bedeutet nicht, dass er oder sie dauerhaft alles behalten darf. Denn je nach Fall und letztem Willen der verstorbenen Person können Erben einiges an Auflagen auferlegt bekommen haben – so müssen sie beispielsweise Vermächtnisse oder Pflichtteilsansprüche erfüllen. Außerdem müssen sie aus der Erbschaft vorrangig auch die Ansprüche von Gläubigern der verstorbenen Person erfüllen. Sie sehen also: So einfach ist das nicht mit dem Erben.

Vermächtnis als Vermögensvorteil

Das Stichwort „Vermächtnis" ist bereits gefallen. Anders als Erben treten Vermächtnisnehmer nicht die Rechtsnachfolge der verstorbenen Person mit allen positiven wie negativen Konsequenzen an. Sie haben vielmehr in der letztwilligen Verfügung des Erblassers ein Recht zugesprochen bekommen, etwas zu fordern. Meist richtet sich dieses Recht gegen die Erben.

Wer etwas vermacht bekommt, erhält also zumeist einen Vermögensvorteil, üblicherweise sind das eine oder mehrere Sachen aus einem Nachlass. Das kann ein Geldbetrag sein oder ein Kugelschreiber, an dem besondere Erinnerungen hängen, genauso gut kann es sich aber auch um eine wertvolle Immobilie handeln.

Um im Beispiel mit der Immobilie zu bleiben: Es kann im Testament festgelegt worden sein, dass ein Vermächtnisnehmer eine Immobilie erhält, dafür aber dem Erben einen Ausgleich zahlen muss. Sie sehen schon: Erblasser können in ihrem letzten Willen Vermächtnisse dafür genutzt haben, um eine gewünschte Verteilung ihres Nachlasses herbeizuführen.

Inhalt eines Vermächtnisses kann aber auch sein, dass Vermächtnisnehmer Schulden des Erben übernehmen müssen, zum Beispiel mit der vermachten Eigentumswohnung die noch nicht abgezahlten Schulden für den Wohnungskauf. Auch hier geht nichts automatisch über, vielmehr muss die Schuldübernahme mit dem Gläubiger (zumeist ein Kreditinstitut) vereinbart werden. Es gibt auch keine allgemeine Regel, dass der Gläubiger damit einverstanden sein muss, ein Vermächtnis mit solchen Bedingungen kann folglich undurchführbar sein.

Basis eines Vermächtnisses ist immer eine letztwillige Verfügung des Erblassers. Allerdings gibt es auch per Gesetz festgeschriebene Rechte naher Angehöriger gegen den Erben, für die die Vorschriften des Vermächtnisses gelten. Dazu zählen zum Beispiel der „Voraus" des Ehegatten (siehe „Der Voraus", S. 60) oder der „Dreißigste" für Familienangehörige des Erblassers (siehe „Hätten Sie's gewusst", S. 20).

Pflichtteil als Mindestbeteiligung

In Deutschland steht bestimmten natürlichen Personen, die Verstorbenen als Ehepartner oder nahe Verwandte verbunden sind, eine Mindestbeteiligung am Nachlass zu. Mit anderen Worten: Sie haben einen Anspruch auf den sogenannten Pflichtteil (§ 2303 BGB). Und zwar dann, wenn sie über eine Verfügung von Todes wegen von der Erbfolge ausgeschlossen worden sind. Das ist zum Beispiel dann der Fall, wenn sich im

HÄTTEN SIE'S GEWUSST?

Was ist der Dreißigste? Hat eine Person mit dem Erblasser bis zu dessen Tod in einem gemeinsamen Haushalt zusammengelebt und von ihm oder ihr Unterhalt bekommen, darf sie in den **ersten 30 Tagen** nach dem Todesfall in der Wohnung bleiben, die Wohnung und die darin befindlichen Haushaltsgegenstände weiter nutzen und hat Anspruch auf Unterhalt im bisherigen Umfang.

Das gilt auch dann, wenn diese Personen nicht Erbin oder Erbe werden. Näheres regelt **Paragraf 1969 BGB**. Den Anspruch können Familienangehörige des Verstorbenen ebenso haben wie eingetragene Lebenspartner, Pflege- und Stiefkinder, aber auch nichteheliche Lebensgefährten. Per Testament können Erblasser aber den Dreißigsten abändern oder ganz ausschließen.

Testament ein Satz findet wie: „Mein Sohn Rainer soll nichts erben." Der betroffene Sohn kann gegenüber den Erben unter Umständen einen Pflichtteilsanspruch geltend machen. Denn das deutsche Erbrecht stellt nahe Angehörige unter besonderen Schutz. Sie können nach dem Gesetz schlichtweg nicht einfach mir nichts, dir nichts komplett enterbt werden. Anspruch auf einen Pflichtteil haben enterbte Abkömmlinge, auch aber enterbte Ehegatten oder eingetragene Lebenspartner. Die Eltern des Verstorbenen haben dann einen Pflichtteilsanspruch, wenn dieser keine Kinder hatte. Andere Verwandte haben diesen Anspruch indes nicht. Zahlungspflichtig ist in der Regel der Erbe oder die Erbin.

Ebenso wie Vermächtnisnehmer werden Pflichtteilsberechtigte nicht zu Rechtsnachfolgern des Erblassers. Sie erwerben mit dessen Tod weder Eigentum noch sonstige Rechte, Pflichten oder Vertragsverhältnisse, haften also auch nicht für Schulden der verstorbenen Person.

Basis für den Pflichtteil ist allein das Gesetz. Anlass dafür, den Pflichtteil zu fordern, ist entweder, dass Pflichtteilsberechtigte in einer letztwilligen Verfügung nicht oder nicht ausreichend bedacht wurden, oder, dass die Verstorbenen zu ihren Lebzeiten ihr Vermögen oder Teile davon verschenkt haben und dies dazu führt, dass die Pflichtteilsberechtigten einen zu kleinen Teil vom Erbe bekommen würden. Näheres zum Pflichtteil siehe S. 103.

→ Die Hälfte des Erbteils

Der Pflichtteil beträgt per Gesetz die Hälfte des Wertes des gesetzlichen Erbteils. Der Pflichtteilsanspruch ist immer nur ein Recht, die Zahlung von Geld zu fordern, nicht aber Teile der Erbschaft. Das kann die Zahlungspflichtigen womöglich in finanzielle Bedrängnis bringen.

Was ist Testamentsvollstreckung?

Für Erblasser kann es viele Gründe geben, warum sie für ihren Nachlass einen Testamentsvollstrecker einsetzen. Ein häufiger Grund ist, dass minderjährige Kinder zum Kreis der Erben gehören oder Personen, die aufgrund einer Erkrankung geschäftsunfähig sind. Sie lesen daraus aber schon, dass Grundlage der Testamentsvollstreckung immer eine letztwillige Verfügung ist. Eine gesetzlich angeordnete Testamentsvollstreckung gibt es in Deutschland – anders als zum Beispiel im angloamerikanischen Rechtsraum – nicht.

Der Testamentsvollstrecker fungiert als Sachwalter der verstorbenen Person und trägt dafür Sorge, dass deren letzter Wille in die Tat umgesetzt wird. Wichtig zu unterscheiden: Er wird also nicht zum Rechtsnachfolger des Erblassers, das werden nur Erben. Testamentsvollstrecker übernehmen allerdings vollständig oder teilweise Aufgaben von Erben, erfüllen zum Beispiel deren Pflichten, wickeln den Nachlass ab und/oder verwalten ihn. Was Testamentsvollstrecker im Einzelfall dürfen und sollen, ergibt sich aus dem jeweiligen Testament. Das kann sogar bedeuten, dass die Erben die Verfügungsmacht über den Nachlass vollständig an den Testamentsvollstrecker verlieren. Das deutsche Erbrecht macht es möglich, Testamentsvollstreckern eine erhebliche Machtfülle über einen langen Zeitraum zulasten der Erben zu übertragen.

Es können auch mehrere Personen gemeinsam zu Testamentsvollstreckern bestimmt werden. Mehr dazu siehe „Der Testamentsvollstrecker“, S. 124.

Erbengemeinschaft mit Tücken

Erbt nicht eine einzige Person, sondern eine Gruppe von Personen, bilden sie automatisch eine Erbengemeinschaft, wie Sie bereits gelesen haben. Eine solche Erbengemeinschaft kann entstehen, wenn die verstorbene Person keinen letzten Willen aufgesetzt hat, dann greift die gesetzliche Erbfolge. Eine Erbengemeinschaft kann sich jedoch auch auf Basis eines Testaments ergeben, wenn dort mehrere Erben eingesetzt wurden.

Wichtig ist, die Konsequenzen daraus zu kennen: Was bisher dem Erblasser gehörte, gehört nun in der Gesamtrechtsnachfolge allen Mitgliedern der Erbengemeinschaft zusammen – buchstäblich vom Messer bis hin zum Mehrfamilienhaus. Jedem gehört an jedem Teil des Nachlasses ein Stückchen entsprechend seinem Erbteil.

Der große Haken von Erbengemeinschaften liegt darin, dass alle nötigen Handlungen, die ein Alleinerbe selbst vornehmen kann, von allen Mitgliedern der Erbengemeinschaft gemeinsam abgestimmt und vorgenommen werden müssen. Sind sich die Mitglieder der Erbengemeinschaft nicht einig, geht schnell nichts mehr weiter: Verfügungen, wie zum Beispiel Überweisungen oder auch die Veräußerung von Nachlassgegenständen, werden hierdurch schwerfällig. Und bei Uneinigkeit oder Streit der Erben kann es zu komplettem Stillstand kommen. Wie sich Erbengemeinschaften pragmatisch organisieren können, erfahren Sie unter „(Hilfe!) Erbengemeinschaft“ ab S. 71.

Das gesetzliche Erbrecht in Kürze

Im Bürgerlichen Gesetzbuch (BGB) findet sich geregelt, wer den Nachlass erhält, wenn es keine letztwillige Verfügung gibt. Das kann allerdings zu unerwünschten Ergebnissen führen.

→ **Gibt es ein Testament,** hat der Erblasser seinen Willen festgelegt. Liegt beim Tod einer Person hingegen keine Verfügung von Todes wegen vor, also weder Testament noch Erbvertrag, dann gelten für die Abwicklung eines Erbfalls die gesetzlichen Vorschriften des Bürgerlichen Gesetzbuchs (BGB).

Gegen die gesetzlichen Regeln ist erst einmal nichts einzuwenden, denn prinzipiell folgen sie dem gesunden Menschenverstand. Die meisten Menschen haben nahe Angehörige und wollen diese nach ihrem Tod bedenken – zumeist sollen Ehe- oder Lebenspartner, aber auch die Kinder oder Enkel den Nachlass bekommen. Und das sieht auch das BGB grundsätzlich so vor.

Doch wie so häufig, liegt die Tücke im Detail. Je nach Familienkonstellation kann es passieren, dass der überlebende Ehegatte nicht alles erbt, selbst wenn es keine Kinder gibt. Zählen Ehegatten und Kinder zu den Hinterbliebenen, bilden sie eine – wie geschildert womöglich konfliktanfällige – Erbengemeinschaft. Die Erben müssen dann eine Menge Kooperationsbereitschaft aufbringen, sei es bei der Verteilung des Nachlasses oder auch bei der Aufteilung der Arbeit, die ein Erbfall ohne Regelungen auslöst. Und auf moderne Patchworkfamilien war das mehr als 120 Jahre alte Bürgerliche Gesetzbuch natürlich noch gar nicht eingestellt. In solchen Fällen kann es passieren, dass jemand Erbe wird, der eigentlich gar nicht vorgesehen war.

Wie Sie schon wissen, ist Ihre Position in der Erbfolge vor allem abhängig vom Verwandtschaftsgrad zum Erblasser. Machen Sie sich also Ihr Verwandtschaftsverhältnis zur verstorbenen Person klar – anhand der Grafik „Geordnet erben“ auf S. 25 können Sie ablesen, in welcher Reihenfolge Sie als Erbin oder Erbe in Betracht kommen. Welcher Anteil Ihnen zusteht, erfahren Sie ab S. 58. Hier nun ein erster Überblick, wer in welcher Konstellation als Erbe vorgesehen ist.

Erben nach vorgegebener Ordnung

Die Erben werden in Etappen festgelegt. Es gilt das Prinzip: Sind ein oder mehrere Angehörige einer höheren Ordnung am Leben, kommen diese vorrangig zum Zuge. Wenn ein Erbberechtigter verstorben ist, rücken wiederum seine nächsten Nachkommen in der Erbfolge nach.

Hinterbliebene Partner

Im ersten Schritt werden die Ansprüche von Ehepartner und Partnern einer eingetragenen Lebenspartnerschaft bestimmt. Ob eine Lebenspartnerschaft seit Herbst 2017 in eine „Ehe für alle“ umgewandelt wurde oder nicht, spielt dafür keine Rolle. Eingetragene Lebenspartnerinnen und -partner erhalten ebenso wie die Ehepartner nach dem Ehegattenerbrecht einen erheblichen Anteil des Vermögens. Wie hoch dieser Anteil genau ausfällt, hängt zum einen vom Güterstand des Paares ab. Zum anderen ist von Bedeutung, welche und wie viele weitere Erben einen Anspruch haben. Einen Überblick finden Sie in der Grafik „Erbteil hängt vom Güterstand ab“ auf S. 61.

Überdies haben Sie als überlebender Partner in der Regel Anspruch auf den „Voraus“ (mehr dazu „Der Voraus“, S. 60), wenn es streng nach dem gesetzlichen Erbrecht geht. Der Voraus wird bei der Berechnung der Erbansprüche des Ehegatten nicht auf das übrige Erbe angerechnet – Ehegatten erhalten ihn also zusätzlich.

Grundsätzlich gilt:

- **Mindestens ein Viertel** des Vermögens bekommt der Partner immer. Hatte der Verstorbene keine Kinder, erhält er mindestens die Hälfte.
- **Wenn keine gesonderte Regelung** zum Güterstand getroffen wurde, das Paar also vor dem Erbfall als Zugewinngemeinschaft gelebt hat, kommt zum Anteil des Partners ein weiteres Viertel als „pauschaler Zugewinnausgleich“ dazu. Bei Gütertrennung gelten abweichende Regeln.
- **Den kompletten Nachlass** erhält der Ehegatte nur, wenn der oder die Verstor-

bene keine Kinder, Enkel, Eltern, Geschwister, Großeltern, Onkel, Tanten oder deren Nachkommen hatte.

Kinder und andere Verwandte

Der Teil des Nachlasses, der nicht an einen Ehegatten oder Lebenspartner geht, steht der Verwandtschaft der verstorbenen Person zu. Wie schon erwähnt, geht das streng nach Reihenfolge gemessen am Verwandtschaftsgrad. Liegt keine Verfügung von Todes wegen vor, kommt es nach der gesetzlichen Erbfolge häufig dazu, dass mehrere Personen gemeinsam erben, oft sind es die Kinder der Verstorbenen.

Das BGB teilt die Hinterbliebenen in verschiedene „Ordnungen" ein, siehe Grafik „Geordnet erben" rechts.

- **1. Ordnung:** Hatte der oder die Verstorbene eigene Kinder, dann erben sie bevorzugt – und somit sind alle weiter entfernten Familienangehörigen von der Erbfolge ausgeschlossen. Sollte eines der Kinder bereits tot sein, treten dessen Nachkommen automatisch seinen Platz in der Rangordnung an. Ist also zum Beispiel das eigene Kind des Erblassers schon verstorben, hatte aber selbst ein Kind hinterlassen, dann rückt das Enkelkind auf und verdrängt alle anderen potenziellen Erben mit niedrigeren Ordnungsnummern aus der Erbfolge.
- **2. Ordnung:** Hatte die verstorbene Person keine eigenen Kinder, kommen andere Verwandte zum Zug. Auch hier gibt es eine im BGB festgelegte Reihenfolge. Zunächst sind die Eltern an der Reihe. Sollten sie bereits tot sein, deren Nachkommen, also die Geschwister der verstorbenen Person.
- **3. und weitere Ordnungen:** Lässt sich auch in der 2. Ordnung kein Erbe finden, könnten die Großeltern der verstorbenen Person erben beziehungsweise deren Nachkommen, also Tanten und Onkel, und wenn diese verstorben sind, Cousinen und Cousins, etc.
- **Sofern sich** gar kein leiblicher Verwandter finden lässt und es auch keinen Partner gab, fällt das Erbe an das jeweilige Bundesland, also an den Staat.

Ob eine Person als Erbin nach der gesetzlichen Erbfolge in Frage kommt, entscheidet sich also nach ihrer Position im jeweiligen Ordnungsrang. Davon hängt jedoch noch etwas Weiteres ab: Die Ordnungsränge bilden auch die Grundlage für die Höhe der Besteuerung des Erbes und die Bestimmung der Pflichtteile (siehe dazu „Pflichtteilsanspruch", S. 103). Im deutschen Steuerrecht gilt: Je enger die verwandtschaftliche Beziehung zwischen Erblasser und Erben, desto höher fallen die Freibeträge bei der Erbschaftssteuer aus und desto niedriger sind die Erbschaftssteuersätze auf höhere Summen. Mehr Informationen zur Besteuerung des Erbes erhalten Sie im Kapitel „Die wichtigsten Steuerregeln" ab S. 131.

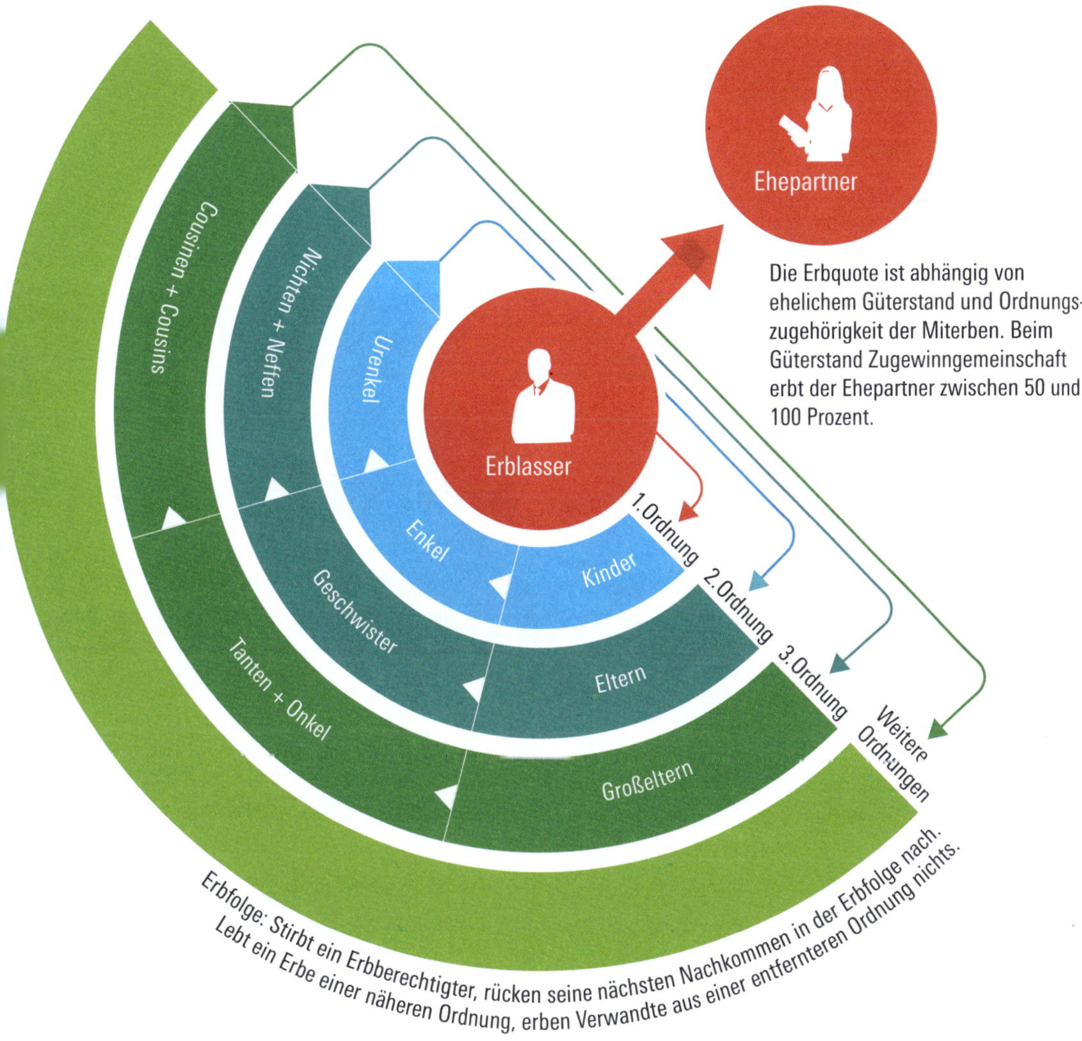

Geordnet erben

Beispiel: Ein Ehemann und Vater stirbt. Seine Ehefrau erbt mit Tochter und Sohn. Das Kind der Tochter erbt nichts. Aber: Lebt die Tochter beim Tod ihres Vaters nicht mehr, rückt die Enkelin in ihre Erbposition auf. Dann erben Ehefrau, Sohn und Enkelin.

Der Erbfall ist eingetreten

Erben müssen schnell entscheiden, ob sie das Erbe antreten oder ausschlagen. Hier erfahren Sie, wie Sie die nötige Vermögensübersicht erstellen, wann Sie einen Erbschein brauchen und welche Fristen und Fallstricke Sie beachten sollten.

Im letzten Kapitel haben Sie gelesen, was Hinterbliebene nach einem Todesfall am dringendsten zu organisieren haben. Nicht jeder oder jede Hinterbliebene ist jedoch gleichzusetzen mit dem Erben oder der Erbin. Außerdem können auch mehrere Personen gemeinsam Erben werden – je nachdem, ob es einen letzten Willen gibt oder nicht und was darin festgelegt wurde. In diesem Kapitel richten wir den Fokus auf die zentralen Fragen, die Erben als Gesamtrechtsnachfolger einer verstorbenen Person unmittelbar nach deren Tod beschäftigen. Auch hier ist einiges zu berücksichtigen. Und es sind schon in kurzer Zeit nach dem Todesfall Entscheidungen von großer Tragweite zu treffen, etwa wenn es darum geht, ob Sie das Erbe annehmen oder doch besser ausschlagen.

Erbe, Erbin oder Erbengemeinschaft stehen unter einem gewissen Zeitstress: Sie müssen sich einerseits rasch einen Überblick über den Nachlass verschaffen, andererseits kann es dauern, bis sie alle Informationen zusammengetragen haben. Je nachdem, wie gut der Erblasser seine Unterlagen geordnet hatte und ob die Erben rechtzeitig umfassend bevollmächtigt wurden, kann das einer Quadratur des Kreises nahekommen. Aber sehen Sie selbst.

Pflichten und Fristen für Erben

Als Erbe oder Erbin treten Sie juristisch an die Stelle der verstorbenen Person. Hier erhalten Sie einen Überblick über Ihre Pflichten und die Termine, die Sie beachten sollten.

→ **Zum Zeitpunkt des Todes** eines Menschen treten Erbe, Erbin oder eine Erbengemeinschaft juristisch an dessen Stelle. Die Erben haben sich nun um alles zu kümmern, was vorher der Erblasser oder die Erblasserin getan hat – von der Pflege der Haustiere über die Bezahlung von offenen Rechnungen bis hin zur Verwaltung eines Mietshauses und vieles mehr. Als Allererstes muss jedoch geklärt werden, ob ein Testament existiert oder nicht.

Testament unverzüglich abgeben

Wenn Sie ein Testament finden, dann sind Sie gesetzlich dazu verpflichtet, es nach Kenntnis des Todesfalls unverzüglich beim Nachlassgericht des letzten Wohnorts des Verstorbenen abzugeben. „Unverzüglich" bedeutet ohne schuldhaftes Zögern. Das gilt übrigens für sämtliche Schriftstücke, die einen letzten Willen darstellen können. Und sei es ein handbeschriebenes Stück Küchenrolle! Denn nicht die Angehörigen, sondern das Gericht entscheidet darüber, ob ein Schriftstück als rechtsgültiges Testament anzusehen ist oder nicht.

Wenn Sie kein Testament finden oder von keinem wissen, wird das Nachlassgericht in der Regel aktiv und wird den oder die Erben ermitteln. Dazu kommt es in der Regel auf die nächsten Verwandten zu, bittet sie um Mitwirkung – und fragt bei der Gelegenheit schon mal den Wert von Geldguthaben der verstorbenen Person ebenso mit ab wie etwaigen vorhandenen Grundbesitz. Mehr dazu im Kapitel „Wenn es kein Testament gibt" ab S. 57.

Eventuell hatte der Erblasser aber auch ein Testament geschrieben, das Dokument aber nicht zu Hause aufbewahrt, sondern es beim Nachlassgericht in amtliche Verwahrung gegeben? Dann liegt es dem Nachlassgericht also bereits vor und kann zügig eröffnet werden. Oder er oder sie hatte ein notarielles Testament gemacht? Dann haben es der beurkundende Notar oder die Notarin ebenfalls beim Nachlassgericht in die amtliche Verwahrung gegeben. Vielleicht hatte die verstorbene Person aber auch mit ihrem Erben einen notariellen Erbvertrag geschlossen? Erbverträge, die das Notariat bis zum Tod des Erblassers in der Verwahrung hatte, wird es auf Aufforderung des Nachlassgerichts unverzüglich dort abliefern. In allen Fällen wurde das Testament dann im Testamentsregister der

Die wichtigsten Schritte

Enge zeitliche Vorgaben haben Erben zu beachten. Die zentrale Entscheidung, ob sie das Erbe ausschlagen, müssen sie schon binnen sechs Wochen ab Kenntnis ihres Erbrechts treffen.

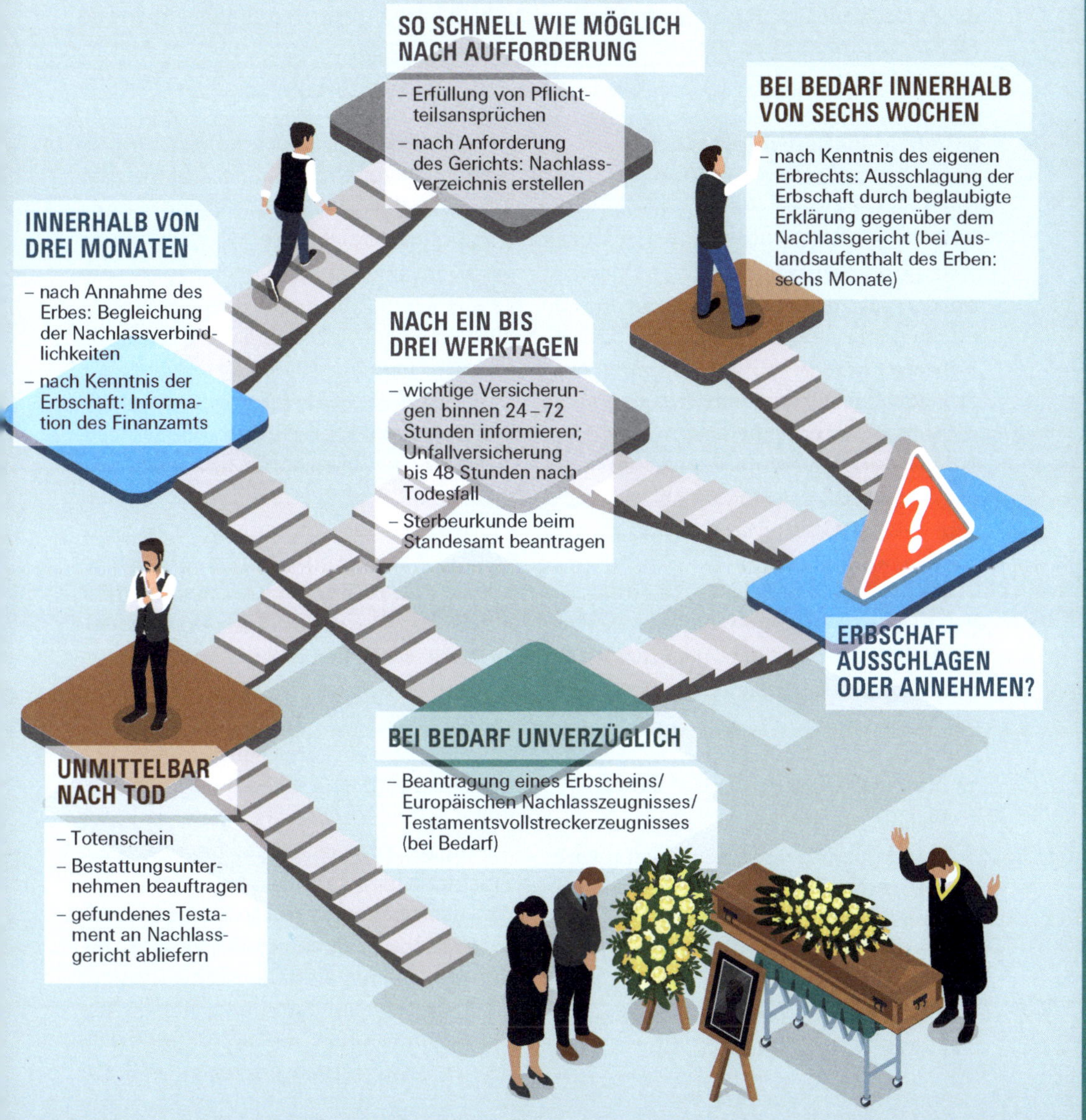

Bundesnotarkammer registriert und kann daher rasch zur Geltung gebracht werden. Mehr dazu im Kapitel „Es gibt ein Testament“ ab S. 85.

Pflichtteilsansprüche rasch nach Anforderung erfüllen

Nehmen wir an, Sie sind Alleinerbin oder -erbe Ihrer Mutter. Ihre Schwester wurde testamentarisch explizit enterbt. Oder Ihre Mutter hat in ihrem Testament Sie als Alleinerben eingesetzt und betont, dass die Schwester bereits zu ihren Lebzeiten eine große Schenkung erhalten hat, sodass sie es nicht mehr für nötig befand, sie im Todesfall zu berücksichtigen. Wie auch immer der Fall gelagert ist, es ist gut möglich, dass die Schwester Pflichtteilsansprüche geltend machen wird.

Ein Pflichtteilsanspruch steht grundsätzlich nahen Angehörigen zu, wenn sie nach der gesetzlichen Erbfolge eigentlich als Erben vorgesehen wären, aber enterbt wurden (§ 2303 BGB).

→ Nur ein Anspruch auf Geld

Pflichtteilsberechtigte können von den Erben nur eine Geldzahlung verlangen. Sie haben keinen Anspruch auf Nachlassgegenstände. Das kann problematisch sein, wenn der Nachlass vor allem aus einem einzigen großen Vermögenswert wie einer Immobilie besteht.

Der Pflichtteilsanspruch entsteht mit dem Erbfall und ist sogar vererb- oder übertragbar (§ 2317 BGB).

Als Erbe stehen Sie vor dem Problem, dass Sie per Gesetz Pflichtteilsansprüche so schnell wie möglich nach Anforderung zu erfüllen haben. Gut möglich, dass Sie zum Zeitpunkt der Anforderung aber über den Umfang des Nachlasses noch gar nicht genau im Bilde sind – Sie haben also ein Zeit- und ein Informationsproblem. Auch deshalb ist es so wichtig, sich so rasch wie möglich einen Überblick über den Nachlass zu verschaffen. Unaufgefordert müssen Erben übrigens keinen Pflichtteil auszahlen.

In seltenen Fällen dürfen Sie als Erbe von Pflichtteilsberechtigten die Stundung des Pflichtteilsanspruchs verlangen (§ 2331a BGB), und zwar dann, wenn die sofortige Erfüllung des Pflichtteilsanspruchs wegen der Art der Nachlassgegenstände eine „unbillige Härte“ darstellen würde. Das ist laut Gesetz zum Beispiel dann möglicherweise der Fall, wenn der Erbe die Familienwohnung aufgeben oder ein Wirtschaftsgut verkaufen müsste, das für ihn und seine Familie die wirtschaftliche Lebensgrundlage darstellt. Allerdings müssen auch die Interessen der Pflichtteilsberechtigten angemessen berücksichtigt werden. Wenn Sie als Erbe für die Pflichtteilszahlung einen Aufschub benötigen, müssen Sie beim Nachlassgericht einen Antrag auf Stundung stellen. Ein Pflichtteilsanspruch verjährt grundsätzlich nach drei Jahren. Diese Frist beginnt am Ende des Jahres zu laufen, in dem sich der Erbfall ereignet hat (§§ 195, 199 BGB) und (!) die Pflichtteilsberechtigten von ihrem Anspruch erfahren haben oder davon Kenntnis hätten erlangen müssen. Wenn sie hingegen nichts von dem Erbfall erfahren, zum Beispiel weil es keinen Kontakt mehr mit dem Erblasser und seiner Familie gab, dann greift 30 Jahre nach dem Erbfall die kenntnisunabhängige Verjährung – ein ziemlich langer Zeitraum also. Mehr zum Pflichtteil siehe „Pflichtteilsansprüche“, S. 103.

Verschiedene Arten von Nachlassverzeichnissen

Zur Beantragung eines Erbscheins wird Sie das Nachlassgericht anschreiben und Sie bitten, innerhalb einer festgesetzten Frist ein Nachlassverzeichnis zu erstellen und zum Termin des Erbscheinantrags mitzubringen. Darin müssen Sie das Nachlassvermögen am Todestag (Bargeld, Wertpapiere, Forderungen gegen Dritte, Lebensversicherungen, Kunstgegenstände, Gebrauchsgegenstände wie Autos, Mobiliar/Hausrat, Unternehmensbeteiligungen, Grundbesitz) ebenso auflisten wie die Schulden der verstorbenen Person am Todestag.

→ Vermögensübersicht

Eine schnelle Übersicht über den Nachlass können Sie mithilfe der Vermögensübersicht unter test.de/formulare-hilfe-erben herstellen.

Es gibt weitere Arten von Nachlassverzeichnissen, die sich zum Teil voneinander unterscheiden. Sie stellen zum Beispiel auf unterschiedliche Bewertungsstichtage des Vermögens / der Schulden ab. So gibt es noch ein Nachlassverzeichnis für die Steuererklärung, für die Pflichtteilsberechtigten und für die Verteilung unter den Erben.

Ein Pflichtteilsberechtigter kann verlangen, dass ein Notar bei der Erstellung des Nachlassverzeichnisses hinzugezogen wird. Fordert ein Pflichtteilsberechtigter die Erstellung eines Nachlassverzeichnisses, greift keine fixe gesetzliche Frist zur Erstellung und Abgabe. Wird das berechtigte Auskunftsverlangen aber nicht in angemessener Zeit erfüllt, muss der Auskunftsberechtigte den Klageweg beschreiten.

Mietverhältnis binnen Monatsfrist kündigen

Hat die verstorbene Person zur Miete gewohnt und hatte sie allein den Mietvertrag unterschrieben? Dann dürfen sowohl Sie als Erbe als auch der Vermieter innerhalb eines Monats nach dem Todesfall das Mietverhältnis außerordentlich kündigen, und zwar mit der gesetzlichen Frist. Das bedeutet konkret, dass Sie spätestens am dritten Werktag eines Kalendermonats zum Ablauf des übernächsten Monats kündigen dürfen.

Aber vielleicht möchten Sie die Wohnung lieber selbst nutzen? Das ist für bestimmte bisherige Mitbewohner möglich, denn dieses beiderseitige Kündigungsrecht gilt nicht in Fällen, bei denen das Gesetz ein schützenswertes Interesse der Mitbewohner des Verstorbenen sieht, und zwar unabhängig davon, ob sie Erben sind oder nicht. Zwingende Voraussetzung ist immer, dass ein gemeinsamer Haushalt mit der verstorbenen Person bestand.

Hierzu gibt es bei Todesfällen genaue gesetzliche Regelungen. So sieht § 563 BGB für bestimmte Personen ein Eintrittsrecht in das mit dem Erblasser bestehende Mietverhältnis vor. Es gilt zum Beispiel für den Ehegatten oder Lebenspartner, der mit dem Mieter einen gemeinsamen Haushalt führt, er tritt mit dem Tod des Mieters in das Mietverhältnis ein. Gleiches gilt für im gemeinsamen Haushalt des verstorbenen Mieters lebende Kinder, sofern nicht der Ehegatte oder Lebenspartner selbst ins Mietverhältnis eintritt. Auch andere Familienangehörige, die mit dem Mieter einen gemeinsamen Haushalt führen, haben unter Umständen solch ein Eintrittsrecht.

Der Eintritt erfolgt automatisch. Er gilt jedoch als nicht erfolgt, wenn die eintrittsberechtigte Person innerhalb eines Monats, nachdem sie vom Tod des Mieters erfährt, dem Vermieter mitteilt, dass sie das Mietverhältnis nicht fortsetzen möchte.

Hatten andere Personen gemeinsam mit dem Verstorbenen den Mietvertrag unterschrieben, so wird das Mietverhältnis mit diesen Mietern fortgesetzt (§ 563a BGB), sofern sie auch zu den privilegierten Angehörigen im gemeinsamen Haushalt gehören. Das Mietverhältnis geht in diesen Fällen automatisch auf die Mitmieter über, sie haben ebenfalls besagtes außerordentliches Kündigungsrecht, wenn sie die Wohnung nicht weiter nutzen möchten.

Erbschaft ausschlagen binnen sechs Wochen

Erbe wird man, ohne dass man das gesondert erklären müsste, in der Sekunde des Todes des Erblassers per letztwilliger Verfügung oder per Gesetz. Das gilt auch, wenn Sie das auf Sie entfallene Erbe nicht antreten möchten. Sie können das Erbe jedoch ausschlagen. Dafür kann es eine Reihe von Gründen geben, der wichtigste ist wohl die Überschuldung des Nachlasses. Aber es kann in manchen Fällen auch steuerstrategisch günstig sein. Dazu mehr Details unter „Gezielte taktische Ausschlagung" auf S. 49.

Um ein Erbe auszuschlagen, müssen Sie allerdings aktiv werden. Sie müssen dafür innerhalb von sechs Wochen nach Kenntnis Ihres Erbrechts die Erbschaft formal ausschlagen (§ 1944 BGB). Gesetzliche Erben schreibt das Nachlassgericht an und teilt ihnen mit, dass sie kraft Gesetzes zum (Allein-)Erben berufen wurden. In dem Schreiben weist es sie auf die Möglichkeit hin, die Erbschaft auszuschlagen.

Wenn Sie das Erbe ausschlagen möchten, müssen Sie eine notariell oder vom Nachlassgericht beglaubigte Erklärung gegenüber dem dafür zuständigen Nachlassgericht abgeben. Für die Wirksamkeit ist der pünktliche Zugang der Erklärung entscheidend. Hält sich der Erbe im Ausland auf, verlängert sich die Frist von sechs Wochen auf sechs Monate. Ist die Erbin oder der Erbe durch eine Verfügung von Todes wegen bestimmt worden, also durch ein Testament oder einen Erbvertrag, beginnt die Frist nicht vor Bekanntgabe der Verfügung durch das Nachlassgericht.

Bei Bedarf Erbschein zeitnah beantragen

Ein Erbschein ist ein amtliches Dokument, mit dem Sie als Erbin oder Erbe Ihren berechtigten Anspruch auf das Erbe nachweisen können (§ 2353 BGB). Übrigens werden darin auch Beschränkungen wie die Anordnung einer Testamentsvollstreckung oder eine Nacherbschaft aufgeführt. Den Erbschein stellt das zuständige Nachlassgericht auf Antrag aus. Dazu machen Sie bei Gericht einen Termin aus und beantragen das Dokument persönlich, außerdem müssen Sie eine eidesstattliche Versicherung abgeben. Sie können den Antrag auch über einen Notar stellen. Das ist zwar teurer als beim Nachlassgericht, weil Sie zusätzlich zur Beantragungsgebühr 19 Prozent Mehrwertsteuer zahlen müssen, dafür bekommt man im Notariat häufig aber deutlich schneller einen Termin als beim Nachlassgericht.

Eine Frist, bis wann man einen Erbschein beantragen muss, gibt es nicht. Sie sollten den Antrag aber nicht auf die lange Bank schieben, wenn Sie ihn brauchen. Denn es

Gut zu wissen

Ob Handyvertrag oder Zeitungsabo – auch sie gehören zum Nachlass. Anders als manche denken, endet nicht jeder Vertrag automatisch mit dem Tod, viele müssen gekündigt werden. Wer als Erbe nicht für unerwünschte Verträge zahlen will, sollte daher möglichst rasch aktiv werden. Höchstpersönliche Rechtsgeschäfte – der Arbeitsvertrag oder die Vereinsmitgliedschaft – enden dagegen, wenn das Mitglied stirbt.

Praxistipp: Anhand der Kontoauszüge der verstorbenen Person können Sie sich einen Überblick darüber verschaffen, welche Abos, Mitgliedschaften, Verträge et cetera es zu beenden gilt.

Wie lange ein Vertrag läuft und die Formvorschriften zur Kündigung ergeben sich in der Regel aus den jeweiligen Vertragsbedingungen. Manchmal gibt es Sonderregelungen für den Todesfall, manchmal können Hinterbliebene auch auf Kulanz des Vertragspartners hoffen. Vertragspartner verlangen üblicherweise eine Kopie der Sterbeurkunde als Nachweis.

dauert in aller Regel einige Wochen, bis man den Erbschein bekommt.

→ Erbscheinantrag bedeutet Erbschaftsannahme

Aufgepasst: Mit dem Antrag auf Ausstellung eines Erbscheins nehmen Sie explizit die Erbschaft an, auch etwaige Schulden! Eine gewöhnliche Ausschlagung des Erbes ist dann nicht mehr möglich.

Können Sie auf anderem Wege nachweisen, dass Sie Erbe sind, können Sie sich den Erbschein – und einiges an Geld – sparen. Denn die Erteilung eines Erbscheins kostet Gebühren. Ihre Höhe hängt vom Wert des Nachlasses ab. Gibt es ein öffentliches (notariell beurkundetes) oder privates Testament und darüber ein gerichtliches Eröffnungsprotokoll, benötigen Sie in vielen Fällen keinen Erbschein.

Hat Ihnen die verstorbene Person Vermögensgegenstände im Ausland vererbt, dann reicht ein deutscher Erbschein in der Regel nicht aus. Meist ist dann ein Europäisches Nachlasszeugnis (ENZ) nach der EU-Erbrechtsverordnung nötig, mit dem man seinen Erbenstatus nachweisen kann. Es ist in den Mitgliedsstaaten der EU gültig, außer in Irland und Dänemark. Bei Eigentum in Ländern außerhalb Europas sollten Sie auf jeden Fall einen auf diesen Markt spezialisierten Experten hinzuziehen (siehe dazu auch „Erbe im Ausland“, S. 120).

Drei Monate Schonfrist bei Nachlassverbindlichkeiten

Erben haften nach Annahme der Erbschaft nicht nur mit dem ererbten Vermögen, sondern darüber hinaus auch mit ihrem eigenen Vermögen für etwaige Verbindlichkeiten der verstorbenen Person. Außerdem haften sie auch für Kosten, die durch den Erbfall entstanden sind. Doch Erben bekommen eine Schonfrist. Innerhalb der ersten drei Monate nach der Erbschaftsannahme dürfen sie sich erst einmal einen Überblick über das Erbe verschaffen und in dieser Zeit sämtliche Zahlungen an etwaige Gläubiger verweigern (sogenannte Dreimonatseinrede, § 2014 BGB).

Die Einrede ist formlos gegenüber Nachlassgläubigern zu erklären, die in dieser Frist Ansprüche gegen Erben stellen beziehungsweise mahnen. Einen Mustertext finden Sie unter test.de/formulare-hilfe-erben. Innerhalb dieser drei Monate nach Annahme der Erbschaft sind Sie als Erbe also noch nicht verpflichtet, Nachlassverbindlichkeiten, etwa private Schulden des Erblassers sowie Verbindlichkeiten, die aus Anlass des Erbfalls entstanden sind, zu begleichen.

Wichtig: Die Einrede verhindert nicht, dass Verzugszinsen anfallen, sie schränkt nur die Vollstreckung der Ansprüche ein und hilft bei der Beschränkung der Haftung auf den Nachlass.

Erben haften für Nachlassverbindlichkeiten grundsätzlich persönlich und unbeschränkt (§ 1967 BGB). Stellt sich nach Annahme der Erbschaft heraus, dass sie leider überschuldet war, haben Sie die Möglichkeit, die Haftung auf die Erbmasse zu beschränken. So vermeiden Sie, dass Sie mit Ihrem eigenen Vermögen haften. Details dazu ab S. 53.

→ Möglichst schnell Rat einholen

Wenn Sie fürchten, dass die Erbschaft überschuldet ist, und Sie diese nicht ausschlagen wollen oder dies nicht mehr können, sind Sie gut beraten, rasch fachkundigen Rat eines Fachanwalts für Erbrecht einzuholen.

Das Finanzamt informieren

Egal, ob Erbe, Vermächtnis oder Pflichtteil: Wer bei einem Erbfall etwas bekommen hat, hat ab Kenntnis grundsätzlich drei Monate Zeit, das übertragene Vermögen dem Finanzamt zu melden. Es gibt aber eine Ausnahme von dieser Verpflichtung. Wurden Sie Erbe per Testament oder Erbvertrag und wurde die letztwillige Verfügung von einem deutschen Gericht oder Konsulat eröffnet, wird das Finanzamt automatisch ins Bild gesetzt. Sofern sich aus dem Testament klar ergibt, in welchem Verwandtschaftsverhältnis Sie zur verstorbenen Person standen, müssen Sie dann grundsätzlich keine weitere Meldung an das Finanzamt vornehmen. Anders sieht es nur dann aus, wenn Sie Grundstücke, Betriebsvermögen, Anteile an einer Kapitalgesellschaft oder Auslandsvermögen erben – dann will das Finanzamt von Ihnen so oder so informiert werden.

Die Meldung ans zuständige Erbschaftssteuerfinanzamt kann formlos erfolgen. Sie sollten aber Ihren Namen, Ihre Steueridentifikationsnummer, Adresse und Beruf ebenso angeben wie dieselben Daten der verstorbenen Person. Ferner führen Sie Todestag und Sterbeort an, Gegenstand und Wert des Nachlasses, den Verwandtschaftsgrad zum Erblasser, etwaige früher erhaltene Zuwendungen, die Sie von ihr oder ihm bekommen haben mit Angabe von Art, Wert und Zeitpunkt. Außerdem geben Sie an, ob Sie per gesetzlicher Erbfolge, Testament oder Vermächtnis etwas vom Nachlass erhalten haben.

Dass Sie das Finanzamt informieren müssen, ist aber noch nicht gleichbedeutend damit, dass Sie zwingend eine Erbschaftssteuererklärung machen müssen. Die ist nur erforderlich, wenn das Finanzamt sie explizit verlangt. Das Finanzamt prüft die Meldung, die Sie abgegeben haben, und entscheidet, ob Sie möglicherweise steuerpflichtig sind. Nur dann erhalten Sie eine Rückmeldung und werden dazu aufgefordert, eine Steuererklärung abzugeben. Bei kleineren Erbschaften, die klar unter dem jeweiligen Freibetrag liegen, wird sich das Finanzamt nicht wieder melden. Sollten Sie zur Abgabe aufgefordert werden, so beträgt die Frist zur Abgabe dann mindestens einen Monat. Mehr finden Sie unter „Die wichtigsten Steuerregeln“, S. 131.

Zwei Jahre Zeit für Berichtigung von Grundbüchern

Wenn eine oder mehrere Immobilien zum Nachlass zählten, müssen der oder die Eigentümerwechsel im Grundbuch eingetragen werden.

Praxistipp: Der Antrag auf Berichtigung von Grundbüchern sollte innerhalb von zwei Jahren nach dem Tod des Erblassers geschehen. Dazu sollte ebenfalls fachlicher Rat eingeholt werden, da die Umschreibung von Grundbüchern aufgrund eines Erbfalls innerhalb von zwei Jahren genau einmal kostenfrei möglich ist.

Diese Kostenbefreiung gilt nicht nur für die Berichtigung durch Eintragung der Erbfolge, sondern auch für sich daran unmittelbar anschließende Übereignungen an Miterben oder Vermächtnisnehmer. Wer das beachtet, kann also Gebühren sparen.

Für die Praxis bedeutet das: Die Berichtigung der Grundbücher sollte in diesen Fällen erst nach Vermächtniserfüllungen oder Erbauseinandersetzungen erfolgen.

So erstellen Sie eine Vermögensübersicht

Was gehört alles zu meiner Erbschaft? Es ist von großer Wichtigkeit, dass Sie sich einen Überblick verschaffen. Hier erfahren Sie, woher Sie die dafür nötigen Informationen erhalten.

Es liegt in Ihrem ureigensten Interesse, dass Sie sich baldmöglichst eine genaue Übersicht über den Nachlass verschaffen. Denn wie wir gesehen haben, haben Erbinnen und Erben einige Fristen zu beachten. Vor allem, wenn es darum geht, Pflichtteilsansprüche zu erfüllen, oder zu vermuten steht, dass die Erbschaft mit hohen Schulden belastet sein könnte, ist rasch eine genaue Übersicht erforderlich. Wie Sie bereits gesehen haben, können Sie dafür unser Formular „Vermögensübersicht" unter test.de/formulare-hilfe-erben nutzen. Doch woher und von wem bekommen Sie die hierfür erforderlichen Informationen? Die Antwort auf diese Frage ist einfach, aber die praktische Umsetzung ist leider nicht immer ganz so leicht.

Als Rechtsnachfolger bekommen Erben die Informationen an erster Stelle vom Erblasser selbst, also aus dessen Unterlagen und Aufzeichnungen. Außerdem erhalten sie sie von allen, die schon dem Erblasser gegenüber verpflichtet waren, ihm Informationen zukommen zu lassen.

Da man sich seinen Erblasser nicht aussuchen kann, muss man hoffen, möglichst geordnete Unterlagen vorzufinden, einschließlich der notwendigen Zugangsmittel und -daten (Schlüssel, Tresorkombination, Bankzugänge, Zugriff auf digitale Daten und Onlinequellen etc.). Waren Sie selbst für den Erblasser in dessen letzten Jahren als Bevollmächtigter oder Betreuer tätig, können Sie auf das zugreifen, was er selbst geordnet hat. War eine andere Person Betreuerin des Erblassers für Vermögensangelegenheiten, ist dies insofern von Vorteil, als die Betreuung automatisch mit dem Tod des Betreuten endet. Dann hat die Betreuungsperson das ihrer Verwaltung unterliegende Vermögen und alle im Rahmen der Betreuung erlangten Unterlagen an dessen Erben oder sonstigen Berechtigten herauszugeben.

Ansonsten sind natürlich Vertragspartner im Rahmen ihrer Verträge mit dem Erblasser zur Auskunft verpflichtet – etwa der Steuerberater des Erblassers, kontoführende Banken, die Vermögensverwalterin etc. Auch Dritte, die Unterlagen des Erblassers besitzen, zum Beispiel die nicht als Erbin bedachte Ehe- oder Lebenspartnerin, müssen diese den Erben herausgeben.

→ Miterben sind mitteilungspflichtig

Miterben sind zur gemeinschaftlichen Verwaltung verpflichtet, was bedeutet, dass jeder Miterbe, der Unterlagen in seinem Besitz hat, diese mit den anderen Miterben teilen muss. Werden berechtigte Forderungen eines Erben nicht erfüllt, muss er im schlimmsten Fall darauf klagen.

Wenn Sie vermuten, dass es weiteres Vermögen der verstorbenen Person gibt, ohne nähere Anhaltspunkte dafür zu haben, kann dies eine lange und womöglich erfolglose Suche bedeuten. Ältere Bankunterlagen, die Aufschluss geben könnten, sind nach Ablauf der Aufbewahrungsfrist von zehn Jahren oft nicht mehr zu beschaffen. Hier ist guter Rat teuer.

Wie kann ich mich legitimieren?

Ein Problem besteht für die Erben darin, den Nachweis ihrer Legitimation zu erbringen, um bei Ansprechpartnern Informationen und Unterlagen dann auch wirklich zu bekommen. Als Erbe oder Erbin sind Sie zwar legitimiert, können dies aber nicht sofort beweisen. Gesetzliche Erben benötigen für alle sensiblen Informationen als Nachweis in der Regel einen Erbschein beziehungsweise ein Europäisches Nachlasszeugnis. Dazu gleich mehr im nächsten Abschnitt. Bis Sie diesen Nachweis erhalten, vergehen allerdings Wochen, zumeist sogar Monate oder in streitigen Fällen auch noch mehr Zeit.

Das stellt Sie womöglich vor ein großes Dilemma: Haben Sie diesen Nachweis erhalten, ist eine gewöhnliche Ausschlagung der Erbschaft bereits unmöglich, denn den Nachweis erhält man nur mit Erklärung oder Nachweis der Annahme der Erbschaft. Hier beißt sich leider die Katze in den Schwanz. In dieser Situation ist es von großem Vorteil, wenn Sie über eine Generalvollmacht des Erblassers verfügen, die ab seinem Tod oder noch besser über seinen Tod hinaus gilt.

Diese Generalvollmacht dient als Legitimation unter anderem für Auskunftsansprüche, auch wenn die Erben noch nicht bekannt sind, denn der Bevollmächtigte vertritt automatisch immer die richtigen Erben (siehe S. 41).

Erbschein und Europäisches Nachlasszeugnis beantragen

Sie sind sich unsicher, ob Sie eines der Papiere benötigen? Wir erläutern Ihnen, in welchen Fällen Sie was brauchen.

→ **Es gibt mehrere Möglichkeiten,** wie ein Erbe oder eine Erbin Dritten gegenüber nachweisen kann, dass er oder sie tatsächlich berechtigt ist, anstelle der verstorbenen Person Auskünfte einzuholen oder Rechtsgeschäfte zu tätigen. Die wichtigsten Nachweismöglichkeiten stellen wir Ihnen im Folgenden vor:

Größte Rechtssicherheit verleiht hierzulande der Erbschein. Doch wenn ein Teil des Nachlasses im EU-Ausland liegt, ist stattdessen in aller Regel ein Europäisches Nachlasszeugnis (ENZ) zu beantragen. Es empfiehlt sich, sich bei der ausländischen Stelle zu erkundigen, welchen Nachweis sie akzeptiert. Dies gilt erst recht, wenn Nachlassangelegenheiten außerhalb der EU geregelt werden müssen. Erbschein und ENZ lösen, abhängig vom Wert des Nachlasses, nicht unerhebliche Kosten aus (Beispielkosten siehe Hilfeteil ab S. 184) und können, je nach Auslastung und Arbeitsfreude des zuständigen Nachlassgerichts, eine Weile auf sich warten lassen.

Wenn Erblasser nicht (nur) in Deutschland lebten

Innerhalb der EU ist laut der seit August 2015 geltenden EU-Erbrechtsverordnung (EuErbVO) für Nachlasssachen das Gericht zuständig, in dessen Bezirk eine Person im Zeitpunkt ihres Todes ihren gewöhnlichen Aufenthalt hatte. Lebte der oder die Verstorbene für gewöhnlich außer Landes, so sind deutsche Gerichte für den Erbfall nicht zuständig, solange die Person ihren gewöhnlichen Aufenthalt in einem Mitgliedsstaat der EU-Erbrechtsverordnung hatte. In diesem Fall wickeln ausschließlich die Gerichte dieses Staates den Erbfall ab.

Unklarheiten über den letzten gewöhnlichen Aufenthalt (die verstorbene Person lebte zum Beispiel im Winter auf Gran Canaria und während des Sommers in Deutschland) führen zu Unklarheiten bei der gerichtlichen Zuständigkeit. Das kann die schnelle Erledigung der Nachlasssache erschweren und im schlechtesten Fall sogar zum Streit verschiedener Beteiligter um die Zuständigkeit führen.

→ Rechtswahl kann helfen

Erblasser können nicht das für ihren Fall zuständige Gericht festlegen. Allerdings können sie bestimmen, dass für ihren Erbfall das Recht ihrer Staatsangehörigkeit (bei Deutschen also deutsches Erbrecht) angewendet werden soll.

Liegt eine solche Rechtswahl vor, können die Beteiligten (Erben, Vermächtnisnehmer, Testamentsvollstrecker) bei der zuständigen ausländischen Stelle (Gericht oder Notar) beantragen, dass diese sich für nicht zuständig erklärt. Die ausländische Stelle kann dem stattgeben, wenn sie annimmt, das Gericht des gewählten Rechts könne die Sache besser entscheiden. Sie muss dem sogar stattgeben, wenn alle Betroffenen schriftlich und datiert vereinbaren, dass Gerichte des gewählten Rechts zuständig sein sollen.

So beantragen Sie einen Erbschein oder ein ENZ

Doch wie bekommen Sie nun einen Erbschein oder ein ENZ, falls nötig? Der Erbscheinantrag oder der Antrag auf ein Europäisches Nachlasszeugnis ist schriftlich mit einem gesetzlich vorgeschriebenen Inhalt zu stellen. Da Sie allerdings die Richtigkeit der vorgeschriebenen Angaben in der Regel vor Gericht oder vor einem Notar an Eides statt versichern müssen, läuft es stets auf einen Antrag über Notar oder Nachlassgericht hinaus, die sich dann auch um den Inhalt des Antrags kümmern. Welche Dokumente Sie dafür brauchen, finden Sie in der Checkliste „Diese Unterlagen benötigen Sie“, S. 40.

In welchen Fällen kein Erbschein nötig ist

Selbst dem in puncto Nachweise besonders anspruchsvollen Grundbuchamt genügt als Nachweis statt des Erbscheins beziehungs-

Checkliste

Diese Unterlagen benötigen Sie

Wenn Sie einen Antrag auf Ausstellung eines Erbscheins oder eines ENZ stellen wollen, müssen Sie die folgenden Unterlagen vorlegen. Befinden sich die Urkunden bereits in den Akten des Nachlassgerichts oder anderer Abteilungen desselben Amtsgerichts, ist die Vorlage nicht erforderlich.

Bei gesetzlicher Erbfolge:

- ☐ **Personenstandsurkunden** als Nachweis zum Verhältnis, auf dem das Erbrecht beruht. Also für Ehebeziehungsweise Lebenspartner die Ehe-/Lebenspartnerschaftsurkunde; für Kinder die Geburtsurkunde, sofern sie die Namen der Eltern enthält; Sterbeurkunden, wenn Personen gestorben sind, die als Erben gegebenenfalls infrage kämen.
- ☐ **Sterbeurkunde** des Erblassers
- ☐ **Scheidungsbeschluss**
- ☐ **Notarielle Erbverzichtsurkunde**
- ☐ **Ausschlagungserklärung**

Bei Erbfolge aufgrund Testament oder Erbvertrag:

Die einschlägigen letztwilligen Verfügungen. Diese müssen Sie allerdings ohnehin unabhängig vom Erbscheinantrag unverzüglich beim Nachlassgericht abliefern.

Außerdem zusätzlich dieselben Urkunden wie bei der gesetzlichen Erbfolge, wenn die letztwillige Verfügung auf Verwandtschaftsverhältnisse abstellt, zum Beispiel eine Formulierung enthält wie „Alleinerbin ist meine älteste Tochter."

weise des ENZ eine Verfügung von Todes wegen, die in einer öffentlichen Urkunde enthalten ist, plus der Niederschrift über die Eröffnung der Verfügung. In nationalen Erbfällen können deshalb ein notarielles Testament oder ein Erbvertrag das Erbscheinverfahren vollständig entbehrlich machen und damit den Erben Zeit und gegebenenfalls auch erhebliche Kosten sparen. Entscheidend ist allerdings stets, dass sich die Erbfolge unmittelbar und zweifelsfrei aus der letztwilligen Verfügung ergibt.

Abseits des Grundbuchamts darf in ansonsten eindeutigen Fällen nicht auf eine öffentliche Urkunde bestanden werden. Als Nachweis kann hier auch ein handschriftliches Testament genügen, sofern an Wirksamkeit und Inhalt kein Zweifel besteht.

Wann ein Erbnachweis entbehrlich sein kann

Es gibt auch Fälle, in denen es den Ämtern, insbesondere auch dem Grundbuchamt oder dem Handelsregister, sowie sonstigen Dritten egal ist, wer Erbe ist. Dann kann ein Erbnachweis entbehrlich sein.

Dies ist insbesondere dann der Fall, wenn eine Person berechtigt ist, zulasten und zugunsten der Erben zu verfügen, ohne dass es darauf ankommt, wer nun wirklich Erbe ist. Laut Gesetz ist das der Fall, wenn es einen vom Nachlassgericht bestellten Nachlasspfleger gibt.

Im deutschen Rechtskreis noch größere Bedeutung hat eine vom Erblasser ausgestellte Vollmacht, die über den Tod hinaus gilt, also auch für und gegen die Erben wirkt.

→ Vollmacht macht es leichter

Mit einer solchen weitreichenden Vollmacht über den Tod hinaus lassen sich Nachlässe in Deutschland meist gut abwickeln. Anders sieht es im Ausland aus: Anderen Ländern ist eine so weitreichende Vollmacht oft suspekt, sodass Sie bei der Abwicklung eines Nachlasses im Ausland mit Hindernissen rechnen sollten.

Eine solche umfangreiche Vollmacht sollte man selbstverständlich nur Personen erteilen, denen man zu hundert Prozent vertrauen kann. Sind Sie mit einer solchen General- und Vorsorgevollmacht ausgestattet worden, können Sie sowohl den gesamten Betreuungsfall bis zum Tod des Erblassers als auch über dessen Tod hinaus die Abwicklung des Nachlasses hierzulande relativ problemlos erledigen.

Ist diese Vollmacht notariell beurkundet oder zumindest beglaubigt, funktioniert sie auch als Nachweis der Verfügungsberechtigung gegenüber dem Grundbuchamt oder Kreditinstituten. Eine Vollmacht, die lediglich durch die Betreuungsbehörde beglaubigt ist, genügt hier indes nicht, da diese nicht über den Tod des Vollmachtgebers hinaus gilt. Gute Karten bei Banken haben Sie hingegen, wenn Sie eine Bankvollmacht besitzen, die auf dem Vollmachtsformular des betreffenden Kreditinstituts ausgestellt ist. Denn diese ist für Bankzwecke auf jeden Fall ausreichend.

Eine Garantie für die reibungslose Abwicklung ist dies allerdings nicht immer. Geht es um Verfügungen, die Bevollmächtigte (auch) selbst begünstigen, müssen diese befugt sein, Geschäfte mit sich selbst oder einem von ihnen vertretenen Dritten zu machen (Befreiung von den Beschränkungen des § 181 BGB). Ist der Bevollmächtigte Alleinerbe, wird sein Handeln vom Grundbuchamt nicht akzeptiert, wenn dieses die Stellung als Alleinerbe kennt.

Zur Klarstellung: Die Vollmacht ermöglicht es nicht, sich als Erbe oder Erbin einfach ins Grundbuch eintragen zu lassen. Sie ermöglicht es den Vollmachtsinhabern aber, eine Immobilie zu verkaufen und zu übereignen, sie zur Erfüllung eines Vermächtnisses auf einen Vermächtnisnehmer zu übertragen oder im Rahmen der Erbauseinandersetzung auf einen oder mehrere Miterben zu übertragen – ohne dass sie im Grundbuch eingetragen sind.

Welche Stellen wollen einen Erbnachweis sehen?

Es gibt verschiedene Stellen, die Erbnachweise vorgelegt bekommen wollen. Die wichtigsten stellen wir Ihnen im Folgenden näher vor:

1 Das Grundbuchamt

Den strengsten Formalnachweis in Deutschland fordert das Grundbuchamt. Sollen Sie als Erbe oder Erbin anstelle des Verstorbenen im Grundbuch als Eigentümer oder Rechtsinhaber eingetragen werden, müssen Sie das Erbrecht durch eine öffentliche Urkunde nachweisen (§ 35 Abs. 1 Grundbuch ordnung, GBO).

Erben Sie auf Basis eines notariellen Testaments, ist der Erbschein auch hier in aller Regel nicht erforderlich, es sei denn, das Grundbuchamt hält die Erbfolge durch die Urkunde nicht für nachgewiesen. Wer auf Basis eines privaten Testaments oder als gesetzlicher Erbe im Grundbuch eingetragen werden will, braucht indes stets einen Erbschein.

Bei Rechten des Erblassers, die wegen dessen Tod erlöschen, genügt eine öffentlich beglaubigte Sterbeurkunde. Ist ein Testamentsvollstrecker bestellt und will dieser über im Grundbuch eingetragene Rechte verfügen, genügt der Nachweis der Testamentsvollstreckung, der Nachweis des Erben ist in diesem Fall entbehrlich. Alles Wichtige zum Thema siehe „Der Testamentsvollstrecker", S. 124.

2 Bank oder Sparkasse

Banken verlangen gerne einen Erbschein, falls jemand über die Konten einer verstorbenen Person verfügen möchte, es sei denn, diese Person kann eine Kontovollmacht über den Tod hinaus vorweisen. Dann erhält sie auch so Verfügungsmacht über die Konten. So kann der oder die Bevollmächtigte zum Beispiel Kosten für die Bestattung problemlos aus dem Nachlass begleichen.

Die Nachweispflichten der Erben gegenüber Kreditinstituten ergeben sich nicht aus dem Gesetz, sondern aus deren Allgemeinen Geschäftsbedingungen (AGB). Beispielhaft sei hier Nr. 5 Abs. 1 der AGB der Berliner Sparkasse (Fassung September 2021) zitiert: „(1) Erbnachweis: Nach dem Tod des Kunden hat derjenige, der sich gegenüber der Sparkasse auf die Rechtsnachfolge des Kunden beruft, der Sparkasse seine erbrechtliche Berechtigung nachzuweisen."

Banken dürfen nicht darauf bestehen, dass Sie einen Erbschein vorweisen, sofern Sie Ihre Erbenstellung anderweitig belegen können, nämlich durch notarielles Testament oder Erbvertrag mit gerichtlichem Eröffnungsprotokoll.

Sogar die beglaubigte Abschrift eines handschriftlichen Testaments gemeinsam mit der Niederschrift über die zugehörige Eröffnungsverhandlung greift nach einer Entscheidung des Bundesgerichtshofs aus dem Jahr 2016 als möglicher Nachweis. Allgemeine Geschäftsbedingungen von Banken, die nach Tod eines Kunden einen Erbschein vorschreiben, sind nichtig. Ist ein Testamentsvollstrecker berufen, genügt dessen Testamentsvollstreckerzeugnis. Wer sich auf die gesetzliche Erbfolge beruft, muss allerdings stets einen Erbschein nachweisen.

3 Vermieter

Vermieter müssen die Erben des Mieters genauso behandeln wie diesen selbst, ihm also die Nutzung der Mieträume überlassen, Zugang zu Räumlichkeiten gewähren und eventuell hierzu den Schlüssel aushändigen. Wie bereits geschildert, gibt es allerdings neben dem Erben weitere Angehörige, die das Recht haben, in den Mietvertrag einzusteigen oder diesen fortzusetzen. Der Erbe kann den Mietvertrag unter Einhaltung gesetzlicher Bestimmungen kündigen und die Kaution zurückverlangen (siehe S. 31). Da es für Vermieter nicht anders als für ein Kreditinstitut von großer Bedeutung ist, nicht den Falschen die Schlüssel in die Hand zu drücken oder die Kaution zurückzuzahlen, benötigen sie ebenfalls Nachweise, um sich nicht dem wahren Erben gegenüber schadenersatzpflichtig zu machen. Eine Kündigungserklärung ist auch gültig, wenn ihr kein Nachweis beigefügt wird, Abwicklungsmaßnahmen können dann aber Nachweise erfordern. Es gelten dieselben Anforderungen wie bei den Banken. Gesetzlichen Erben bleibt auch hier kein anderer Nachweis als der Erbschein.

4 Sonstige Dritte

Auch für sonstige Vertragspartner des Erblassers kann es sehr wichtig sein zu wissen, wer Erbe ist. Nachweise sind auch hier wie bei 2. oder 3. zu führen.

5 Ausland

Eine Ferienwohnung in Italien, ein Segelboot in Griechenland oder ein Bankkonto oder Wertpapierdepot irgendwo im Ausland können für zusätzliche Nachweisschwierigkeiten sorgen. Neben Sprachbeziehungsweise Übersetzungsproblemen und unbekannten Formalitäten und Zuständigkeiten werden oft auch die in Deutschland akzeptierten Nachweise nicht anerkannt. Hier braucht man häufig das Europäische Nachlasszeugnis (ENZ). Generell empfiehlt es sich, bei der ausländischen Stelle nachzufragen, welche Nachweise sie verlangt.

Annehmen oder ausschlagen?

Das ist die Gretchen-Frage für alle Erbinnen und Erben und will wohlüberlegt sein. Hier erfahren Sie, was Annahme oder aber Ausschlagung für Sie bedeuten und welche Fallstricke es gibt.

Da man bereits in der Sekunde des Todes des Erblassers Erbe mit allen Rechten und Pflichten wird, muss man das Erbe nicht explizit annehmen. Erbe wird man, wie wir bereits gehört haben, ohne eigenes Zutun, selbst wenn man gar nichts davon weiß, geschweige denn die Erbschaft genau überblicken kann. Denn das geltende Recht möchte vermeiden, dass jemand stirbt, ohne dass klar ist, wer sein Rechtsnachfolger ist.

Wenn Sie sich aber im Unklaren sind, ob Sie die Erbschaft annehmen oder ausschlagen möchten, sollten Sie alles unterlassen, was darauf hindeuten könnte, dass Sie die Erbschaft akzeptiert haben – also zum Beispiel einen Erbschein beantragen oder aber Gegenstände aus dem Nachlass verkaufen.

Fakt ist: Sie müssen die Erbschaft aktiv ausschlagen, wenn Sie nicht Erbe werden wollen.

Ist die Ausschlagungserklärung wirksam, hat dies dann zur Folge, dass Sie als Erbe vollständig und mit Rückwirkung auf den Todeszeitpunkt des Erblassers wegfallen und die nächste Person, die durch letztwillige Verfügung oder per Gesetz als Erbe berufen ist, an Ihre Stelle tritt.

→ Kein Rosinenpicken!

Sie können das Erbe nur als Ganzes annehmen oder ausschlagen – Rosinenpicken geht leider nicht. Man darf auch nicht erklären, dass man das Erbe zu einem späteren Zeitpunkt annehmen wird, etwa weil man vorher keine Zeit hat, sich damit zu beschäftigen.

Sehr kurze Ausschlagungsfrist

Da es sehr wichtig ist, möglichst schnell den Erben verbindlich festzustellen, sieht das Gesetz eine sehr kurze Ausschlagungsfrist von nur sechs Wochen vor. Nur dann, wenn der Erblasser seinen letzten Wohnsitz nur im Ausland hatte oder wenn sich der Erbe bei Beginn der Frist im Ausland aufhält, verlängert sich die Frist auf sechs Monate.

Dazu ein Beispiel: Ihre Mutter ist am 28. August 2022 verstorben. Sie hatte kein Testament aufgesetzt und Sie dürfen als einziges Kind davon ausgehen, dass Sie gesetzlicher Erbe geworden sind. Wenn Sie am Donnerstag, den 16. Februar 2023, vom Nachlassgericht offiziell Kenntnis vom Erbfall und der gesetzlichen Erbfolge erhalten haben, beginnt die Frist von sechs Wochen für Ihre mögliche Erbausschlagung am Folgetag, dem 17. Februar 2023, zu laufen und endet sechs Wochen danach am Donnerstag, den 30. März 2023.

Fällt der letzte Tag der Frist auf einen Sonntag, einen am Erklärungs- oder Leistungsort staatlich anerkannten allgemeinen Feiertag oder einen Samstag, so tritt an die Stelle eines solchen Tages der nächste Werktag. Das heißt, bei einem Fristablauf am Samstag, dem 1. April 2023, würde die Frist erst mit Ablauf des folgenden Montags, 3. April 2023, enden.

Die Frist beginnt mit dem Zeitpunkt, zu dem der Erbe oder die Erbin von der Erbschaft und dem Grund der Berufung Kenntnis erlangt. Wenn die Erbfolge auf einem Testament oder einem Erbvertrag beruht, beginnt die Frist frühestens, wenn das Nachlassgericht die Verfügung von Todes wegen bekannt gegeben hat.

In der Praxis geht das wie folgt: Da der Fristablauf und damit auch der Fristbeginn dem Erben nachgewiesen werden muss und kaum jemand sicher wissen kann, ob es nicht noch eine spätere letztwillige Verfügung gibt, die für die Erbfolge relevant sein könnte, beginnt die Frist stets erst mit der Mitteilung des Nachlassgerichts an den Erben zu laufen. So ist es im Fall der letztwilligen Verfügung ohnehin als frühestmöglicher Zeitpunkt bestimmt.

Wenn Sie sich sicher sind, mit der Erbschaft nichts zu tun haben zu wollen, etwa wegen Überschuldung des Nachlasses, sollten Sie trotzdem möglichst rasch ausschlagen und nicht bis zum letzten Moment warten. Warum, sehen wir gleich.

Gut zu wissen

Die Bestattung ist oft trotzdem zu bezahlen, auch wenn Sie als Angehöriger ein Erbe ausschlagen – dann nämlich, wenn Sie nicht nur Erbe, sondern gleichzeitig unterhalts- oder bestattungspflichtig sind. Eltern zahlen in diesem Fall für ihre Kinder – und umgekehrt. Schlagen alle Erben aus und gibt es keine unterhaltspflichtigen Angehörigen, müssen jene das Begräbnis bezahlen, die durch das Bestattungsgesetz des Bundeslandes zur Bestattung verpflichtet sind. Das können auch entfernte Angehörige sein.

Ausschlagungserklärung muss pünktlich ankommen

Doch wie schlägt man nun eine Erbschaft aus? Und welche Formvorschriften müssen Sie dabei beachten? Adressat der Ausschlagungserklärung ist das zuständige Nachlassgericht am Ort des gewöhnlichen Aufenthalts des Erblassers zum Zeitpunkt seines Todes. Jetzt einfach einen formlosen Brief, ein Fax oder eine E-Mail zu schicken reicht aber nicht. Wer das Erbe nicht antreten möchte, muss entweder die Ausschlagung direkt gegenüber dem Nachlassgericht erklären oder die Erklärung vor einem Notar beglaubigen und dann rechtzeitig vor Fristablauf dem Nachlassgericht zukommen lassen. Halten Sie dieses Formerfordernis nicht ein, führt das zur Unwirksamkeit der Ausschlagungserklärung.

Die Ausschlagung kann wirksam nur beim zuständigen Nachlassgericht erfolgen. Es gibt maximal zwei zuständige Gerichte: Zuständig ist das Nachlassgericht am Ort des gewöhnlichen Aufenthalts des Erblassers zum Zeitpunkt seines Todes. Zuständig ist auch das Nachlassgericht, in dessen Bezirk die erklärende Person ihren gewöhnlichen Aufenthalt hat. Dieses hilft auch dann, wenn der Erblasser seinen gewöhnlichen Aufenthalt nicht in Deutschland hatte, wohl aber in einem Land, für das die EU-Erbrechtsverordnung gilt (alle derzeit aktuellen Mitgliedsstaaten der EU mit Ausnahme von Dänemark und Irland).

Jeder Notar in Deutschland kann eine solche öffentliche Beglaubigung einer Ausschlagung vornehmen. Allerdings wahren Sie mit einer beglaubigten Ausschlagungserklärung die Sechs-Wochen-Frist nur dann, wenn die Erklärung auch rechtzeitig dem zuständigen Nachlassgericht zugeht. Wenn die Ausschlagung dem falschen Nachlassgericht zugeschickt oder abgegeben wird, ist sie noch nicht erfolgt, das heißt die Frist wird hierdurch nicht eingehalten.

Es ist leider keine Selbstverständlichkeit, beim Nachlassgericht schnell einen Termin zu ergattern, vor allem nicht bei dem am gewöhnlichen Aufenthaltsort des Erklärenden. Der Beglaubigungstermin beim Notar ist in der Regel kurzfristig zu bekommen, hier muss aber noch die Zeit für die Weiterleitung an das zuständige Nachlassgericht mit eingeplant werden. Das alles spricht dafür, schnell aktiv zu werden.

Für die Ausschlagung ist keine höchstpersönliche Erklärung nötig, auch ein Vertreter kann sie abgeben. Grundlage der Vertretung kann eine Vollmacht für Erb- oder generell für Vermögensangelegenheiten sein oder die gesetzliche Vertretungsmacht. Wichtig ist aber, dass Bevollmächtigte eine (mindestens) öffentlich beglaubigte Vollmacht benötigen. Die Vollmacht muss der Erklärung beigefügt oder noch innerhalb der Ausschlagungsfrist nachgereicht werden. Eine General- und Vorsorgevollmacht auf Vordrucken, etwa aus dem „Vorsorge-Set" der Stiftung Warentest, genügt zur Ausschlagung, wenn die Unterschrift unter der Vollmacht notariell oder durch die zuständige Betreuungsbehörde beglaubigt wird.

Gesetzliche Vertreter sind insbesondere für minderjährige Kinder die sorgeberechtigten Eltern, ein einzelner sorgeberechtigter Elternteil oder bei Kindern ohne einen sorgeberechtigten Elternteil deren Vormund. Bei betreuten Erwachsenen ist es der Betreuer, wenn er für Vermögensangelegenheiten im Allgemeinen, Erbangelegenheiten oder

die Ausschlagungserklärung im Speziellen bestellt ist.

Vormund und Betreuer müssen sich die Ausschlagungserklärung stets gerichtlich genehmigen lassen. Eltern hingegen müssen dies nicht, sofern das Kind nur deshalb Erbe geworden ist, weil die Eltern oder ein Elternteil selbst ausgeschlagen haben. Der Ablauf der Ausschlagungsfrist wird während der Dauer des Genehmigungsverfahrens gehemmt, Eltern, Vormund oder Betreuer müssen die ihnen erteilte Genehmigung dann innerhalb der Ausschlagungsfrist dem Nachlassgericht nachreichen.

Erfolg der Ausschlagungserklärung, Rettung bei Misserfolg

Hat man die Ausschlagung nicht formgerecht erklärt, erhält man einen Hinweis des Nachlassgerichts. Sehr misslich ist dagegen, dass man keine Bestätigung darüber erhält, ob die Ausschlagungserklärung erfolgreich war. Das ist vor allem dann problematisch, wenn unklar ist, ob die Ausschlagungsfrist tatsächlich gewahrt werden konnte.

Doch es gibt noch einen Ausweg: Hat der Erbe oder die Erbin es versäumt, fristgerecht auszuschlagen, weil ihm die Geltung der Ausschlagungsfrist nicht bekannt war, kann er den Verlust des Ausschlagungsrechts anfechten. Voraussetzung dafür ist, dass der Erbe über den Eintritt oder die Wirkung des Fristablaufs nicht Bescheid wusste und er nicht den Willen hatte, die Erbschaft endgültig zu behalten.

Zum Glück für viele säumige Erben werden hieran in der Praxis keine großen Anforderungen gestellt. Zwar weist das Nachlassgericht in seinem Schreiben an den Erben auf das Ausschlagungsrecht, die notwendige Form und die Ausschlagungsfrist hin. Doch das wird nicht als Beweis dafür angesehen, dass der Erbe tatsächlich davon Kenntnis hatte. Offenbar wird nicht vorausgesetzt, dass heutzutage jeder noch Schreiben eines Gerichts sorgfältig durchliest.

War der zum Erben berufenen Person bis Fristablauf nicht klar, dass die Erbschaftsausschlagung einer bestimmten Form bedarf, und glaubte sie deshalb, bereits wirksam ausgeschlagen zu haben, so kann sie die Versäumung der Ausschlagungsfrist wegen Irrtums anfechten. Für die Erklärung der Anfechtung muss sie dann die gleichen Formalien wie für die Ausschlagung selbst berücksichtigen – also die Formvorschriften und das Vertretungsrecht beachten und die Anfechtung an das zuständige Nachlassgericht senden oder übergeben. Die Anfechtungsfrist beträgt in der Regel sechs Wochen. Sie beginnt mit der Kenntnis des Irrtums, der die Anfechtung begründet. Die wirksame Anfechtung wirkt wie eine erfolgreiche Ausschlagung: die Erbenstellung entfällt vollständig, der nächste berufene Erbe rückt nach. Mit der Ausschlagung verlagert sich also der Nachlass vom zuerst berufenen auf den als nächsten berufenen Erben.

Das Erbe annehmen

Anders als bei der Ausschlagungserklärung gelten für eine Annahmeerklärung weder Form noch Frist. Eigentlich muss der Erbe oder die Erbin die Annahme der Erbschaft gar nicht erklären, es genügt schlüssiges Verhalten, das nach außen wahrgenommen wird. Wenn Sie die Erbschaft explizit annehmen, bedeutet dies lediglich, dass Sie ab diesem Zeitpunkt nicht mehr das Recht haben, das Erbe auszuschlagen, nicht also erst mit Ablauf der Ausschlagungsfrist. Es ist insbesondere dann sinnvoll, eine Annahmeerklärung abzugeben, wenn man sicher weiß, dass man (Allein-)Erbe ist und schnell einen Nachweis des Erbrechts (Erbschein, Europäisches Nachlasszeugnis oder eine Eröffnungsniederschrift mit dem maßgeblichen Erbdokument) bekommen möchte.

Irrtum über den Nachlass

Die kurze Ausschlagungsfrist und die begrenzten Möglichkeiten, sich als Erbe auf die Schnelle einen umfassenden Überblick über den Nachlass zu verschaffen, führen nicht selten dazu, dass Erben erst später zu dem Ergebnis kommen, dass eine Ausschlagung des Erbes sinnvoll wäre. So kann es passieren, dass sie erst durch Schreiben von Gläubigern von Schulden erfahren, die den Wert des Nachlasses übersteigen, oder von Verpflichtungen, durch die wesentliche Vermögenswerte dem Erbe entzogen werden. Oder sie erfahren erst mit Vorlage des Erbnachweises, dass wertvolle Sachen, die sie im Eigentum des Erblassers wähnten, diesem gar nicht gehört haben. Solche Irrtümer der Erben berechtigen ebenfalls zur Anfechtung. Keine Rolle spielt auch hier, ob die Erbschaft aktiv angenommen wurde oder erst mit Ablauf der Ausschlagungsfrist verbindlich eintrat.

Und wenn der Nachlass doch nicht überschuldet war?

Haben Sie eine Erbschaft erst einmal ausgeschlagen, gibt es kaum ein Zurück: Erben können die eigene Erklärung zwar anfechten, müssen dafür aber einen im Bürgerlichen Gesetzbuch genannten Grund haben. Der kann zum Beispiel darin liegen, dass sie nicht wussten, dass eine bestimmte Forderung zum Erbe gehört. Wie in einem vor dem Oberlandesgericht Düsseldorf entschiedenen Fall: Eine Frau schlug den vermeintlich überschuldeten Nachlass ihrer Nichte aus, die bei einem Flugzeugabsturz ums Leben gekommen war. Erst später erfuhr sie, dass zum Nachlass auch Schadenersatzansprüche gegen die Fluggesellschaft gehörten. Ihre Anfechtung war erfolgreich (OLG Düsseldorf, Az. 3 Wx 12/16).

Gezielte taktische Ausschlagung

Klar, nicht jede Erbschaft ist einem Lottogewinn gleichzusetzen. Doch nicht immer liegt es gleich an einer Überschuldung des Nachlasses, dass berufene Erben die Erbschaft ausschlagen. Denn es gibt verschiedene Motive und Gründe, warum ein Erbe eine eigentlich vorteilhafte Erbschaft nicht annehmen, sondern lieber einem anderen zukommen lassen möchte.

Erbschaftssteuerliche Erwägungen sind ein wichtiger Grund: So kann es zum Beispiel sinnvoll sein, dass das Kind eines Verstorbenen die Erbschaft ausschlägt, weil es bereits wegen früher erhaltener Schenkungen seinen steuerlichen Freibetrag ausgeschöpft hat, seine eigenen Kinder (also die Enkel der verstorbenen Person) hingegen noch Freibeträge zur Verfügung haben. Auch kann es sinnvoll sein, wenn für den zum Alleinerben eingesetzten, aber inzwischen leider demenzkranken Ehegatten, der die Erbschaft nicht benötigt und mit ihr auch nichts mehr anfangen kann, die Erbschaft ausgeschlagen wird, damit die Kinder hier gleich zum Zuge kommen.

Erbschaftssteuerlich anerkannt ist sogar eine teilweise Umverteilung des Nachlasses dadurch, dass ein Erbe ausschlägt, sich diese Ausschlagung aber bezahlen oder durch andere Gegenleistungen entschädigen lässt. Allerdings sind hier viele Regeln zu beachten, und die Kürze der Ausschlagungsfrist ermöglicht kaum eine ausreichend durchdachte Lösung. Hierzu sollte man sich so frühzeitig und umfassend wie möglich fachkundigen Rat einholen.

Keine Ausschlagung zugunsten einer bestimmten Person

Eines sollte Ausschlagenden aber klar sein: Sie können nicht bestimmen, wer an ihrer Stelle die ausgeschlagene Erbschaft bekommt. Vielmehr ergibt sich der nächste Erbe immer aus der maßgeblichen letztwilligen Verfügung oder dem Gesetz. Verfehlt ist es deshalb in der Regel, wenn Kinder als gesetzliche Erben ausschlagen, damit ihr überlebender Elternteil die Erbschaft des verstorbenen Elternteils allein erwirbt. Statt der Kinder erben nämlich nach dem Gesetz dann auch noch lebende Eltern des Verstorbenen, ersatzweise dessen Geschwister und ersatzweise deren Abkömmlinge.

Wenn zwischen dem überlebenden Elternteil und den Kindern ein so gutes Einvernehmen besteht, dass diese sogar zur Ausschlagung bereit sind, muss in der Regel nur dafür gesorgt werden, dass der überlebende Elternteil allein auf die notwendigen finanziellen Mittel zugreifen kann und, solange ihm dies möglich ist, die eheliche Wohnung und alle Sachen, die die Ehegatten genutzt haben, wie bisher weiter benutzen kann. Die Erbschaft setzt man nur insoweit auseinander, als dies unbedingt nötig ist.

Keine Teilausschlagung möglich

Bei der Ausschlagung geht es in der Regel um alles oder nichts. Mit der wirksamen Ausschlagung verlieren Ausschlagende jeden rechtlichen Bezug zum Nachlass. Sie haben dann auch kein Recht, bestimmte Sachen, an denen sie hängen, zu behalten oder weiter zu nutzen. Nur eine Vereinbarung mit den an ihre Stelle tretenden Erben kann ihnen dazu verhelfen.

→ Beispiel

Die verstorbene Witwe und Mutter ist stark überschuldet, in ihrer Wohnung befinden sich jedoch viele Sachen (Bücher, Möbel, Kleidung, Schmuck, Bilder), die schon seit Generationen der Familie gehören und die die Kinder gerne übernehmen würden.

Alle diese Sachen gehören zur Erbschaft, die bei einer Ausschlagung komplett verloren geht. Schlagen alle gesetzlichen Erben wegen der Schulden aus, fallen diese dem Bundesland zu, in dem der Erblasser den letzten Wohnsitz hatte. Soweit es sich bei den Sachen nicht um Werte handelt, die zu Geld gemacht und deshalb zur Tilgung der Schulden verwendet werden können, wird das Bundesland sie in der Regel den Erben trotz der Ausschlagung überlassen, wenn diese im Gegenzug zum Beispiel die Räumung der Wohnung übernehmen. Sind Sachen verkäuflich, können die Erben zur Rettung des Familienbesitzes einen angemessenen Kaufpreis bieten.

Ausschlagung einer von mehreren Erbschaften

Möglich, aber nur unter fachkundiger Beratung zu empfehlen ist es, eine Erbschaft von mehreren auszuschlagen. Einfachstes Beispiel ist der per Testament eingesetzte Alleinerbe, der die Alleinerbschaft ausschlägt, nicht aber seine dann ersatzweise anfallende Erbschaft nach Gesetz, um mit weiteren Kindern oder seinen Geschwistern gemeinsam zu erben.

→ Beispiel

Die reiche Elisabeth hat ihren Ehemann Heinz zum Alleinerben eingesetzt, der Nachlasswert beträgt zwei Millionen, die Ehegatten haben zwei Kinder. Der Ehemann hat bei der Erbschaftssteuer einen Freibetrag von

500 000 Euro, zusätzlich gegebenenfalls noch die Möglichkeit, das eheliche Wohnhaus steuerfrei zu erben und den rechnerischen Anspruch auf den Zugewinnausgleich (siehe S. 59).

Jedes Kind hat einen Freibetrag von 400 000 Euro. Schlägt nun der Ehemann nur seine Einsetzung als testamentarischer Alleinerbe aus, nicht aber die gesetzliche Erbschaft, erbt er die Hälfte und jedes Kind ein Viertel. Damit werden die Freibeträge der Kinder voll genutzt, sie versteuern jeweils nur 100 000 Euro mit 11 Prozent, zahlen also jeweils 11 000 Euro.

Der Ehemann versteuert maximal 500 000 Euro mit dann 15 Prozent, macht eine Steuerbelastung von 75 000 Euro anstatt sonst maximal 285 000 Euro, also 1 500 000 Euro mit 19 Prozent. Die mögliche Steuerersparnis durch die Ausschlagung beträgt hier somit insgesamt 188 000 Euro.

Die Ausschlagung kann also viel sparen, zumal der Ehemann dann wiederum „nur" noch 1 000 000 Euro weiterzuvererben hat. Nicht zu unterschätzen ist jedoch das praktische Problem, dies alles mit der notwendigen professionellen Beratung innerhalb der sehr kurzen Ausschlagungsfrist zu planen und durchzuführen.

Ausschlagung, um den Pflichtteil zu erhalten

Es gibt weitere Gründe, weshalb eine Ausschlagung sinnvoll sein kann. Wir erinnern uns: Die gesetzliche Regel besagt, dass ein naher Angehöriger, der durch Verfügung von Todes wegen von der Erbfolge ausgeschlossen ist, seinen Pflichtteil verlangen kann. Schlagen Sie als gesetzlicher Erbe das Erbe aus, steht Ihnen der gesetzliche Pflichtteil (= die Hälfte des gesetzlichen Erbteils) nicht zu, da Sie nicht durch Verfügung von Todes wegen von der Erbfolge ausgeschlossen sind. Sind Sie testamentarisch als Erbe bestimmt und schlagen das Erbe aus, haben Sie in der Regel aus demselben Grund keinerlei Ansprüche mehr gegen den Nachlass. Anders sieht es jedoch aus, wenn Sie als Erbe eingesetzt sind, gleichzeitig jedoch zulasten Ihrer Erbschaft Beschwerungen angeordnet wurden.

Auf den ersten Blick erscheint es zwar widersprüchlich, dass man etwas ausschlagen kann oder muss, um zum Pflichtteil zu kommen. Es ist aber wichtig, diese Möglichkeit zu kennen, denn bekanntlich kann man Erbe werden, ohne vom Nachlass einen spürbaren Vorteil zu haben, da die vom Erblasser verfügten Beschränkungen die Erbschaft wertloser machen als den Pflichtteil.

Solche Beschränkungen können darin bestehen, dass ein Nacherbe eingesetzt, ein Testamentsvollstrecker ernannt, eine für den Erben ungünstige Teilungsanordnung festgelegt oder er mit einem Vermächtnis oder einer Auflage beschwert wurde. Solche Beschränkungen sind gültig und fallen trotz Pflichtteilsrechts nicht automatisch weg. Wenn Sie die Erbschaft antreten, müssen Sie daher auch alle angeordneten Belastungen bedingungslos hinnehmen – es gilt de facto: mitgefangen, mitgehangen.

Der gesetzliche Erbe muss das „vergiftete" Erbe ausschlagen, wenn er lieber den Pflichtteil will.

Daher muss der gesetzliche Erbe, wenn er stattdessen lieber den Pflichtteil will, das „vergiftete" Erbe ausschlagen, und das in der kurzen sechswöchigen Ausschlagungsfrist (§ 2306 BGB). Wer das übersieht, steht möglicherweise mit (fast) leeren Händen da.

Ausschlagung als Erbe des Erben

Das Ausschlagungsrecht ist übrigens vererblich, kann also auch vom Erben des Erben ausgeübt werden. Dieser erhält hierfür sogar eine Fristverlängerung auf den Zeitpunkt, zu dem er selbst das Erbe ausschlagen muss. Dies natürlich nur dann, wenn diese Frist nicht schon vor dem zweiten Erbfall abgelaufen ist. Von Bedeutung in der Praxis ist das bei kurz hintereinander folgenden Todesfällen.

Die Ausschlagung kann dann sinnvoll sein, wenn es für den zweiten Erben nachteilig ist, dass der erste Erbe erbt. Klassisches Beispiel ist das sogenannte Berliner Testament, bei dem erst der überlebende Ehegatte und dann die gemeinsamen Kinder erben (mehr dazu siehe „Was gilt beim Berliner Testament" ab S. 95). Für die Kinder kann es steuerlich vorteilhaft sein, direkt vom zuerst versterbenden Elternteil zu erben, zum Beispiel dann, wenn sie mehr ungenutzte Freibeträge oder einen geringeren Steuertarif haben als der überlebende Ehegatte oder von diesem ohnehin schon steuerpflichtig erben, sodass dessen Vermögen nicht noch zusätzlich gemehrt werden sollte. Ein anderer Grund kann darin bestehen, dass der erste Erbe verschuldet ist, sodass er die Erbschaft mit der Ausschlagung für die nächste Generation vor den Gläubigern retten kann. Oder aber der erste Erbe hat Pflichtteilsberechtigte (zum Beispiel Kinder aus erster Ehe), denen beim anderen Elternteil kein Pflichtteil zusteht.

→ Beispiel

Frida und Manfred sind verheiratet, beide haben je ein Vermögen von einer Million Euro. Sie haben die drei Kinder Karin, Klara und Konrad. Konrad ist aufgrund unglücklicher Geschäfte mit 400 000 Euro verschuldet.

Bei einem von Konrad verschuldeten Verkehrsunfall stirbt Manfred sofort, Frida eine Woche später im Krankenhaus und Konrad einen weiteren Monat später.

Es gibt nur ein Ehegattentestament, in dem sich Frida und Manfred gegenseitig zu Alleinerben eingesetzt haben.

Ohne Ausschlagung erbt Frida von Manfred eine Million Euro und muss, wenn keine sonstigen Befreiungen greifen, davon 500 000 Euro mit 15 Prozent versteuern, macht 75 000 Euro.

Sie vererbt dann 1 925 000 Euro an ihre drei Kinder (= je 641 666 Euro). Die Gläubiger von Konrad freuen sich. Sie erhalten die 400 000 Euro, die er ihnen schuldet. Die verbleibenden 241 666 Euro vererbt Konrad noch an seine beiden Geschwister (falls er keine Ehefrau oder Kinder hatte). Nach Abzug des Freibetrags von jeweils nur 20 000 Euro versteuern die beiden Schwestern hiervon nochmals gut 100 000 Euro mit jeweils 20 Prozent, zahlen insoweit also je ca. 20 000 Euro Steuern. Nach dem Todesfall der Mutter versteuern sie jeweils 641 666 – 400 000 = 241 666 Euro mit 11 Prozent, also rund 26 583 Euro.

Zwischenergebnis: Konrads Gläubiger erhalten also ihre 400 000 Euro zurück, das Finanzamt kassiert 168 166 Euro (75 000 Euro + 20 000 + 20 000 + 26 583 + 26 583).

Doch es ginge auch anders: Als Erben von Frida können Karin und Klara deren Erbschaft nach Manfred ausschlagen, als Erben von Konrad können sie dann auch dessen Erbschaften nach Manfred und Frida ausschlagen, da keine Frist abgelaufen ist. Manfred wird dann nur von Karin und Klara mit jeweils 500 000 Euro beerbt, Steuerlast jeweils 11 000 Euro. Dann beerben sie Frida mit demselben Ergebnis.

Konrad erbt wegen seiner Ausschlagung nichts, da er ausschlägt, steht ihm auch kein Pflichtteil zu. Das hat zur Folge, dass seine Gläubiger leer ausgehen.

Ergebnis: Die Gesamtbelastung für die überlebenden Schwestern Karin und Klara beträgt 44 000 Euro statt 568 166 Euro, ihre Ersparnis beläuft sich also auf 524 166 Euro.

Auch diese taktische Ausschlagung setzt jedoch voraus, dass man sowohl seine erbrechtliche Position als auch die Vermögenslage sicher einschätzen kann. Es empfiehlt sich, hierzu schnellstmöglich fachlichen Rat einzuholen.

Schulden erben ohne Ausschlagen

Wenn Sie trotz befürchteter oder tatsächlicher Überschuldung des Nachlasses diesen nicht ausschlagen möchten, können Sie als Erbe dennoch vermeiden, mit Ihrem eigenen Vermögen zu haften. Dafür müssen Sie allerdings aktiv das Richtige tun. Dies setzt entweder sehr gute eigene Kenntnisse oder die passende rechtliche Beratung voraus.

Die gesetzliche Regel ist, dass Erben nicht von Anfang an mit ihrem eigenen Vermögen für Nachlassverbindlichkeiten haften, sondern zunächst nur mit dem Nachlass selbst. Um dies auf Dauer sicherzustellen, haben Erben drei Möglichkeiten: Sie müssen ein Inventar errichten, können Antrag auf Nachlassverwaltung stellen oder müssen unter Umständen Antrag auf Nachlassinsolvenz stellen.

Nur über das Inventar haben die Erben selbst das Verfahren in der Hand, müssen aber auch die Schuldenfrage mit den Gläubigern klären und womöglich hierzu Prozesse führen. In den anderen beiden Fällen übernimmt eine andere Person, der Nachlasspfleger oder der Nachlassinsolvenzverwalter, den Nachlass und damit die Verantwortung für die korrekte Abwicklung.

Option 1: Nachlassverzeichnis (Inventarerrichtung)

Erben sind berechtigt, ein Verzeichnis des Nachlasses (Inventar) beim Nachlassgericht einzureichen (Inventarerrichtung, § 1993 BGB). Ist dieses ordnungsgemäß errichtet und eingereicht, klappt es mit der Haftungsbeschränkung. Zunächst besteht hierfür keine Frist. Auf Antrag eines Nachlassgläubigers muss das Nachlassgericht den Erben eine Inventarfrist vorschreiben. Lassen sie diese ungenutzt verstreichen und errichten kein ordnungsgemäßes Nachlassverzeichnis, tritt die unbegrenzte Haftung ein. Die Erben müssen zur Aufnahme des Inventars eine zuständige Behörde oder einen zuständigen Beamten oder Notar hinzuziehen. In der Regel läuft das auf einen Notar hinaus. Das Inventarverzeichnis listet die Erbschaftsgegenstände (Aktiva) und die Nachlassverbindlichkeiten (Passiva) vollständig auf. Es soll außerdem eine Beschreibung der Nachlassgegenstände, soweit dies zur Bestimmung des Wertes erforderlich ist, sowie die Angabe des Wertes enthalten.

Erstellen die Erben absichtlich ein erheblich unvollständiges Inventar oder nehmen eine nicht bestehende Nachlassverbindlichkeit darin auf, um den Nachlassgläubiger zu benachteiligen, so haften sie für die Nachlassverbindlichkeiten unbeschränkt.

Optionen 2 und 3: Nachlassverwaltung und Nachlassinsolvenz

Die Haftung von Erben für die Nachlassverbindlichkeiten beschränkt sich auf den Nachlass, wenn eine Nachlasspflegschaft (Nachlassverwaltung) angeordnet oder das Nachlassinsolvenzverfahren eröffnet ist.

Das Nachlassgericht ordnet die Nachlassverwaltung an, wenn Erben die Anordnung beantragen. Mit der Anordnung sind Erben die Gefahr los, mit ihrem eigenen Vermögen zu haften, können den Nachlass allerdings auch nicht mehr selbst verwalten. Ob sie diesen Weg beschreiten, können Erben frei entscheiden. Allerdings können auch

Gläubiger auf Antrag die Nachlassverwaltung erzwingen. Das ist möglich, wenn Grund zu der Annahme besteht, dass die Befriedigung der Nachlassgläubiger aus dem Nachlass durch das Verhalten oder die Vermögenslage der Erben gefährdet wird.

Haben Erben von der Zahlungsunfähigkeit oder der Überschuldung des Nachlasses Kenntnis erlangt, so müssen sie unverzüglich die Eröffnung des Nachlassinsolvenzverfahrens beantragen. Verletzen sie diese Pflicht, so sind sie den Gläubigern gegenüber für den daraus entstehenden Schaden verantwortlich (§ 1980 Abs. 1 BGB). Wird das Insolvenzverfahren daraufhin eröffnet oder die Eröffnung mangels Masse abgelehnt, besteht für die Erben keine Gefahr mehr, mit dem eigenen Vermögen zu haften.

Fazit: Können Sie innerhalb der Sechs-Wochen-Frist für die Ausschlagung nicht herausfinden, wie es wirklich um Vermögen und Schulden im Nachlass bestellt ist, bleibt Ihnen noch die Möglichkeit der Nachlassverwaltung und des Nachlassinsolvenzverfahrens. Bei der Nachlassverwaltung stellt auf Antrag des Erben ein vom Amtsgericht bestellter Nachlassverwalter fest, wie es um die Vermögenssituation des Nachlasses steht. Als Erbe haften Sie einerseits zwar erst einmal nicht für die Verbindlichkeiten. Andererseits dürfen Sie aber auch noch nicht auf Vermögenswerte zugreifen. Sie können dann ein Nachlassinsolvenzverfahren in die Wege leiten – ohne dass Sie für die Schulden geradestehen müssen.

Vermächtnis annehmen oder ausschlagen?

Anders als bei der Erbschaft ist die Frage von Annahme oder Ausschlagung beim Vermächtnis nicht groß von Bedeutung. Solange im Testament nicht etwas anderes angeordnet ist, können Sie keine Frist versäumen. Bis zur Grenze der Verjährung (mindestens drei volle Jahre ab Kenntnis des Anspruchs, bei Ansprüchen auf Grundstücke zehn Jahre; die Verjährung tritt immer zum Ablauf des 31. Dezember des dritten/zehnten vollendeten Jahres ein) kann man also in Ruhe überlegen, ob man einen vermachten Gegenstand haben will oder nicht.

Auch formal geht es weniger streng zu, es gibt keine Formvorschriften. Sie müssen nur der Person, der auferlegt wurde, das Vermächtnis zu erfüllen, bekannt geben, ob sie es annehmen wollen oder eben nicht. Die Erklärung kann erst nach Eintritt des Erbfalls abgegeben werden und muss bedingungslos erfolgen. Da es für die Person, die das Vermächtnis zu erfüllen hat, unangenehm sein kann, längere Zeit nicht zu wissen, ob das Vermächtnis nun angenommen oder ausgeschlagen wird, findet sich in letztwilligen Verfügungen manchmal die Vorgabe, dass das Vermächtnis entfällt, wenn es nicht innerhalb einer bestimmten Frist angenommen wird beziehungsweise vermachte Sachen nicht bis zu einem bestimmten Zeitpunkt übernommen werden. So etwas ist zulässig, und Vermächtnisnehmer müssen das beachten.

Wenn es kein Testament gibt

Wer erbt, wenn kein gültiges Testament existiert? Häufig entsteht eine Erbengemeinschaft, und die birgt Streitpotenzial. Hier erfahren Sie mehr zum Thema Erben streng nach dem Gesetz, wie sich in einer Erbengemeinschaft Streit vermeiden lässt und wann einem Erben mehr zusteht als den anderen.

„Sobald es etwas zu erben gibt, erkennt man den wahren Charakter der Menschen", heißt es im Volksmund. Gesetzlich ist genau geregelt, wer erbt, wenn es kein Testament gibt. In der Realität ist das aber nicht immer ganz einfach.

Erben mehrere gemeinsam, entsteht eine Erbengemeinschaft. Doch oft sind sich nicht alle Erben einig, wie viel bestimmte Nachlassgegenstände wert sind oder wer sie bekommen soll. Insbesondere im Falle mehrerer Ehen, unehelicher Kinder oder einer Patchworkfamilie kann es ganz schön schwierig werden. Ebenso, wenn ein Kind in der Vergangenheit mehr Geld bekommen hat als die anderen oder wenn eine Person aus dem Erbenkreis den Verstorbenen gepflegt hat. Wir erklären die Rechtslage, unter welchen Voraussetzungen wem ein höherer Anteil zusteht als den übrigen Erben.

Zudem zeigen wir Wege auf, wie sich Streit vermeiden lässt. Weitere wichtige Themen sind zum Beispiel, was es mit einer Teilungsversteigerung auf sich hat und wie die Erbengemeinschaft in geordneten Bahnen wieder aufzulösen ist.

Kein Testament: die klassische Erbfolge

Haben Verstorbene kein gültiges Testament hinterlassen, greift das gesetzliche Erbrecht. Wie so oft steckt der Teufel im Detail.

Das Erbrecht in Deutschland ist an sich sehr klar und übersichtlich. Doch nicht immer ist nachvollziehbar, warum die eine oder der andere möglicherweise weniger erbt als erwartet – oder sagen wir besser: erhofft. Aber so ist das nun mal, wenn ein Erblasser kein Testament verfasst hat oder dieses nicht gültig ist. In diesem Fall greift das gesetzliche Erbrecht, es gilt, was im Bürgerlichen Gesetzbuch (BGB) steht. Übrigens: Mehr als die Hälfte der Erbfälle in Deutschland werden ohne Testament abgewickelt.

Das BGB regelt zum einen, wer erbberechtigt ist, und zum anderen, wer wie viel bekommt. Die Grafiken „Geordnet erben“ auf S. 25 und „Erbteil hängt von Güterstand ab“ auf S. 61 zeigen das sehr anschaulich. In diesem Abschnitt gehen wir tiefer in die Details, beschreiben die Lage anhand von Beispielen und betrachten auch Konstellationen wie Patchworkfamilien, Stief- oder Adoptivkinder. Denn als das BGB verfasst wurde, waren zweite und dritte Ehen, eingetragene Lebensgemeinschaften, gleichgeschlechtliche Partnerschaften etc. nicht denkbar oder gar gesetzeswidrig. Daher kennt das gesetzliche Erbrecht bestimmte Familienkonstellationen, die heute normal sind, nicht.

Ehe-, eingetragene Lebenspartner

Gesetzliche Erben können hinterbliebene Partner oder Partnerinnen nur dann sein, wenn die Ehe oder die Partnerschaft bei einem Standesamt offiziell eingetragen wurde. Ist das nicht der Fall, können sie nur per Testament erben. Die gesetzliche Erbfolge kennt keine „wilde Ehe“.

Leben also zwei Menschen in einer Partnerschaft zusammen, haben dies aber nicht vom Standesamt beurkunden lassen, kommt die oder der Hinterbliebene in der gesetzlichen Erbfolge nicht als Erbe in Betracht. Das gilt selbst dann, wenn das Paar wie ein verheiratetes Paar zusammenlebt und gemeinsame Kinder hat.

→ Beispiel

Clara und Max sind unverheiratet und wohnen mit ihren beiden gemeinsamen Kindern im Haus von Max. Verstirbt Max, erben die Kinder sein Vermögen, Clara geht leer aus.

Wie hoch der Anteil am Erbe ausfällt, hängt vom Güterstand des Paares und von den Miterben ab. Wer bei der Eheschließung oder später keine andere Vereinbarung trifft, lebt in der Zugewinngemeinschaft. Sie ist der Regelfall, denn rund 90 Prozent der Ehepaare haben keinen Ehevertrag.

Erben in Zugewinngemeinschaft

Der Begriff Zugewinn bezieht sich auf das Vermögen, das während der Ehe gemeinsam erworben oder geschaffen wurde, und ist relevant, wenn es zur Scheidung kommt. Dann wird bisher gemeinsames Vermögen aufgeteilt. Wurde ein Zugewinn erwirtschaftet, der zwischen den Ehegatten ungleich verteilt ist, hat derjenige, der hiervon weniger aufgebaut hat, einen Anspruch auf Geldzahlung, den „Zugewinnausgleich". Nach dem Gesetz führt diese Zahlung zu einer genau hälftigen Verteilung des Zugewinns.

Im Todesfall verhält sich das aber anders: Das gesamte Vermögen einer verstorbenen Person zählt zur Erbmasse, also auch Vermögen, das ein Verstorbener in die Ehe mitgebracht hatte, sowie dessen während der Ehe zum Beispiel durch Arbeitskraft oder Erbschaft hinzugekommenes Vermögen.

Sind Kinder vorhanden, entsteht eine Erbengemeinschaft mit den Kindern. In dieser erbt der überlebende Partner per Gesetz pauschal 25 Prozent als Ausgleich des Zugewinns plus den gesetzlichen Erbteil von 25 Prozent. Das ist eine Hälfte des Nachlasses, die andere Hälfte wird unter den Kindern aufgeteilt. Bei einem Einzelkind erben also das Kind und der Ehepartner je die Hälfte. Bei zwei Geschwistern erhält jedes Kind ein Viertel, der Partner wiederum die Hälfte.

Erben in Gütertrennung

War hingegen Gütertrennung vereinbart, gibt es keine pauschalen 25 Prozent extra. Vielmehr hängt dann der Anteil des überlebenden Partners am Erbe von der Anzahl der Kinder ab. Neben einem Kind erbt der überlebende Ehepartner die Hälfte, bei zwei Kindern ein Drittel, bei drei und mehr Kindern ein Viertel. Der Güterstand wirkt sich aber auch auf die Erben der 2. und 3. Ordnung aus, also auf die Eltern, Geschwister und Großeltern.

Während in der Zugewinngemeinschaft die Eltern der verstorbenen Person, ihre Geschwister und deren Abkömmlinge – sie sind Erben 2. Ordnung – wegen der pauschalen Erhöhung um 25 Prozent nur ein Viertel des Erbes erhalten, bekommen diese bei Gütertrennung die Hälfte. Ebenso verhält es sich bei den Erben 3. Ordnung, also den Großeltern, wenn diese noch beide leben. Fällt ein Erbe aus, rücken im Regelfall die Nachfahren an dessen Stelle in der Erbfolge auf. Nicht so bei den Großeltern, weshalb Onkel und Tanten des Verstorbenen nicht zu Erben werden. Zugegeben, das klingt ganz schön kompliziert, aber so ist das Recht manchmal. Wenn ein Großelternteil oder beide bereits verstorben sind, geht dessen Anteil an den überlebenden Ehegatten.

→ Beispiel

Clara und Max sind verheiratet und haben Gütertrennung vereinbart. Clara, ihre Eltern und ihre beiden Kinder kommen bei einem Verkehrsunfall ums Leben. Clara hatte keine Geschwister. In der Gütertrennung erbt Max die Hälfte des Vermögens von Clara, die andere Hälfte steht Claras Großeltern zu. Lebt ein Großelternteil nicht mehr, erhält Max dessen Anteil.

Hätte das Paar hingegen in Zugewinngemeinschaft gelebt, würde Max von vorneherein drei Viertel des Vermögens erben. Auch bei der Zugewinngemeinschaft gilt: Der Anteil eines verstorbenen Großelternteils geht an den überlebenden Ehegatten. Gibt es keine Erben der ersten, zweiten und dritten Ordnung mehr, erhält der Ehe- oder Lebenspartner das komplette Vermögen des verstorbenen Partners.

Erben in Gütergemeinschaft

Noch seltener als die Gütertrennung wird heute die Gütergemeinschaft gewählt, während sie im vergangenen Jahrhundert insbesondere im ländlichen Raum noch weit verbreitet war und insofern in Erbfällen noch relevant ist.

Die Bürger der früheren DDR konnten eine Gütergemeinschaft wählen, die sogenannte Eigentums- und Vermögensgemeinschaft. Nach der Wiedervereinigung galt für diese Ehen die Zugewinngemeinschaft, es sei denn, ein Ehepartner hatte vor dem 3. Oktober 1992 vor dem Kreisgericht erklärt, dass die Eigentums- und Vermögensgemeinschaft beibehalten werden möge. Diese Variante existiert nur für Ehen, die vor der Wiedervereinigung geschlossen wurden und für die die ausdrückliche Beibehaltung des Güterstands erklärt wurde.

Vererbt wird in einer Eigentums- und Vermögensgemeinschaft nach dem gleichen Prinzip wie in einer Gütergemeinschaft: Der überlebende Partner erhält ein Viertel, während die Kinder oder Enkelkinder – die Erben 1. Ordnung – drei Viertel des Vermögens erben. Hatte die verstorbene Person keine Kinder, erhält der überlebende Ehepartner die Hälfte des Vermögens, die andere Hälfte geht an die Erben der 2. Ordnung, also die Eltern oder Geschwister der verstorbenen Person. Leben diese nicht mehr, treten die Erben der 3. Ordnung, sprich die Großeltern, an deren Stelle ein, sofern sie noch leben. Ist dies nicht der Fall, erhält der überlebende Ehegatte alles.

Der Voraus

Ganz unabhängig vom Güterstand gilt: Mindestens ein Viertel erhält der überlebende Ehegatte auf jeden Fall, zusätzlich auch den „Voraus", der ihm neben den Hochzeitsgeschenken auch die Haushaltseinrichtung – vom Kochtopf über das Sofa bis zu den Büchern – sichert. Zum Voraus gehört auch das Auto, sofern es gemeinsam genutzt wurde. Je nach Lebensstil können

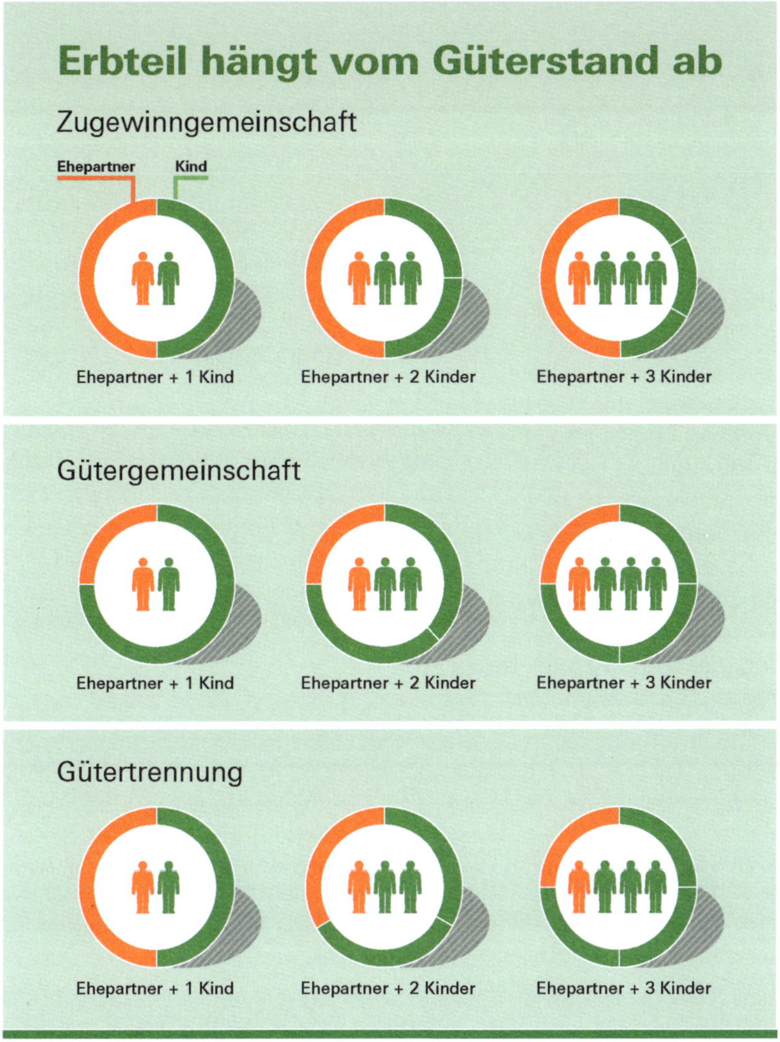

auch wertvolle Antiquitäten oder Kunstwerke dazu zählen, sofern es nicht der einzige Vermögensgegenstand des Verstorbenen ist. Eine wertvolle Sammlung an Silbermünzen oder Briefmarken hingegen zählen zur Erbmasse.

Das Gesetz (§ 1932 BGB) macht aber Unterschiede beim Voraus: Erben neben dem überlebenden Ehepartner die Eltern oder Großeltern der verstorbenen Person, fällt der Voraus für den Ehepartner großzügig aus und umfasst neben den zum ehelichen Haushalt gehörenden Gegenständen (sofern diese nicht Zubehör eines Grundstücks sind) die Hochzeitsgeschenke. Hatte die verstorbene Person jedoch Kinder, erbt der Ehepartner nur die Gegenstände, die zur Führung eines angemessenen Haushalts benötigt werden. Natürlich lässt sich darüber streiten, was als angemessen gilt.

→ Beispiel

Franz (69 Jahre) verstirbt und hinterlässt Sohn Malte aus erster Ehe sowie die 37-jährige zweite Ehefrau Claudia. Es gibt kein Testament. Kurz vor seinem Tod hatte Franz ein Auto im Wert von 100 000 Euro gekauft, das von beiden Eheleuten genutzt wurde. Zudem hinterlässt er 500 000 Euro Bankguthaben sowie Gold- und Silbermünzen im Wert von 60 000 Euro. Im Wohnzimmer der Eigentumswohnung, die er mit Claudia bewohnte, hängt ein Gemälde im Wert von 10 000 Euro, das er von seinem Vater geerbt hat.

Zum Voraus zählen neben den Haushaltsgegenständen auch das Auto sowie das Gemälde, da sie vor dem Tod von Franz Teil des gemeinsamen Wohnens und Lebens waren. Eigentumswohnung, Bankguthaben sowie die Gold- und Silbermünzen fallen dagegen in die Erbmasse.

Während und nach der Scheidung

Scheidung heißt Scheidung – auch vom Nachlass. Rechtlich haben ehemalige Ehepartner keinen Anspruch mehr auf ein Erbe, mit der Scheidung erlischt das Erbrecht des ehemaligen Partners.

Genau genommen entfällt das Erbrecht des Ehegatten bereits mit der Einreichung des Scheidungsantrags, sofern die Voraussetzungen für eine Scheidung gegeben sind und der Verstorbene den Scheidungsantrag gestellt oder dem Scheidungsantrag zugestimmt hat.

An der Stelle wird die Sache verzwickt: Hat der überlebende Ehepartner den Scheidungsantrag eingereicht, aber die verstorbene Person wollte die Scheidung nicht, kann das Erbrecht des überlebenden Ehegatten fortbestehen. Wenn der Erblasser der Trennung nicht zugestimmt hat, nützt dies also ausgerechnet dem scheidungswilligen überlebenden Partner, denn dieser erbt deshalb noch.

→ Beispiel

Susanne will sich von ihrem Ehemann Peter scheiden lassen. Mit ihren beiden minderjährigen Kindern ist sie aus der gemeinsamen Wohnung ausgezogen und hat den Scheidungsantrag eingereicht. Sie verstirbt kurze Zeit danach.

Da Susanne die Scheidung forciert hat, entfällt das Erbrecht des Ehegatten, wenn die Voraussetzungen für die Scheidung der Ehe zu diesem Zeitpunkt gegeben waren.

Dafür muss die Ehe zum Zeitpunkt des Todes „gescheitert sein" (§ 1565 BGB). Das ist gemäß gesetzlicher Vermutung wiederum nur sicher, wenn das Paar seit drei Jahren getrennt gelebt hat, oder seit mindestens einem Jahr, wenn beide Ehegatten die Scheidung beantragt oder einem Antrag zugestimmt haben. „Noch-Ehemann" Peter geht dann leer aus, die Kinder erben. Als leiblicher Vater hat er jedoch das Sorgerecht für die minderjährigen Kinder und verwaltet deren Vermögen.

Es ist aber nicht ganz ausgeschlossen, dass ein Ex-Partner doch zum Erbe wird, wie der nächste Fall zeigt.

→ Beispiel

Die Ehe von Johann und Elvira wurde nach 15 Jahren geschieden, das Paar hatte einen Sohn. Drei Jahre nach der Scheidung verstirbt Elvira, fünf Jahre später kommt der gemeinsame minderjährige Sohn bei einem Unfall ums Leben.

Mit dem Tod von Elvira erbte ihr Sohn als einziges leibliches Kind das gesamte Vermögen von Elvira. Da der Sohn noch keine Nachkommen hat, erbt Elviras Ex-Mann Johann dessen Vermögen.

Patchworkfamilien

Trennung und neue Beziehung sind häufig kompliziert. Das gesetzliche Erbrecht regelt allerdings klar: Kinder aus erster Ehe oder aus weiteren Beziehungen erben immer – sofern es die leiblichen oder adoptierten Kinder der verstorbenen Person sind. Dagegen gehen die Kinder des Partners stets leer aus, auch wenn die Kinder wie leibliche Kinder in der Familie leben und möglicherweise den neuen Partner Vater oder Mutter nennen.

HÄTTEN SIE'S GEWUSST?

An sich erlöschen mit dem Tod **Verpflichtungen** gegenüber Ex-Partnern – aber nicht der Anspruch auf Unterhaltszahlungen.

Verstirbt ein Ex-Partner, der zu Unterhaltsleistungen verpflichtet war, bleibt der Anspruch weiter bestehen und richtet sich dann an die Erben.

Allerdings sind die Leistungen, die von Erben gefordert werden können, auf den **Pflichtteil** begrenzt. Dieser entspricht der Hälfte des Betrags, der dem überlebenden Ex-Partner zugestanden hätte, wenn die Ehe nicht geschieden worden wäre (zum Pflichtteil siehe S. 103).

→ **Beispiel**

Die Ehe von Lisa und Frank wurde nach vier Jahren geschieden. Die beiden gemeinsamen minderjährigen Kinder Lotta und Paul leben bei Lisa. Sie erhält für die Kinder von ihrem Ex-Mann Unterhaltszahlungen in Höhe von 600 Euro monatlich.

Lisa lebt inzwischen mit Peter zusammen, mit dem sie die gemeinsame Tochter Luise hat. Frank wohnt bei seiner Freundin Marie, das Paar ist nicht verheiratet und hat drei gemeinsame Kinder (Leo, Tom und Elli). Marie hat aus einer früheren Beziehung Tochter Lena, die ebenfalls bei den beiden lebt und Frank Papa nennt. Frank stirbt unerwartet. Er hinterlässt ein Vermögen von 500 000 Euro an Wertpapieren und Bargeld.

Gesetzliche Erben sind Franks fünf leibliche Kinder: Lotta, Paul, Leo, Tom und Elli. Lebensgefährtin Marie und ihre Tochter Lena, Ex-Frau Lisa und ihre Tochter Luise sind nicht erbberechtigt.

Ex-Frau Lisa hat jedoch einen Anspruch auf Unterhaltsleistungen gegen die Erben. Dieser darf maximal die Hälfte des gesetzlichen Erbteils betragen, der ihr als hinterbliebener Ehefrau zustehen würde (siehe „Hätten Sie's gewusst?", S. 63). Was das in konkreten Zahlen bedeutet, lässt sich leicht errechnen.

Als hinterbliebener Ehefrau – also, wenn die Ehe nicht geschieden worden wäre – hätte Lisa ohne den Anteil, der vom Güterstand abgeleitet wird, ein Viertel geerbt. Der Pflichtteil ist die Hälfte davon, also ein Achtel. Konkret in Zahlen heißt das: Bei einem Erbe von 500 000 Euro entspricht der Maximalbetrag 62 500 Euro.

Bei der Scheidung von Frank und Lisa wurde vereinbart, dass Frank Unterhaltsleistungen in Höhe von 600 Euro pro Monat leisten muss, bis das jüngste Kind 14 Jahre alt ist. Beim Tod von Frank war das für ein Kind noch für 22 Monate der Fall, das entspricht 13 200 Euro (600 x 22). Damit liegt der Anspruch, den Lisa gegen die Erben hat, unter dem Maximalbetrag.

Eheliche und uneheliche Kinder

Eindeutig ist die Lage, wenn kein Testament vorhanden ist und der Erblasser keinen Ehepartner mehr und nur ein oder mehrere Kinder hinterlässt. Sie sind Erben 1. Ordnung – alle weiter entfernten Familienangehörigen wie Enkelkinder oder Eltern, Geschwister sind in diesem Fall von der Erbfolge ausgeschlossen.

So manche Überraschung kann es geben, wenn die Familie nichts von anderen Nachkommen wusste. Alle leiblichen Kinder eines Verstorbenen haben einen Anspruch auf das Erbe – ob sie ehelich oder unehelich geboren wurden, spielt bei der Erbfolge keine Rolle. Auch gezeugte, noch nicht geborene Kinder sind erbberechtigt, wenn sie später lebend geboren werden. In letzterem Fall kann sich die Erbaufteilung auch verzögern.

Adoptivkinder

Adoptivkinder sind zwar keine leiblichen Nachfahren des Verstorbenen, können aber durch Adoption das Erbrecht erlangen. Hat der Erblasser ein minderjähriges Kind adoptiert, ist es allen anderen Kindern des Verstorbenen gleichgestellt. Handelt es sich bei dem Verstorbenen selbst um ein Adoptivkind, gilt die gesetzliche Erbfolge, das heißt die leiblichen Kinder, Ehe- oder Lebenspartner erben – oder falls nicht vorhanden, sind es die Adoptiveltern, Großeltern und Geschwister der Adoptivfamilie und so fort.

Ein minderjähriges Adoptivkind erbt von seinen leiblichen Eltern nach dem gesetzlichen Erbrecht nichts mehr – es sei denn, es wurde in deren Testament ausdrücklich bedacht. Denn mit der Adoption durch die „neuen" Eltern erlischt das gesetzliche Erbrecht. Was für minderjährige Adoptivkinder gilt, ist bei der Adoption von Erwachsenen anders geregelt. Sie können sowohl von den leiblichen Eltern als auch den Adoptiveltern erben, erben aber nicht von anderen Verwandten der Adoptiveltern.

Stiefkinder

Mehrere Ehen oder das Zusammenleben von unverheirateten Paaren mit Kindern aus anderen Beziehungen sind in unserem mehr als hundert Jahre alten Bürgerlichen Gesetzbuch nicht vorgesehen. Dieses be-

Gut zu wissen

Möglicherweise haben Sie weit entfernte Verwandte, von deren Existenz Sie gar nicht wissen, und werden informiert, dass Sie erben. Doch Vorsicht, wenn Sie damit ein Fremder kontaktiert und vorab Geld fordert, da angeblich Unterlagen beschafft werden müssen, Reise- oder Anwaltskosten anfallen etc. Es könnte sich um Betrug handeln! Überweisen Sie keinesfalls Geld, unterschreiben Sie nichts und kontaktieren Sie die Polizei!
Im Normalfall informiert das Nachlassgericht die Erben. Es kann auch einen Erbenermittler hinzuziehen, der Hinterbliebene aufspüren soll, wenn zum Beispiel Erben im Ausland leben und nicht auffindbar sind. Ein seriöser Erbenermittler trägt alle Kosten selbst, bis es zur Auszahlung der Erbschaft kommt. Das Kostenrisiko liegt also beim Erbenermittler. Im Erfolgsfall berechnet er für seine Arbeit ein ansehnliches Honorar. Laut dem Verband Deutscher Erbenermittler liegen die Honorare zwischen 10 und 30 Prozent der Erbschaftssumme zuzüglich Umsatzsteuer, bei Auslandsbezug sind es bis zu 33 Prozent.

günstigt die direkten Nachfahren und die Ehepartner.

Nicht erbberechtigt sind Kinder des Ehe- oder Lebenspartners aus dessen früheren Beziehungen. Lebten in der Familie des Verstorbenen neben dem eingetragenen Lebenspartner oder Ehegatten auch dessen Kinder, werden sie – unschön – als „Stiefkinder" bezeichnet. Sie können den Erblasser zwar Vater oder Mutter genannt und möglicherweise gar nicht gewusst haben, dass sie keine leiblichen Kinder sind, gehen aber dennoch leer aus.

→ Beispiel:

Markus und Sabine sind in dritter beziehungsweise zweiter Ehe miteinander verheiratet und haben ein gemeinsames Kind. Markus hat aus den ersten beiden Ehen drei erwachsene Kinder. Sabines Tochter Julie aus erster Ehe ist noch minderjährig und lebt mit der Mutter, dem Stiefvater und der Halbschwester im Haushalt. Julie ist überzeugt, Markus sei ihr Vater. Verstirbt Markus, hat Julie nach dem gesetzlichen Erbrecht jedoch keinen Anspruch auf ein Erbe.

Ein Erbrecht hätte Julie nur, wenn Markus sie adoptiert oder in einem Testament bedacht hätte. Ist das nicht der Fall, erben neben Sabine die vier Kinder von Markus, also die drei erwachsenen Kinder sowie das gemeinsame Kind mit Sabine. Auch hier gilt: Nur den leiblichen Kindern oder Adoptivkindern steht ein Erbteil zu.

Enkel und Urenkel

Hat der Verstorbene Kinder, die ebenfalls bereits tot sind, nehmen deren Nachkommen deren Platz in der Erbfolge ein.

→ Beispiel

Hans, dessen Frau längst tot ist, verstirbt. Er hatte vier Kinder, die Zwillinge Bernd und Marie verstarben vor Jahren bei einem Unfall. Bernd hatte zwei Kinder, Marie ein Kind.

In diesem Fall wird das Erbe in vier Teile aufgeteilt. Je ein Viertel erhalten die beiden noch lebenden Kinder von Hans. Der Anspruch von Bernd wird unter dessen leiblichen Kindern geteilt, sie erhalten je ein Achtel. Das verbleibende Viertel geht an das Kind von Marie.

Mitarbeit im Betrieb: Arbeiten ein oder mehrere Kinder im elterlichen Betrieb mit und erhalten kein Gehalt, besteht ein gesetzlicher Ausgleichsanspruch gegenüber den übrigen Geschwistern.

Ausgleich von früheren Zahlungen oder Pflege

Hat ein Kind bereits mehr erhalten als andere Erbberechtigte, kann eine Ausgleichspflicht bestehen. Mehr kann es auch für Angehörige geben, die die verstorbene Person gepflegt haben.

Ausgleichspflicht klingt sperrig, Juristendeutsch eben, doch der Begriff trifft den Nagel auf den Kopf: Es besteht eine Pflicht zum Ausgleich früherer Zahlungen. Häufig bekommt ein Kind von den Eltern oder Großeltern für einen besonderen Anlass Geld, weil es das erste Auto oder eine Wohnung kauft. Aber was, wenn die Eltern versterben und die jüngeren Geschwister kein Geld erhalten haben?

Ausgleich für frühere Zahlungen

Gesetzlich gibt es dazu eine Reihe von Regelungen, die alle ein Ziel haben: Wenn kein Testament vorliegt, soll der Nachlass möglichst gerecht verteilt werden. Doch das Thema ist ein Pulverfass, wenn es vor dem Tod nicht klar – im Idealfall schriftlich – festgelegt oder im Familienkreis eindeutig kommuniziert wurde und sich die Erben darüber auch einig sind.

Schriftlich im Digitalzeitalter

Schriftlich bedeutet juristisch ein unterschriebener Text. Ein solcher ist natürlich ein toller Nachweis, wenn ein Streitfall vor Gericht landet. Der Wunsch, dass eine Leistung später auszugleichen ist, muss aber nicht zwingend ein unterschriebener Text sein. Wurde zum Beispiel die Online-Überweisung vom Bankkonto mit dem Verwendungszweck: „Startkapital, im Erbfall anzurechnen und auszugleichen" versehen, ist der Ausdruck eines Kontoauszugs auch ein klarer Nachweis.

→ Beispiel

Die verwitwete Mutter von Ann-Kathrin, Jan und Elisa ist verstorben, sie hinterlässt ein Bankguthaben von 450 000 Euro. Vor fünf Jahren hat Ann-Kathrin von ihr 90 000 Euro erhalten, um für sich eine Immobilie zu erwerben. Die jüngste Tochter Elisa studierte einige Jahre an einer Elite-Universität im Ausland, für die die Mutter unter Einsatz aller Mittel 150 000 Euro mehr als für die Finanzierung des Studiums der Geschwister aufgewendet hat. Es gibt kein Testament oder sonstige Vereinbarung.

Eindeutig wäre die Sachlage nur, wenn die verstorbene Mutter zu Lebzeiten nachweislich festgelegt hätte, dass eine Zuwendung auszugleichen oder eben nicht auszugleichen ist. Denn nur was nachweisbar, sprich schriftlich, festgelegt wurde, gilt. Somit ist es später nicht anfechtbar.

In der Realität werden solche Anordnungen aber oft nur mündlich weitergegeben, was das Risiko birgt, dass man sie nicht beweisen kann. Obendrein kommt es leicht zu Streitigkeiten. Denn die Erben können das Geschehene unterschiedlich auslegen oder sich nicht mehr so genau erinnern.

Lässt sich eine Anordnung nicht beweisen, kommt es nach dem Gesetz auf die Art der Zuwendung an.

- **Einkommenszuschüsse und Aufwendungen für die Ausbildung zu einem Beruf (Studium, Praktika, Ausbildung):** Solche Zuschüsse sind in der Regel nicht ausgleichspflichtig. Sollten die Kosten jedoch die Vermögensverhältnisse des Erblassers übersteigen, besteht wiederum eine Ausgleichspflicht. Beim Auslandsstudium der Tochter Elisa ist dies der Fall. Deshalb sind diese Unterhaltsleistungen auszugleichen. Wir sehen gleich, was dies konkret bedeutet.
- **Ausstattung:** Ausgleichspflichtig ist laut Gesetz die sogenannte Ausstattung. Gemeint sind damit Zahlungen oder die Übertragung von Wertsachen, die den Kindern als Starthilfe beim Auszug von zu Hause dienen oder wenn sie ein Unternehmen gründen. Mögliche Ausstattungsgegenstände sind alle Sachen und Rechte, die auch sonst zugewendet oder geschenkt werden können, wie zum Beispiel Geld, ein Auto, eine Immobilie, ein Lebensversicherungs- oder Bausparvertrag, es kann aber auch die Nutzung einer Wohnung oder die kostenlose Nutzung von Geschäftsräumen des Verstorbenen sein.
- **Sonstige Zuwendungen:** Nicht ausgleichspflichtig sind in der Regel dagegen sonstige Zuwendungen wie zum Beispiel der Kauf von Kleidung oder Schenkungen, es sei denn der Ausgleich einer Schenkung wurde ausdrücklich angeordnet, also schriftlich festgehalten.

In der Theorie klingt das alles logisch, in der Realität ist die Abgrenzung aber oft problematisch. Der Gesetzgeber geht davon aus, dass Erblasser ihre Abkömmlinge grundsätzlich gleich behandeln wollten, wenn sie nichts anderes anordnen.

Aus diesem Grund wird bei größeren Zuwendungen im Zweifelsfall angenommen, dass es sich nicht um eine Schenkung handelte, sondern eine ausgleichspflichtige Ausstattung. Daher – und hier kommen wir zurück zu unserem Beispiel mit der finanziellen Unterstützung in Höhe von 90 000 Euro beim Immobilienkauf der Tochter Ann-Kathrin – ist eine Ausgleichszahlung zu berücksichtigen.

Berechnung des Ausgleichs: **In der Praxis werden dem Nachlass von 450 000 Euro alle ausgleichspflichtigen Zuwendungen hinzugerechnet.**

Erbe der Kinder	450 000 €
+ Eliteuni Elisa	150 000 €
+ Immobilienkauf Ann-Kathrin	90 000 €
gesamte Verteilungsmasse	**690 000 €**

Jedem der drei Kinder stehen rechnerisch 230 000 Euro zu. Von den 450 000 Euro, die noch als Vermögen vorhandenen sind, erhält Jan, der vorab keine Zuwendung erhalten hat 230 000 Euro, Elisa bekommt 80 000 Euro (230 000 – 150 000) und Ann-Kathrin 140 000 Euro (230 000 – 90 000).

Wie wäre die Sachlage aber, wenn der gesamte Nachlass nur 75 000 Euro beträgt? Dann beschränkt sich der Ausgleich auf das, was im Nachlass verteilbar ist. Elisa und Ann-Kathrin können ihre 150 000 und 90 000 Euro behalten. Jan erhält in diesem Fall die gesamten 75 000 Euro. Er steht damit klar schlechter da als seine Geschwister.

Würde Jan in diesem Fall weniger als den Pflichtteil erhalten, könnte er gegebenenfalls den sogenannten Pflichtteilsergänzungsanspruch (hierzu siehe S. 108) geltend machen. Erben sind die drei Geschwister, der Pflichtteilsanspruch jedes Kindes beträgt daher ein Sechstel. Wenn alle Zahlungen voll auf den Pflichtteil angerechnet werden, liegt der Pflichtteilsanspruch von Jan bei 52 500 Euro. Der Betrag entspricht einem Sechstel der Verteilungsmasse von 315 000 Euro (75 000 + 150 000 + 90 000).

Gut zu wissen

Wollen ein oder mehrere Erben wissen, welche ausgleichsberechtigten Zuwendungen ein Miterbe erhalten hat, ist dieser gesetzlich zur Auskunft verpflichtet. Die Richtigkeit der Angaben muss sogar an Eides statt versichert werden. Für die Rückschau gibt es keine zeitliche Befristung, das bedeutet, dass die Geschenke seit Geburt des Erben zu ermitteln und korrekt zu bewerten sind. Keine einfache Aufgabe.

Streit unter Geschwistern entsteht oft bei der Frage nach der Höhe und Bewertung der Zuwendungen oder ob von den Eltern ein Ausgleich angeordnet wurde. Wohl den Geschwistern, die einvernehmlich den Ausgleich lösen oder die dank eines eindeutigen letzten Willens der Eltern oder klarer Ausgleichungsanordnungen Streit vermeiden können.

Der Pflichtteilsergänzungsanspruch hilft Jan also nicht weiter, da er mit 75 000 Euro mehr bekommt als den Pflichtteil.

Für die Berechnung der Zuwendungen gilt die Höhe der Zahlung zum Zeitpunkt der Übertragung. Dabei werden spätere Wertschwankungen, also Wertsteigerungen

Nicht jeder hat Anspruch auf einen Ausgleich.
Ein Ausgleich ist möglich, wenn ein Mensch verstorben ist, der zum Beispiel einem Kind zu Lebzeiten mehr Geld zukommen ließ als dessen Geschwistern, oder wenn ein Kind den Verstorbenen gepflegt hat. Einen Anspruch auf Ausgleich haben nur die direkten Nachfahren, also Kinder, Enkelkinder, Urenkel oder andere Abkömmlinge. Für Ehegatten, Geschwister, Eltern oder Betreuer gibt es keinen Anspruch auf einen Ausgleich!

oder Verluste wie zum Beispiel bei Aktien, Immobilien, Gold, nicht berücksichtigt (§ 2055 Abs. 2 BGB). Hat die Immobilie von Ann-Kathrin beim Kauf 180 000 Euro gekostet und ist inzwischen 400 000 Euro wert, wird der Wertzuwachs nicht beachtet. Der Kaufkraftschwund des Geldes aber schon.

Ausgleichsansprüche für Pflege

Haben Sie als Kind oder Enkel über längere Zeit ein Eltern- oder Großelternteil gepflegt? Und hat Ihr Einsatz in besonderem Maße dazu beigetragen, dass das Vermögen der verstorbenen Person erhalten blieb? Dann steht Ihnen in der Erbengemeinschaft unter Umständen nach Paragraf 2057a BGB ein Ausgleich und somit ein höherer Anspruch am Erbe zu – eine Vorschrift übrigens, die erst seit 2010 existiert.

→ Beispiel

Julia reduzierte ihre Arbeitszeit auf 50 Prozent, um ihre kranke Mutter Bettina bis zu deren Tod 14 Monate später zu pflegen. Bettina hinterlässt neben Julia und ihrem Bruder Sören ihren Ehemann Herbert. Der Wert des Nachlasses beträgt 200 000 Euro.

Nach dem gesetzlichen Erbrecht erhält die Hälfte des Erbes der verwitwete Ehemann, die andere Hälfte wird unter den Kindern aufgeteilt. Dabei wird der Pflegeaufwand von Julia beim Erbteil der Kinder berücksichtigt. Als Ausgleich für die Pflege schlägt Julia ihrem Bruder 1000 Euro pro Monat vor, also insgesamt 14 000 Euro. Stimmt Sören zu, erhält Julia 14 000 Euro vorab und die restlichen 86 000 Euro werden hälftig geteilt. Sören erhält damit 43 000 Euro, Julia kommt am Ende auf 57 000 Euro (14 000 + 43 000). Zu beachten ist, dass die Ausgleichsansprüche nur unter den Geschwistern bestehen, das Erbe des überlebenden Ehegatten ist davon nicht betroffen.

Wie viele Regelungen birgt auch diese Streitpotenzial, da es keine gesetzliche Berechnungsgrundlage für die Höhe der Ausgleichszahlung gibt und der Aufwand nachzuweisen ist. Da Pflegende häufig ihren Job ganz oder teilweise aufgeben, ist ein finanzieller Ausgleich auf jeden Fall angebracht.

Problematisch wird es jedoch im Streitfall. Wer keine Nachweise erbringen kann, hat oft das Nachsehen. Dann können noch Ärzte, Angehörige oder anderes Pflegepersonal als Zeugen herangezogen werden, um vor Gericht die Leistung eines pflegenden Angehörigen bewerten zu lassen. Das ist jedoch außerordentlich schwierig. Einfach ist es hingegen, wenn ein Erbe von Anfang an ein ausführliches Pflegetagebuch geführt hat, in dem Dauer und Umfang der Pflegeleistung kontinuierlich dokumentiert sind. Im Idealfall hat die erkrankte Person stets gegengezeichnet.

Noch einfacher ist die Sache, wenn Eltern oder Großeltern eine regelmäßige Zahlung für die Pflege geleistet haben. In diesem Fall besteht später bei der Verteilung des Erbes kein Ausgleichsanspruch mehr.

(Hilfe!) Erbengemeinschaft

Eine Erbengemeinschaft ist keine freiwillige Wahl, sie entsteht zwangsläufig. Und das sorgt häufig für Ärger. Was steckt genau dahinter, und wie lässt sich Streit vermeiden?

Warum kommt es so oft zu Erbstreitigkeiten? Ums Erbe drehen sich laut einer Studie mehr als ein Viertel aller Rechtsstreitigkeiten im privaten Bereich. Sie entstehen in den allermeisten Fällen dann, wenn mehr als nur eine Person erbt. Erben nämlich mehrere Personen etwas gemeinsam, entsteht automatisch eine Erbengemeinschaft.

Hinterlässt also die verstorbene Person mehrere Erben, kommt die gesamte Erbmasse – zum Beispiel das Auto, die Eigentumswohnung, das Wertpapierdepot, das Bankkonto, die Tagebücher, die Briefmarkensammlung, das Gerümpel in der Garage, die Schulden – quasi in einen Topf. Jedem Erben einer Erbengemeinschaft gehört ein Teil des Topfes und nicht ein Teil am Haus oder Auto etc. Nicht entscheidend, aber damit Sie den Begriff mal gelesen haben und nicht überrascht sind, wenn er in formellen Dokumenten auftaucht: Juristisch wird die Erbengemeinschaft auch „Gesamthandgemeinschaft" genannt.

Die Erben müssen nun alles gemeinsam abwickeln, was natürlich nicht immer leicht ist. Denn die Interessen der Erben sind oft unterschiedlich, aber die Immobilie oder andere Werte können nur gemeinsam verkauft oder vermietet werden.

→ Beispiel

Nach dem Tod der Eltern erben drei Söhne gemeinsam das Familienheim im Wert von 600 000 Euro sowie 90 000 Euro Wertpapiervermögen und 120 000 Euro Bankguthaben. Einer möchte das Haus in drei Mietwohnungen verwandeln, der andere will für den dafür nötigen Umbau kein Geld investieren und es lieber als Einfamilienhaus vermieten, der dritte will das Haus verkaufen.

Die drei Söhne besitzen je ein Drittel an der Gesamthandgemeinschaft. Jeder der drei Brüder kann seinen Anteil an der Erbengemeinschaft verkaufen oder verschenken – allerdings nur den kompletten Erbanteil, also den Anteil am Familienheim plus den Anteil am Wertpapierdepot und dem Bankguthaben. Gleich mehr zu den Möglichkeiten, wie Erben aus der Erbengemeinschaft aussteigen können und was dabei zu berücksichtigen ist. Doch bevor wir darauf sowie auf mögliche Lösungen des Konflikts der drei Brüder eingehen, sollten Sie ein paar grundlegende Fakten zur Erbengemeinschaft kennen.

Gemeinschaftliche Verwaltung

Das Erbe muss von den Mitgliedern der Erbengemeinschaft gemeinschaftlich verwaltet werden, und zwar so, dass Erhalt und Sicherung des Nachlasses gewährleistet sind. Juristisch existieren nicht viele Vorschriften zur Erbengemeinschaft. Ratsam ist es, bei mangelnder Harmonie oder fehlendem Vertrauen sich an die bestehenden Regeln zu halten. In § 2038 des Bürgerlichen Gesetzbuchs (BGB) heißt es dazu: „Die Verwaltung des Nachlasses steht den Erben gemeinschaftlich zu. Jeder Miterbe ist den anderen gegenüber verpflichtet, zu Maßregeln mitzuwirken, die zur ordnungsmäßigen Verwaltung erforderlich sind; die zur Erhaltung notwendigen Maßregeln kann jeder Miterbe ohne Mitwirkung der anderen treffen."

Im Klartext heißt das, wenn es darum geht, dass der Nachlass gefährdet ist, weil zum Beispiel ein Wasserschaden in einer Wohnung oder dem Haus entstanden ist, müssen nicht alle Miterben den Handwerker beauftragen, das kann einer übernehmen. Zu den Maßregeln der notwendigen Erhaltung zählen zum Beispiel auch ein Einspruch gegen Baumaßnahmen auf dem Nachbargrundstück oder die Anfechtung eines Beschlusses der Wohnungseigentümerversammlung. In diesen Fällen hat jeder Miterbe auch allein die gesetzliche Vertretungsmacht für die Erbengemeinschaft. Entstehen dadurch Kosten, können diese von den Miterben – entsprechend ihrem Erbanteil – eingefordert werden.

Solange sich alle Erben einig sind, müssen sie für das Miteinander keine Vorschriften beachten, können also die Aufgaben beliebig verteilen und den Nachlass beliebig auseinandersetzen oder auch diesen als Ganzes dauerhaft verwalten. Letzteres empfiehlt sich zum Beispiel bei einer Erbengemeinschaft zwischen dem überlebenden Elternteil und den Kindern, wenn kein Teil das Bedürfnis hat, den Nachlass abzuwickeln. So kann der überlebende Elternteil im Familienheim weiterleben, das ihm gemeinsam mit den Kindern gehört. Oder der überlebende Elternteil kann auch seine Rechnungen für den Lebensunterhalt vom gemeinsamen Konto begleichen. Das Konto muss ihm nicht alleine gehören, er benötigt aber eine Vollmacht, damit er allein über das Konto verfügen kann. Stirbt er wiederum, ohne ein Testament zu hinterlassen, bleiben die Kinder erneut als Erbengemeinschaft übrig und können das Erbe untereinander aufteilen. So besteht eine Erbengemeinschaft mit dem überlebenden Elternteil und den Kindern und nach dem Tod des zweiten Elternteils die Erbengemeinschaft der Kinder.

Mehrheit der Anteile entscheidet

Können sich dic Mitglieder einer Erbengemeinschaft nicht einigen, wird abgestimmt. Dabei zählt aber nicht die Anzahl der Köpfe, sondern der Anteil am Erbe. Bilden zum Beispiel ein Elternteil und drei Kinder nach dem gesetzlichen Erbrecht eine Erbengemeinschaft, stehen dem überlebenden Elternteil die Hälfte und jedem Kind ein Sechstel des Erbes zu. Die Stimme des überlebenden Elternteils hat in diesem Fall mehr Gewicht als das Stimmrecht eines Kindes. Eine Entscheidung ist bindend für die Mitglieder der Erbengemeinschaft. Per Mehrheitsbeschluss können allerdings nur Entscheidungen gefällt werden, die zur ordnungsgemäßen Verwaltung zählen, wie zum Beispiel die Begleichung von Rechnungen. Der Erbe mit einem höheren Stimmengewicht darf aber im Alleingang keine unnötigen Maßnahmen beschließen, die den anderen Erben finanziellen Schaden zufügen können.

Im Zweifel wird das natürlich kompliziert. Ein ordnungsgemäßer Beschluss setzt ein ordnungsgemäßes Verfahren voraus, sprich es gibt einen Beschlussvorschlag, es wird ein Beschlusstermin festgesetzt, der eine Teilnahme aller Erben ermöglicht, damit die Abstimmung aller Erben erfolgt. Solange die Mehrheit der Erben Beschlüsse der laufenden Verwaltung fasst, kann sie danach handeln, selbst wenn Verfahrensrechte anderer Miterben nicht beachtet wurden.

Solche Verstöße verpflichten die Handelnden allerdings zu Schadenersatz, wenn keine ordnungsgemäße laufende Verwaltungsmaßnahme beschlossen wurde. Kommt keine Beschlussmehrheit zustande, ist die laufende Verwaltung blockiert. Zwar kann jeder Miterbe eine dem Interesse aller Miterben nach billigem Ermessen entsprechende

Verwaltung und Benutzung gemeinschaftlicher Gegenstände verlangen. Wird dem Verlangen jedoch nicht Folge geleistet, muss die Maßnahme eingeklagt werden.

→ Beispiel

Nach der Kündigung des Mieters steht die geerbte Mietwohnung leer. Einer von drei Miterben kümmert sich um die Neuvermietung, findet eine neue Mieterin und legt den beiden Miterben den neuen Mietvertrag zur Entscheidung und Unterschrift vor. Diese verweigern Unterschrift und Zustimmung, etwa weil sie keine Alleinerziehende in der Wohnung haben wollen oder ihnen die Frau aus anderen Gründen nicht zusagt. Hier müsste der interessierte Miterbe die Zustimmung einklagen, was praktisch unmöglich ist, weil kein Mietinteressent auf den Ausgang eines solchen Rechtsstreits warten kann.

Was die Verfügung über Nachlassgegenstände betrifft, ist zwingend gemeinsames Handeln aller Miterben vorgeschrieben. Ein Mehrheitsbeschluss bewirkt jedoch nichts, da ein Miterbe alles blockieren kann, wenn es nicht zur notwendigen Erhaltung des Erbes zählt. Auch zu Unrecht verweigerte Mitwirkung muss eingeklagt werden, alternativ besteht nur die Möglichkeit, die Auseinandersetzung des Nachlasses zu verlangen, was im Streitfall dann vor Gericht endet.

Einen Vertreter bestimmen

Generell muss jede Aktion, und sei es nur eine Kündigung eines Zeitungsabonnements oder eines Versicherungsvertrags, von den Erben gemeinsam vorgenommen werden. Dafür müssen der notwendige Erbnachweis vorgelegt und die Verträge oder Kündigungen von allen gemeinsam unterschrieben werden. Anders, wenn die Erben eine Vollmacht zur Nachlassabwicklung oder gar eine Generalvollmacht erteilen

Generalvollmacht erteilen: Die Erbengemeinschaft kann einem oder mehreren Miterben schriftlich eine umfassende Vollmacht zur Abwicklung der Nachlassangelegenheiten erteilen. Ein Musterschreiben dazu finden Sie im Hilfeteil ab S. 187. Bei Bedarf kann diese auch öffentlich beglaubigt werden. Dann kann die bevollmächtigte Person Verträge kündigen oder abschließen. Das setzt natürlich viel Vertrauen voraus. Ist dieses nicht vorhanden, sollte keine Vollmacht erteilt werden. Auch bestehende Vollmachten können von den Erben widerrufen werden.

und sie eine Person bestimmen, die sich um diese Aufgaben kümmert (siehe auch Generalvollmacht, S. 41).

Unproblematisch sind zum Beispiel Finanztransaktionen, wenn der Erblasser zu Lebzeiten bei der Bank oder der Versicherung eine Vollmacht über den Tod hinaus erteilt hat. In diesem Fall kann die bevollmächtigte Person über das Konto weiter verfügen und Rechnungen begleichen. Ist das nicht der Fall oder bestimmt die Erbengemeinschaft einen anderen Vertreter, müssen alle Erben mit dem notwendigen Erbnachweis (siehe S. 38) zur Bank – oder zu mehreren Banken, wenn die verstorbene Person mehrere Bankverbindungen hatte – und dort die Personen als Bevollmächtigte eintragen lassen, die Bankgeschäfte tätigen sollen.

Gut zu wissen

Heikle Haftung. Dass ein Alleinerbe für alle Schulden des Erblassers geradestehen muss, liegt auf der Hand. Was viele nicht wissen: Jeder Miterbe einer Erbengemeinschaft für sich genommen haftet den Gläubigern des Erblassers ebenfalls für die gesamten Schulden, also nicht nur beschränkt auf die Höhe seines Erbteils. Wird das Erbe vorschnell aufgeteilt, laufen die Mitglieder der Erbengemeinschaft Gefahr, dass später noch Forderungen auftauchen. Diese können von jedem Erben eingefordert werden. Dieser kann im Nachhinein das Geld von den Miterben verlangen. Mehr siehe „Erbengemeinschaft auflösen" ab S. 82.

Schlechter Ruf

Für den schlechten Ruf der Erbengemeinschaft sind deren handlungsunwillige Mitglieder verantwortlich. Je unterschiedlicher die Vorstellungen der Erben sind und je geringer deren Bereitschaft ist, eine einvernehmliche Lösung für alle Beteiligten zu finden, desto leichter entsteht der unrühmliche Erbstreit.

Sind sich die Miterben einig oder suchen nach einer akzeptablen Lösung für alle Beteiligen, können die notwendigen Formalitäten für die Abwicklung des Erbes ohne große Probleme über die Bühne gehen. Wenn gegenseitiges Vertrauen vorhanden ist, müssen die Erben für das Miteinander keine großen Vorschriften oder Regeln beachten, sie können die Aufgaben beliebig verteilen und den Nachlass auseinandersetzen oder auch unverändert dauerhaft verwalten. Daher kann eine Erbengemeinschaft, in der alle Beteiligten gut miteinander können, dafür sorgen, dass ein Nachlassfall auch entspannter als von einem Alleinerben, an dem alle Arbeit hängt, abgewickelt werden kann.

Die Wege raus aus der Erbengemeinschaft

Eheleute können sich trennen, Erben in einer Erbengemeinschaft bleiben Erben. Hat ein Erbe oder eine Erbin die Ausschlagung versäumt, ist er oder sie bis zum Abschluss der Auseinandersetzung – so wird die Auflösung der Erbengemeinschaft offiziell bezeichnet – Teil der Erbengemeinschaft und haftet als Gesamtschuldner für die Nachlassverbindlichkeiten. Ein Erbe oder eine Erbin kann die Gemeinschaft nicht einfach kündigen, er oder sie kann den Erbteil auch nicht wie eine unliebsame Sache aufgeben beziehungsweise der Allgemeinheit überlassen. Ein Ausstieg aus der Erbengemeinschaft ist aber dennoch möglich, es gibt zwei Varianten.

Ausstiegsvariante 1: Erbteilsabtretung

Unter diesem juristischen Begriff kann man sich sofort vorstellen, worum es geht: Ein Erbteil wird abgetreten – und zwar an eine andere Person. Jeder Erbe kann nämlich seinen Erbteil – ohne die anderen Miterben zu fragen – an eine Person abtreten, die willens ist, den Erbteil zu übernehmen. Das kann zum Beispiel der Ehepartner, ein Kind, der Nachbar, die Bank oder eine den anderen Erben unbekannte Person sein. Grundlage kann eine Schenkung sein, ein Kaufvertrag, aber auch ein sonstiges Rechtsgeschäft wie zum Beispiel die Einbringung des Erbteils in ein Gesellschaftsvermögen oder als Sicherheit für einen Kredit. Teils wird diese Aktion auch Erbteilsübertragung genannt. Wirksam ist eine Erbteilsabtretung aber nur, wenn sie notariell beurkundet ist.

Mit der notariellen Beurkundung endet die Mitgliedschaft des ursprünglichen Erben in der Erbengemeinschaft, der Erwerber des Erbteils wird neues Mitglied. Rechtlich betrachtet bleibt der Veräußerer weiterhin Erbe, sprich die Erbfolge wird durch eine Erbteilsabtretung nicht geändert. Daher werden Erbscheine oder Nachlasszeugnisse nicht verändert, auf diesen Dokumenten bleibt der ursprüngliche Erbe eingetragen.

Die Miterben müssen zwar vor einer Erbteilsabtretung nicht informiert werden, sie haben aber ein gemeinschaftliches Vorkaufsrecht, sofern der Erbteil an eine Person verkauft wird, die nicht Teil der Erbengemeinschaft ist. Gemeinschaftlich bedeutet in unserem Beispiel, dass die beiden Brüder zusammen den Anteil des Bruders erwerben können, wenn dieser ihn an eine andere Person verkaufen will oder verkauft hat. Es ist auch möglich, dass nur einer das Angebot annimmt und den Anteil erwirbt.

Der Verkäufer muss die Miterben über das Geschäft unverzüglich informieren, die Frist für die Ausübung des Vorkaufsrechts beträgt zwei Monate und beginnt erst zu laufen, wenn den Miterben der vollständige, wirksame Kaufvertrag vorgelegt wird.

Anders ist die Sachlage jedoch, wenn der Erbteil an einen Miterben verkauft oder verschenkt wird. In diesem Fall haben die anderen Mitglieder der Erbengemeinschaft kein Vorkaufsrecht.

Eine Erbteilsabtretung ändert übrigens nichts an der bisherigen Haftung des Erbteilsveräußerers für Nachlassverbindlichkeiten. Allerdings haftet der Käufer des Erbteils zusätzlich neben dem Verkäufer. Üblicherweise wird er vertraglich verpflichtet, den Veräußerer aus seiner Haftung freizustellen. Damit die Gläubiger wissen, wer haftet, muss der Notar die Erbteilsabtretung dem zuständigen Nachlassgericht mitteilen. Diese Ausstiegsvariante aus der Erbengemeinschaft kommt für Erben infrage, die dringend Geld benötigen oder die Erbschaft möglichst schnell abwickeln wollen.

Ausstiegsvariante 2: Abschichtungsvereinbarung

Eine andere Möglichkeit, aus der Erbengemeinschaft auszuscheiden, ist eine vertragliche Vereinbarung mit allen Miterben. Das kann mit oder ohne finanziellem Ausgleich stattfinden und hat zur Folge, dass der Erbanteil des ausscheidenden Mitglieds auf die anderen Erben übergeht, und zwar entsprechend ihrem Anteil an der Erbengemeinschaft. Damit entfallen der Erbteil und jeglicher Anspruch dieses Erben an die Erbengemeinschaft.

Während die Erbteilsabtretung an jede beliebige Person möglich ist, setzt eine Abschichtungsvereinbarung immer ein Mitwirken aller Mitglieder der Erbengemeinschaft voraus. Für die Abschichtungsvereinbarung gibt es keine Formvorschriften, eine notarielle Beurkundung ist auch dann nicht notwendig, wenn zum Nachlass Grundstücke oder Anteile an einer GmbH gehören.

Vorsicht bei Schulden

Vorsicht, wenn Schulden Teil des Erbes sind: Die wird man mit der Abschichtungsvereinbarung genauso wenig los wie bei der Erbteilsabtretung. Trotz der Abschichtung haftet die ausscheidende Person wie die verbleibenden Miterben weiter als Gesamtschuldner für Nachlassverbindlichkeiten.

Erbteil an Investor verkaufen. Im Internet offerieren professionelle Anbieter den Kauf von Erbteilen. Ihr Ziel ist in erster Linie der günstige Erwerb von Immobilien. Dafür bieten sie meist eine schnelle Zahlung, aber einen recht niedrigen Preis. Dieser liegt oft 50 bis 80 Prozent unter dem nominellen Wert des Erbteils. Die Alternative, wenn sich eine Erbengemeinschaft über die Verwendung einer Immobilie nicht einigen kann und ein Erbe verkaufen will, ist die Teilungsversteigerung (siehe S. 81).

Sachwerte wie Immobilien gerecht aufteilen

Was tun mit dem Haus, wenn die Erbengemeinschaft uneins ist? Hier erfahren Sie, wie Sie Streit vermeiden oder welche Möglichkeiten Sie haben, wenn keine Einigung zu erzielen ist.

Geld ist einfach zu verteilen, ein Wertpapierdepot ebenfalls, aber eine Immobilie lässt sich nicht so einfach zerstückeln, dass jeder Erbe seinen gerechten Anteil erhält. Selbst wenn es sich um mehrere Wohnungen handelt, ist das nicht immer einfach. Meist wollen alle die sonnige Dachgeschosswohnung mit Weitblick, während Souterrain und Erdgeschoss weniger gefragt sind. Doch sie kann nur ein Mitglied der Erbengemeinschaft bekommen.

Möglichst gerecht aufgeteilt kann eine Immobilie werden, wenn der Marktwert bekannt ist. Den Wert bestimmen können Immobilienmakler oder Sachverständige. Einen Sachverständigen zu beauftragen kostet zwar Geld, doch ein Gutachter wendet verschiedene Bewertungsmethoden an und dürfte zu einem realistischen Ergebnis kommen. Manche Erben holen auch mehrere Maklerangebote ein. Das führt aber oft zu unterschiedlichen Einschätzungen und erleichtert den Prozess nicht unbedingt. Auf Basis eines Gutachtens kann jeder Erbe entscheiden, ob er seinen Teil der Immobilie behalten oder eventuell doch lieber veräußern will. Die Immobilie kann auch beliehen werden, sprich es kann bei der Bank ein Kredit aufgenommen und im Gegenzug als Sicherheit für die Bank eine Grundschuld im Grundbuch eingetragen werden.

In unserem Ausgangsbeispiel (von S. 74) der Erbengemeinschaft der drei Brüder mit den unterschiedlichen Interessen und Vorstellungen zur Verwendung der Immobilie kann der Bruder, der seinen Anteil loswerden will, diesen an die beiden Brüder verkaufen. Falls sie nicht genügend Geld haben, um den Bruder auszuzahlen, können die beiden die Immobilie beleihen.

Streitgründe und Lösungsansätze

Stress und Streit in Erbengemeinschaften sind meist auf drei Ursachen zurückzuführen: Die Erben verfolgen unterschiedliche Ziele, es sind zu viele Erben, oder sie sind nicht handlungsfähig.

1. **Uneinigkeit:** Wenn sich die Mitglieder einer Erbengemeinschaft nicht verstehen oder nicht nach gemeinsamen Lösungen suchen, sondern streiten, gibt es keine Patentlösung. Alle grundlegenden

Geschäfte müssen gemeinsam vorgenommen werden. Auf Mitwirkung oder Auseinandersetzung zu klagen ist zeitaufwendig und mit einem erheblichen Risiko zu scheitern verbunden. Der Antrag auf Zwangsversteigerung einer Immobilie im Nachlass ist zumindest ein Weg, Druck auf diejenigen auszuüben, die die Immobilie lieber behalten wollen. Im Falle eines Verkaufs – oder im meist ungünstigen Fall einer Zwangsversteigerung – erhält die Erbengemeinschaft Geld. Und das lässt sich einfach verteilen.

2 **Zu viele Miterben:** Insbesondere die gesetzliche Erbfolge kann zu sehr großen Erbengemeinschaften führen, bei denen einvernehmliches Handeln schon praktisch schwierig ist. Stirbt das unverheiratete und kinderlose jüngste Kind einer Großfamilie mit ursprünglich zwölf Kindern im Alter von 94 Jahren, leben die Eltern und auch viele Geschwister nicht mehr. Möglicherweise sind auch schon einige Nichten und Neffen verstorben. Aus diesen Großfamilien kommen leicht dreißig bis vierzig Nichten und Neffen zusammen, beziehungsweise Großnichten und Großneffen, die Erben der 2. Ordnung sind. Je nach familiärer Situation kennen sich diese nicht einmal. Eine solche Gruppe zu einem einvernehmlichen Handeln zu bewegen erfordert viel Initiative und Geschick. Wenn dann auch noch Familienstreit Teil des Erbes ist, ist der Weg zu einer vollständigen Abwicklung weit.

Wer finanzielle Mittel und einen langen Atem hat, kann versuchen, Miterben, die hauptsächlich an Geld interessiert sind, den Erbteil abzukaufen. Mit dem „Erbteilskauf" lässt sich die Gruppe verkleinern und der eigene wirtschaftliche Anteil erhöhen. Die Einigung der Erben auf einzelne Bevollmächtigte kann auch eine Lösung sein, setzt aber Vertrauen in diese voraus.

3 **Handlungsunfähige Miterben:** Selbst bei gutem Willen wird die Verwaltung und Auseinandersetzung der Erbengemeinschaft erheblich erschwert, wenn ihre Mitglieder nicht selbst handeln können, weil sie minderjährig oder geschäftsunfähig sind. Gesetzliche Vertreter wie Eltern oder Betreuer sind oft aus Rechtsgründen nicht frei zu handeln. Das ist der Fall, wenn sie selbst Miterben sind und einen Interessenskonflikt haben oder für ihre Handlungen die Genehmigung des Familien- oder Betreuungsgerichts benötigen. Leben Miterben in entfernten Ländern, sollte das heutzutage dank elektronischer Kommunikation zum Glück kein großes Problem mehr darstellen.

In der Praxis können jedoch schon kleine Formalitäten, wie die persönliche Unterschrift bei der Bank, zu großen Hindernissen führen. Kommt Immo-

bilität oder Überforderung dazu, gerät die Abwicklung des Nachlasses häufig ins Stocken. Stirbt dann möglicherweise auch noch ein Erbe, muss in Bezug auf diesen wiederum sicher geklärt werden, wer ihn beerbt hat und an seine Stelle tritt.

Problematisch ist auch, wenn ein Teil der Erben unbekannt oder unauffindbar ist. In diesem Fall gibt es rechtliche Lösungen (siehe S. 119), die es immerhin etwas leichter machen. Wirklich einfach sind diese Fälle in der Regel aber nicht.

Auch hier können die Lösungsansätze zur Erbengemeinschaft mit zu vielen Miterben, wie der Erbteilskauf oder eine Vollmacht, hilfreich sein.

Lösungen finden bei Streit

Häufig geht es bei Erbschaften um mehr als nur Geld. Existiert kein Testament und gehören zum Erbe Schmuck, Kunstgegenstände oder Immobilien, gehen die Interessen der Erben häufig weit auseinander. Der eine hängt an einem Bild, will aber auch die wertvolle Armbanduhr haben und am liebsten alles bekommen. Schon klar, das ist nicht realistisch. Um des lieben Friedens willen, aber auch, um das Erbe möglichst zu erhalten, sollten die Erben nach einvernehmlichen Lösungen suchen und den Nachlass fair aufteilen. Eventuell ist auch der Erbschein eine Hilfe (siehe S. 102).

Je länger sich die Mitglieder einer Erbengemeinschaft nicht darauf verständigen können, ob zum Beispiel das Familienheim vermietet oder verkauft werden soll, und das Gebäude gar nicht genutzt wird, entgehen den Erben nicht nur Erträge, sondern fallen auch noch Kosten wie Grundsteuer, Gartenpflege und Versicherungsprämien an. Hinzu kommt: Jahrelang unbewohnte Immobilien verlieren in aller Regel an Wert.

Lösungsmöglichkeiten in Patt-Situationen gibt es viele, die Mitglieder müssen jedoch gewillt sein, eine Lösung zu finden. Oft bewegen sich wenig verhandlungsbereite Miterben erst, wenn die Zwangsversteigerung angedroht wird.

Ein Lösungsvorschlag wäre, dass sich jeder Erbe Gedanken macht, welche Teile des Erbes ihm besonders am Herzen liegen. Um die Diskussion in Gang zu bringen, kann jedes Mitglied der Erbengemeinschaft Vorschläge unterbreiten, und die Gruppe diskutiert darüber. Eine andere Variante wäre, dass ein oder jedes Mitglied Vorschläge macht, wie die einzelnen Erbteile aussehen könnten, und mit dem Einverständnis aller könnte das Los entscheiden, wer welchen Teil erhält.

→ Mediator einschalten

Scheint eine Einigung ohne externe Hilfe nicht möglich, kann ein Notar oder ein Mediator als Vermittler eingeschaltet werden. Bis 2013 versuchten die Nachlassgerichte zwischen Erben zu vermitteln, diese Aufgabe fällt nun den Notaren im Bezirk des Nachlassgerichts zu. Ihre Aufgabe ist es, bei Streit zu vermitteln und die Auseinandersetzung des Erbes zu erreichen.

Notare kennen die Rechtslage, vermitteln aber nur und fällen keine Urteile. Kommt keine Einigung zustande, sollte ein Mediator eingeschaltet werden, bevor der Klageweg beschritten wird. Mediatoren und Mediatorinnen finden Sie zum Beispiel beim Bundesverband für Mediation (bmev.de).

Teilungs-, Zwangsversteigerung

Finden die Erben keine einvernehmliche Lösung, können sie die Teilungsversteigerung beantragen. Ziel ist, die Teilung der Immobilie zu erreichen, umgesetzt wird das durch eine Zwangsversteigerung. Dabei wird nicht nur der Teil an der Immobilie desjenigen Mitglieds versteigert, der den Antrag gestellt hat, sondern das gesamte Objekt. Jedes Mitglied der Erbengemeinschaft hat das Recht, die Teilungsversteigerung zu beantragen.

Oft wird sie auch als Druckmittel gegen andere Erben eingesetzt, wenn diese nicht verhandlungs- und kompromissbereit sind – wohlwissend, dass in der Praxis bei einer Zwangsversteigerung in der Regel geringere Erlöse erzielt werden als bei einem gewöhnlichen Verkauf. Das höchste Gebot muss beim ersten Zwangsversteigerungstermin mindestens 50 Prozent des festgesetzten Verkehrswerts erreichen. Im Falle einer Zwangsversteigerung sind spätere Haftungsansprüche – zum Beispiel wegen Mängeln – gegenüber den Erben ausgeschlossen, bei einem gewöhnlichen Verkauf können die Käufer dagegen später Haftungsansprüche geltend machen.

Eine Immobilie in der Zwangsversteigerung kann übrigens jeder erwerben, auch ein anderer Erbe. Auf diesem Weg können Erben also günstig an die Immobilie kommen. Der Schritt will aber wohlüberlegt sein, bei den Miterben dürfte er nicht gut ankommen.

Erbengemeinschaft auflösen

Ist geklärt, wie das Erbe aufgeteilt wird, geht es an die Verteilung des Vermögens. Kurz und knapp, was dabei wichtig ist.

→ **Eine Erbengemeinschaft** ist keine Dauerlösung, sondern eine Zweckgemeinschaft zur Abwicklung des Nachlasses. Ist die Aufgabe bewältigt, wird die Erbengemeinschaft aufgelöst, formell spricht man von der Auseinandersetzung. Jeder Miterbe kann jederzeit die Auseinandersetzung verlangen, es sei denn, die Auseinandersetzung wurde durch letztwillige Verfügung ausgeschlossen. Ebenso kann jeder Miterbe Aufschub verlangen, wenn unbekannte Gläubiger vermutet werden oder die Sorge besteht, dass der Nachlass nicht ausreicht, um die Schulden zu begleichen.

In diesem Fall sollten die Erben ein Gläubigeraufgebot beantragen beziehungsweise eine öffentliche Gläubigeraufforderung veranlassen. Das ist ein öffentlicher Aufruf an die Nachlassgläubiger, ihre Forderungen innerhalb von sechs Monaten entweder bei einem der Miterben oder beim Nachlassgericht zu melden. Die Aufforderung muss im Bundesanzeiger und an einer oder mehreren vom Nachlassgericht bestimmten Stellen – wie der Gerichtstafel oder einem elektronischen Informations- und Kommunikationssystem – veröffentlicht werden.

Melden sich keine Gläubiger bis zum Ende des Verfahrens, erfolgt im Anschluss die Auseinandersetzung, also die Aufteilung des Erbes. Praktisch schwierig bis unmöglich ist die Auseinandersetzung, solange Erben oder Erbteile unklar sind, weil zum Beispiel ein noch ungeborenes Kind existiert, ein Adoptionsverfahren oder eine Vaterschaftsanerkennung läuft.

Theoretisch kann die Auseinandersetzung einer Erbengemeinschaft auch vor Gericht eingeklagt werden. In der Praxis kommt es aber selten zur Erbauseinandersetzungsklage, da hohe Anforderungen die Aussichten für ein erfolgreiches Verfahren minimieren.

Eine Erbengemeinschaft kann aber auch lange bestehen bleiben, wenn keiner der Erben das Bedürfnis hat, den Nachlass auseinanderzusetzen. Eine Vorschrift, die zur Auflösung zwingt, existiert nämlich nicht. Das funktioniert aber nur, wenn sich die Erben einig sind. So können die Erben auch vereinbaren, dass die Auseinandersetzung für einen bestimmten Zeitraum ausgeschlossen wird, weil sie zum Beispiel eine Immobilie noch gemeinsam vermieten wollen, bis sich der Markt für einen Verkauf bessert. Der Ausschluss ist sogar auf Dauer vereinbar, solange kein wichtiger Grund für die Auseinandersetzung vorliegt.

Generell läuft die Auseinandersetzung nach einem festen Muster ab: Zuerst werden die Nachlassverbindlichkeiten der verstorbenen Person beglichen. Das heißt, aus dem vorhandenen Nachlass werden alle offenen Rechnungen bezahlt, inklusive der Beerdigungskosten. Sofern eine Nachlassverbindlichkeit nur gegenüber einem Erben besteht, ist diese von dessen Erbteil zu leisten, ebenso sind bei der Verteilung Ausgleichsansprüche zu berücksichtigen. Alles, was teilbar ist, geht entsprechend den Quoten an die Erben. Können sich die Erben nicht auf eine Verteilung von Sachen einigen, müssen diese verkauft und zu Geld gemacht werden. Nur Schriftstücke, die sich auf die persönlichen Verhältnisse des Erblassers, auf dessen Familie oder auf den ganzen Nachlass beziehen, bleiben weiterhin gemeinschaftliches Eigentum. Damit sind auch digitale Dokumente gemeint.

Der Verkauf von Wertgegenständen am Markt ist in aller Regel zweckmäßig und wirtschaftlich sinnvoll, kann aber nicht gegen den Willen eines Erben durchgesetzt werden. Stellt sich ein Mitglied der Erbengemeinschaft gegen den Verkauf, muss der gesetzlich vorgeschriebene Weg beschritten werden. Das ist der Verkauf des gemeinschaftlichen Gegenstands nach den Vorschriften über den Pfandverkauf oder bei Grundstücken die Zwangsversteigerung.

Der Antrag auf Zwangsversteigerung von Nachlassgrundstücken ist in festgefahrenen Situationen häufig das effektivste Druckmittel für die einzelnen Erben, um Bewegung in die Erbengemeinschaft zu bringen. Für den Versteigerungsantrag benötigt der Antragsteller keinen vollstreckbaren Titel, also keine öffentliche Urkunde, die bescheinigt, dass er das Recht zur Zwangsvollstreckung hat. Jeder Miterbe kann den Versteigerungsantrag schon vor der Auseinandersetzung des übrigen Nachlasses stellen.

→ Besser schriftlich fixieren!

Teilen die Erben nicht nur Geld nach festen Quoten, sondern bestimmte Güter wie zum Beispiel Antiquitäten oder Schmuck untereinander auf, empfiehlt sich eine schriftliche Vereinbarung, die von allen Erben unterschrieben wird. Denn nicht selten verzerren sich im Laufe der Zeit die Wahrnehmungen, oder es gerät etwas in Vergessenheit. Das verhindert in aller Regel Streit in der Zukunft.

In der Praxis kann die Erbauseinandersetzung auch schrittweise erfolgen oder hinausgezögert werden. So können zum Beispiel Geld und Gegenstände, die einfach zu bewerten sind, unter den Erben früher aufgeteilt werden als schwer veräußerbare Dinge wie Kunstgegenstände, teurer Schmuck oder Immobilien. Für diese können die Erben Wertgutachten erstellen lassen, um eine faire Verteilung zu erreichen. Mehr dazu erfahren Sie im Kapitel „Was tun mit dem Erbe?“, ab S. 153.

Es gibt ein Testament

Finden Erben ein Testament, ist der Wunsch der verstorbenen Person meist klar. Doch es können sich auch Fragen stellen: Ist das Testament überhaupt gültig? Worauf muss ich mich einstellen, wenn ich darin bedacht wurde – oder eben gerade nicht?

Erben kann man auf unterschiedlichen Wegen: entweder nach dem Gesetz oder per letztwilliger Verfügung der verstorbenen Person oder über einen Erbvertrag. Die gesetzliche Erbfolge haben wir im vorangegangenen Kapitel ausführlich beschrieben, hier geht es um das Erbe, wenn ein Testament existiert oder ein Erbvertrag geschlossen wurde. Übrigens: Im nächsten Kapitel „Spezialfälle und Testamentsvollstreckung" ab S. 115 geht es um Sonderfälle, die nicht typisch sind, aber doch gelegentlich vorkommen. Wenn die Ausführungen im vorangegangenen und diesem Kapitel auf Sie nicht zutreffen, blättern Sie weiter.

Ein Testament erleichtert den Erben oft vieles und kann Streit verhindern. Verschiedene Umfragen legen aber nahe, dass die Mehrheit der Deutschen kein Testament errichtet, die Zahl der Erbfälle mit Testament schwankt zwischen 30 und 40 Prozent. Bei jedem einzelnen Testament stellt sich die Frage, ob es gültig ist oder angefochten werden kann, weil ein Erbe möglicherweise übergangen wurde. Teils sind die Dokumente wegen Formfehlern wertlos oder die Vorstellungen, was mit der Hinterlassenschaft passieren soll, unklar formuliert. Dann bedarf es Fingerspitzengefühl zu ermitteln, was die verstorbene Person gemeint haben könnte. Im Streitfall landet die Angelegenheit vor Gericht.

Wir gehen in diesem Kapitel darauf ein, was zu tun ist, wenn Sie ein Testament finden, was dessen Inhalt bedeutet und was es mit dem Berliner Testament auf sich hat. Zudem geht es darum, wem und in welcher Höhe Ansprüche zustehen, wenn man im Testament gar nicht oder kaum bedacht wurde, aber laut gesetzlicher Erbfolge, also wenn es kein Testament gäbe, erben würde. In diesem Fall gilt es die Pflichtteilsansprüche zu kennen, auf die wir ab S. 103 im Detail eingehen.

Zuerst klären: gültiges oder anfechtbares Testament?

Wer ein Testament findet, steht vor der Frage, was tun? Wie findet man heraus, ob es noch aktuell oder ungültig ist?

Sie haben ein Testament gefunden oder wissen zumindest, dass eines existiert? Möglicherweise taucht in den persönlichen Unterlagen der verstorbenen Person ein verschlossener Brief auf mit dem Vermerk „Testament“, „Letzter Wille“, „Letztwillige Verfügung“ oder Ähnlichem. Dann dürfen Sie diesen nicht öffnen, sondern müssen ihn beim Nachlassgericht – es ist Teil des Amtsgerichts – abgeben. Selbiges gilt, wenn Sie ein Blatt Papier finden oder eine andere handschriftliche Notiz mit Hinweisen, wie das Vermögen aufgeteilt werden soll. Ob Sie dafür einen Termin benötigen, ist vom zuständigen Amtsgericht abhängig. Es empfiehlt sich, im Internet zu prüfen oder telefonisch nachzufragen, wie das Amtsgericht dies handhabt. Meist ist die Abgabe ohne Termin während der üblichen Amtszeiten möglich.

Ratsam ist es, neben dem Testament den eigenen Personalausweis und die Sterbeurkunde der verstorbenen Person mitzunehmen. Bei einigen Gerichten, zum Beispiel dem Amtsgericht in München, kann das Testament auch per Post übermittelt oder in den Briefkasten vor Ort gesteckt werden. In diesen Fällen ist es wichtig, dass Sie ein Schreiben mit den wesentlichen Informationen beifügen, damit das Amtsgericht das

Testament zuordnen kann. Aus dem Schreiben sollten Ihre Anschrift hervorgehen sowie der Name der verstorbenen Person, deren Geburts- und Sterbedatum sowie deren letzte Anschrift.

Zuständig ist das Nachlassgericht am letzten Wohnort der verstorbenen Person. Wenn Ihnen der Weg dorthin zu weit ist, dann geben Sie es einfach beim nächstgelegenen Nachlassgericht ab. Ungeöffnet, wie gesagt! Auch wenn Sie die Neugier umtreibt und Sie am liebsten gleich erfahren wollen, ob und was Sie erben, ist es Ihre Pflicht, das Schriftstück so, wie Sie es gefunden haben, abzuliefern. Geöffnet und der Inhalt protokolliert wird beim Nachlassgericht, es führt das Nachlassverfahren durch und ist zuständig für die Testamentseröffnung.

Zentrales Testamentsregister

Nichts zu tun ist hingegen, wenn das Testament von einem Notar erstellt wurde. Dann ist es im Zentralen Testamentsregister gespeichert und wird automatisch an das zuständige Nachlassgericht weitergeleitet. Das nimmt die Testamentseröffnung vor, und die Dinge nehmen ihren Lauf.

Problem Bankschließfach

Ein Problem stellt sich, wenn bekannt ist oder sich später herausstellt, dass ein Testament in einem Bankschließfach liegt. Das Schließfach darf nämlich nur öffnen, wer einen gültigen Erbschein vorlegen kann.

→ Beispiel

Nach Huberts Tod findet die Tochter, die im Erbschein als Alleinerbin ausgewiesen ist, im Bankschließfach ein Testament und liefert dieses beim Nachlassgericht ab. Das Amtsgericht erklärt den ersten Erbschein für ungültig und zieht ihn ein. Aus dem Testament geht nämlich hervor, dass Hubert ein weiteres leibliches Kind hatte und beide Kinder zu Erben einsetzt.

Aber was tun, wenn ein Testament im Bankschließfach vermutet wird, aber noch kein Erbschein erteilt ist? In der Praxis kann die Bank – in Begleitung eines Bankmitarbeiters oder Notars, die den Vorgang protokollieren – Zutritt zum Schließfach gewähren, wenn der mögliche Erbe einen Schlüssel für das Schließfach besitzt. So kann das Testa-

Niemals öffnen! Strafbar macht sich, wer ein Testament öffnet oder es für sich behält und möglicherweise sogar vernichtet. Selbst wenn Sie Zweifel haben, ob das Dokument echt oder noch gültig ist: Sie müssen es abliefern (§ 2259 BGB, Ablieferungspflicht).

ment entnommen und an das Nachlassgericht weitergeleitet werden. Eine andere Möglichkeit wäre, beim Amtsgericht die Bestellung eines Nachlasspflegers zu beantragen. Er erhält im Rahmen der Nachlasspflegschaft Zugang zum Schließfach.

Testamentseröffnung

In aller Regel öffnet ein Rechtspfleger oder eine Rechtspflegerin des Nachlassgerichts das Testament. Über die vorliegenden Informationen wird ein Protokoll, die sogenannte Eröffnungsniederschrift, verfasst und zusammen mit einer Kopie des Testaments an die Erben sowie an die Personen verschickt, die der oder die Verstorbene im Testament bedacht hat und ihnen etwas vererbt oder vermacht, zum Beispiel ein Schmuckstück oder Geld. Zudem werden auch die Verwandten informiert, die gemäß der gesetzlichen Erbfolge erben würden.

Wundern Sie sich nicht, wenn Sie nur per Briefpost informiert werden. Eher selten ist, dass die Beteiligten zur Testamentseröffnung eingeladen werden und bei der Verlesung des Testaments aufeinandertreffen, so wie das in Hollywood-Filmen gerne gezeigt wird. Sollte das der Fall sein, gilt: Erscheinen ist keine Pflicht, wer den Termin nicht wahrnimmt, hat dadurch keine Rechtsnachteile.

Mit der Eröffnungsniederschrift erhalten die Beteiligten vom Nachlassgericht auch ein Anhörungsschreiben. Dieses enthält eine Rechtseinschätzung des Nachlassgerichts, indem es jene, die es als Erben betrachtet, mit klaren Aussagen informiert, so zum Beispiel: „Nach den eröffneten Dokumenten kommen Sie als Erbe in Betracht.“ Die gesetzlichen Erben erhalten dagegen einen Hinweis auf Pflichtteilsrechte. Sind Testamente unklar, macht das Gericht einen sogenannten Auslegungsvorschlag. In diesem Fall erklärt es, wie aus seiner Sicht der Inhalt des Testaments zu verstehen sei, und bittet die Beteiligten um eine einheitliche Antragstellung für einen eventuellen Erbschein.

Wichtig zu wissen: Das Nachlassgericht prüft das Testament auf seine Wirksamkeit, entscheidet hierüber aber nicht rechtsverbindlich. Es fällt also kein Urteil, wer auf Grundlage des oder der Testamente rechtmäßiger Erbe ist. Genauso wenig verteilt es die Erbmasse oder überwacht, ob diese entsprechend den Wünschen des Verstorbenen verteilt wurde – all das sind Aufgaben der Hinterbliebenen. Aus der Eröffnungsniederschrift in Verbindung mit dem Anhörungsschreiben können die Beteiligten an Vermerken des Nachlassgerichts aber sehr gut erkennen, wie das Gericht den Fall betrachtet. Das Gericht stellt mit der Testamentseröffnung und dem Protokoll sozusagen den Status quo fest und weist die Erben zudem auf ihr Recht zur Ausschlagung des Erbes oder auf Pflichtteilsrechte hin.

Erbscheinverfahren

Auf die Testamentseröffnung folgt – wenn ein entsprechender Antrag gestellt wird –

das Erbscheinverfahren. Ein Erbschein ist ein Zeugnis darüber, wer Erbe geworden ist. Wollen Sie als Erbe dieses Verfahren in Gang bringen, müssen Sie den Erbschein beantragen. Das können Sie bei Bedarf (mehr dazu siehe „In welchen Fällen kein Erbschein nötig ist“, S. 39) jederzeit beim Nachlassgericht, wenn Sie ein berechtigtes Interesse daran haben – als Erbe haben Sie das immer. Nicht ganz so einfach kommen dagegen Vermächtnisnehmer oder Pflichtteilsberechtigte an einen Erbschein. Sie müssen de facto erst gegen einen Erben klagen und können den Erbschein nur dann beantragen, wenn sie den Erbschein benötigen, um nach einer Verurteilung der Erben ihre Ansprüche auf Erfüllung des Pflichtteils oder des Vermächtnisses in der Zwangsvollstreckung durchzusetzen.

Im Erbscheinverfahren können die Beteiligten Erklärungen abgeben und haben einen Anspruch, gehört zu werden. Zudem besteht ein Anspruch auf Rechtsbehelfsbelehrung. Besonders wichtig ist der Anspruch auf Anhörung, wenn zum Beispiel mehrere Testamente gefunden wurden und unklar ist, welches nun gültig ist. Wenn Sie meinen, ein Erbschein sei zu Unrecht erteilt worden, können Sie Beschwerde gegen die Entscheidung einlegen. Stimmt Ihre Annahme und er wurde zu Unrecht ausgestellt, wird er eingezogen, und auf Antrag wird der richtige Erbschein erteilt.

Ein Erbschein ist keine verbindliche Entscheidung darüber, wem rechtlich das Erbe zusteht. Allerdings, und hier wird es tückisch, gilt für den Erbschein der öffentliche Glaube. Das heißt, es wird angenommen, dass derjenige oder diejenigen, die auf dem Erbschein genannt sind, auch tatsächlich die Erben sind. Wer also im Erbschein ausgewiesen wird, kann zum Beispiel im Grundbuch als neuer Eigentümer eines Grundstücks eingetragen werden.

Einzeltestament

Ob ein Testament gültig ist oder nicht, wird im Zweifel oder Streitfall erst vor Gericht entschieden. Wenn Sie eine handschriftliche Notiz mit Informationen zum Erbe finden, muss diese unterschrieben sein, damit sie gültig ist. Kritisch kann es werden, wenn

---

Erbschein nicht immer nötig: Ein Erbschein ist kostenpflichtig und nicht in jedem Erbfall notwendig. Oft wird er verlangt, insbesondere bei gesetzlicher Erbfolge oder wenn Verstorbene ein eigenhändiges Testament hinterlassen haben oder mehrere Testamente existieren. Mehr dazu finden Sie unter „Erbschein beantragen“ ab S. 38.

viele dieser Notizen auftauchen und nicht klar hervorgeht, welche zuletzt verfasst wurde. Aber auch in diesem Fall heißt es zwingend: Alles beim Nachlassgericht abgeben. Es ist zuständig für die Testamentseröffnung und verfasst dazu ein Protokoll.

Zu Ihrer Info: Gültig ist ein Testament, wenn es komplett vom Erblasser von Hand geschrieben und unterschrieben wurde. Die Unterschrift muss den Text abschließen. Werden nach der Unterschrift weitere Bestimmungen getroffen und nicht unterschrieben, sind diese in der Regel ungültig. Hier geht es allerdings um Beurteilungen im Einzelfall, ebenso, wenn erläuternde Unterlagen dem Testament beigefügt sind, die nicht eigenhändig verfasst sind. Ob es mit Ort und Datum versehen wurde, spielt dabei keine Rolle, kann aber Zweifel an der Gültigkeit hervorrufen, die dann wiederum durch Beweiserhebung ausgeräumt werden müssen.

Bei mehreren Testamenten, die sich möglicherweise widersprechen, kann ein fehlendes Datum große Probleme bereiten. Denn das spätere Testament widerruft das frühere, weshalb geklärt werden muss, welches Dokument nun wirklich der „letzte" Wille ist. Die Ortsangabe ist vor allem wichtig, wenn das Testament möglicherweise im Ausland verfasst wurde, denn dort vor Ort können für seine Wirksamkeit andere Regeln gelten, weshalb ein Testament in der Regel auch wirksam ist, wenn diese beachtet werden.

→ Beispiel

Der deutsche Staatsangehörige Siggi errichtet in einer Skihütte in Kitzbühel folgendes Testament, das sein Freund Freddy schreibt. Siggi notiert selbst am Ende des Textes handschriftlich den Zusatz, dass dieses Testament seinen letzten Willen enthält, und unterschreibt mit seinem Namen. Freddy und zwei zufällig anwesende Skilehrer unterschreiben als Zeugen mit ihrem jeweiligen Namen. Zu viel Alkohol ist nicht im Spiel.

Siggi verstirbt kurz darauf in München, wo er seinen gewöhnlichen Aufenthalt und Wohnsitz hat. Das Testament wird beim Nachlassgericht abgegeben. Nach deutschem Recht ist das Testament nicht wirksam, da es weder notariell beurkundet wurde noch vollständig handschriftlich von Siggi verfasst wurde. Nach österreichischem Recht ist das Testament aber gültig, es erfüllt alle formalen Vorschriften wie Unterschrift, drei Zeugen und eine handschriftlich Notiz, dass es sich um den letzten Willen handelt. Daher ist das in Österreich verfasste Testament auch in Deutschland für diesen Erbfall wirksam. Dies ist leicht nachzuweisen, da vor den Unterschriften neben dem Datum auch der Ort der Errichtung vermerkt ist („Kitzbühel, den 19. Februar 2023").

Bei Zweifeln sollten Sie eine fachkundige Person um Rat fragen. Bei einfachen Fragen helfen oft die Rechtspfleger des zuständigen Nachlassgerichts weiter, sonst ein Notar oder Rechtsanwalt. Aber wie gesagt: Das Nachlassgericht entscheidet nicht rechtskräftig, ob ein Testament gültig ist oder nicht. Im Streitfall wird das vor Gericht entschieden. Im Idealfall sind sich aber alle Beteiligten einig und teilen das Erbe entsprechend den Vorgaben des Testaments auf.

Gemeinsames Testament

Existiert ein gemeinsames Testament, ist dies gültig, wenn die Beteiligten bei der Verfassung des Testaments miteinander verheiratet oder eingetragene Lebenspartner waren. Verlobte können kein wirksames gemeinsames Testament errichten, geschiedene Eheleute auch nicht. Wenn die verstorbene Person geschieden war, ist das gemeinsame Testament in der Regel nicht mehr relevant. Denn im Falle einer Scheidung vermutet der Gesetzgeber, dass ein gemeinsam errichtetes Testament nicht mehr gültig ist.

Generell gelten die Voraussetzungen wie bei einem Einzeltestament, wobei beim Thema handschriftlich ausreichend ist, wenn ein Partner schreibt und beide den Text unterschreiben. Bei nicht verheirateten Paaren hingegen ist das Schriftstück auf jeden Fall für den Partner unwirksam, der nur unterschrieben hat. Rechtlich zu klären ist, ob es für den Verfasser gültig ist. Das Problem entsteht erst gar nicht, wenn ein unverheiratetes Paar einen notariellen Erbvertrag geschlossen hat, denn dieser ist unabhängig vom Status der Beteiligten für beide gültig. Das gemeinsame Testament, zum Beispiel das populäre „Berliner Testament“, weist noch weitere Besonderheiten auf, mehr dazu lesen Sie ab S. 95.

Formgültiger Erbvertrag

Einen Erbvertrag können Menschen ganz unabhängig von ihrer Beziehung zueinander schließen. Darin regeln zwei oder mehr Personen eine letztwillige Verfügung von mindestens einem der Beteiligten. Das können etwa Geschäftspartner sein, die festgelegt haben, was mit dem Unternehmen passieren soll, wenn einem Partner etwas zustößt. Auch unverheiratete Paare und Patchworkfamilien regeln ihren Nachlass teils über einen Erbvertrag. So können sich die Partner gegenseitig wirtschaftlich absichern oder nur einer der beiden Erbe sein.

Erbverträge enthalten mindestens eine bindende Verfügung, inhaltlich kann darin genau das Gleiche stehen wie in einem Testament. Wichtig: Bindende Verfügungen in Erbverträgen können nicht von einem Vertragspartner einseitig widerrufen oder geändert werden.

Testierfähigkeit

Ein seltsam klingendes Wort: Testierfähigkeit. Es beschreibt aber einfach nur, wer ein wirksames Testament verfassen kann. Eine letztwillige Verfügung ist ungültig, wenn der Erblasser bei der Abgabe der Erklärung nicht testierfähig war. Dabei gibt es zum einen eine Altersgrenze zu beachten, und zum anderen ist die Testierfähigkeit infrage gestellt, wenn eine Person nicht im Vollbesitz ihrer geistigen Kräfte ist und ein Testament verfasst.

Zuerst zum Alter: Testierfähig sind Menschen ab dem 16. Lebensjahr. Eher unwahrscheinlich, dass Jugendliche in diesem Alter bereits an ein Testament denken, aber es kommt vor. Zwischen dem 16. und dem 18. Lebensjahr kann ein wirksames Testament nur von einem Notar errichtet werden, die Zustimmung der Eltern oder sonstiger gesetzlicher Vertreter benötigen Minderjährige hierfür nicht. Einen Erbvertrag können dagegen nur Volljährige schließen.

Während die Altersbestimmung einfach ist, wird es oft schwierig, wenn es um die geistige Verfassung geht. In Paragraf 2229 Absatz 4 BGB steht: „Wer wegen krankhafter Störung der Geistestätigkeit, wegen Geistesschwäche oder wegen Bewusstseinsstörung nicht in der Lage ist, die Bedeutung einer von ihm abgegebenen Willenserklärung einzusehen und nach dieser Einsicht zu handeln, kann ein Testament nicht errichten." Das entspricht auch der Geschäftsfähigkeit. Generell wird davon ausgegangen, dass volljährige Personen testierfähig sind. Wer etwas anderes vermutet, muss dafür Beweise vorlegen.

Allein die Tatsache, dass die verstorbene Person rund um die Uhr betreut wurde, ist noch kein Beleg für Testierunfähigkeit. Allerdings kann Geschäftsunfähigkeit der Grund sein, weshalb Betreuung angeordnet wurde. In solchen Fällen kann sich aus dem amtsärztlichen Gutachten zur Betreuung die fehlende Testierfähigkeit ergeben. Die muss aber mit dem Zeitpunkt übereinstimmen, zu dem das Testament verfasst wurde.

→ Beispiel

Der an Demenz erkrankte Alex, Vater von drei Kindern, verfasste sechs Monate vor seinem Tod ein handschriftliches Testament. Darin vermachte er der jüngsten Tochter, die den Vater regelmäßig besucht hatte, das Familienheim und einer Pflegerin das Bankguthaben von 80 000 Euro. Die beiden anderen Kinder wurden im Testament nicht erwähnt. Sie können jedoch ein Gutachten des Hausarztes vorlegen, das bescheinigt, dass bereits ein Jahr vor dem Tod eine krankhafte Störung der Geistestätigkeit vorlag. Damit war Alex nicht testierfähig.

Nachträgliche Änderungen

Nachträgliche Änderungen können sowohl den Inhalt des Testaments betreffen als auch den familiären Status. Zuerst zum Testament selbst: Auf einem Testament sollten später keine Änderungen vorgenommen werden. Sind einzelne Worte durchgestrichen oder wurde etwas ergänzt, kann dies ungültig sein oder sogar das ganze Testament ungültig machen. Das ist allerdings eine Frage des Einzelfalls, in dem – zumindest bei Streit – fachkundige Beratung eingeholt werden sollte.

Ebenfalls ungültig ist das Testament in der Regel, wenn sich der Status der verstorbenen Person ändert. Eine letztwillige Verfügung, in der die verstorbene Person den Ehegatten bedacht hat, ist üblicherweise unwirksam, wenn die Ehe zu Lebzeiten aufgelöst wurde oder wenn zum Todeszeitpunkt ein Scheidungsantrag gestellt und die Voraussetzungen der Scheidung gegeben waren (siehe „Während und nach der Scheidung“, S. 62). Gleiches gilt für die letztwillige Verfügung zugunsten eines oder einer Verlobten, wenn die Verlobung danach aufgelöst wurde. Doch keine Regel ohne Ausnahme: Kann ein Erbe belegen, dass der letzte Wille auch im Falle einer Scheidung oder Trennung gültig bleiben sollte, kann das Testament auch gültig sein.

Verstoß: bindende Verfügung

Im deutschen Recht besteht die Möglichkeit, letztwillige Verfügungen erbvertraglich zu versprechen oder in gemeinsamen Testamenten wechselbezüglich zu vereinbaren, dadurch werden es „bindende Verfügungen“. Sie sind nur möglich für die Erbeinsetzung (ein oder mehrere Erben sind als Rechtsnachfolger bestimmt), Vermächtnisse (siehe S. 19), Auflagen und die Rechtswahl (Wahl der Rechtsordnung, die in internationalen Fällen für die letztwillige Verfügung gelten soll, siehe S. 39).

Gut zu wissen

„Ungültig“ und „anfechtbar“ sind zwei verschiedene Paar Stiefel! Meist sind Testamente ungültig wegen Formfehlern oder mangelnder Testierfähigkeit des Verfassers oder der Verfasserin. Anfechtbar sind sie deshalb aber nicht. Das Problem selbst verfasster letztwilliger Verfügungen liegt eher darin, dass sie – häufiger als notariell beurkundete – inhaltlich unklar sind und damit Streit darüber auslösen, was der oder die Verstorbene tatsächlich gemeint oder gewollt hat.

Anfechtbar ist eine letztwillige Verfügung oder eine sonstige Willenserklärung nur dann, wenn sie auf einem Irrtum oder einer widerrechtlichen Drohung beruht. Ein anderer Grund für eine Anfechtung ist gegeben, wenn die verstorbene Person beim Verfassen des Testaments einen vorhandenen Pflichtteilsberechtigten übergangen hat, weil dessen Existenz zum Zeitpunkt des Verfassens der letztwilligen Verfügung nicht bekannt war oder das Kind des Verstorbenen erst nach der Errichtung geboren oder pflichtteilsberechtigt geworden ist.

Solche bindenden Verfügungen können nicht einseitig durch eine neue letztwillige Verfügung geändert werden. Hat die verstorbene Person sie durch spätere letztwillige Verfügungen geändert, sind diese Änderungen unwirksam. Hat die verstorbene Person eine wechselbezügliche Verfügung eines gemeinsamen Testaments zu Lebzeiten widerrufen, ist der Widerruf nur gültig, wenn der Widerruf durch öffentliche Erklärung in Form einer notariellen Urkunde erklärt wurde und dem Ehepartner zugegangen ist. Um Letzteres beweisen zu können, sollte der Widerruf durch einen Gerichtsvollzieher zugestellt werden, wenn man keine Empfangsbestätigung erhält.

Ein Rücktritt vom Erbvertrag ist nur zulässig, wenn der Rücktritt im Erbvertrag vorbehalten wurde, für die Form gilt dasselbe wie zuvor beim Widerruf. Nach dem Tod des Ehegatten/Vertragspartners sind Widerruf und Rücktritt nur noch dann möglich, wenn der Überlebende das ihm Zugewendete ausschlägt oder der bindend Bedachte sich schwerer Verfehlungen gegen den Erblasser schuldig gemacht hat. In diesen Fällen sollten Sie sich juristisch beraten lassen.

→ Beispiel

Anton und Ann sind verheiratet, sie haben keine gemeinsamen Kinder. Beide haben aus früheren Beziehungen jeweils zwei Kinder. Sie haben sich in einem Erbvertrag bindend gegenseitig als Erben eingesetzt und bestimmen – ebenfalls erbvertraglich bindend –, dass die vier Kinder Schlusserben sind. Nach Antons Tod ist Ann Alleinerbin. Sie verfasst später ein weiteres Testament und bestimmt darin, dass ihr neuer Freund Udo ein Wohnungsrecht in ihrer Immobilie (Vermächtnis) erhält. Zudem enterbt sie Antons ältestes Kind.

Anns weiteres Testament ist unwirksam, da das Wohnungsrecht das Erbe aller Kinder schmälert und die Enterbung eines Nachfahren von Anton den Teil nimmt, der vertraglich versprochen wurde. Der Erbvertrag ist maximal bindend. Das heißt, dass Ann gar nichts neu verfügen kann, jedes spätere Testament ist unwirksam. Die Bindungswirkung des Erbvertrags bedeutet, dass jedes Kind ein Viertel vom Erbe erhalten muss.

Der vorletzte Wille ist ungültig. Steht ein früher verfasstes Testament zu einem späteren in Widerspruch, wird es durch das spätere widerrufen und damit ungültig. Dies gilt auch in Bezug auf jede letztwillige Verfügung, es sein denn, sie ist unwiderruflich.

Überprüfen: Was gilt beim Berliner Testament?

Eine Besonderheit im deutschen Erbrecht ist in vielen anderen Ländern nicht bekannt. Hierzulande ist das sogenannte Berliner Testament populär, hat aber seine Tücken für Erben.

In der Praxis ist ein Berliner Testament meist ein privatschriftliches, gemeinsames Testament von Ehegatten. In diesem setzen sich diese gegenseitig als Erben ein und bestimmen, dass erst nach dem Tod beider Ehepartner das Kind oder die Kinder Erben sein sollen.

Ziel des Berliner Testaments ist vornehmlich, das Erbe zuerst dem überlebenden Ehepartner zukommen zu lassen, damit dieser nach dem Tod des Partners finanziell abgesichert ist.

Ein Berliner Testament ist ein gemeinschaftliches Testament mit wechselbezüglichen Verfügungen – für die Erben kann das zum Problem werden. Dazu gleich mehr, zuerst mal ein Blick auf Form und Inhalt. Berliner Testamente sind oft kurz und knapp abgefasst, hier ein Beispiel:

Testament

Wir, Hartmut Huber, geboren am 12. Oktober 1963, und Helga Huber, geborene Schmiedlein, geboren am 9. August 1961, setzen uns gegenseitig zu Alleinerben ein. Nach dem Tod des Letzten von uns sind Erben unsere beiden Kinder Carl und Corinna Huber zu gleichen Teilen.

Frankfurt, den 24. Februar 2010
Unterschriften von Hartmut und Helga Huber

Ein solches Testament ist gültig, wenn es ein Ehegatte von Hand geschrieben hat und es beide Ehegatten eigenhändig unterschrieben haben. Wenn einer der beiden stirbt, erbt der andere Partner alles allein, die Kinder erben nach dem Tod des zweiten Partners, sie werden daher Schlusserben genannt. Ohne Zweifel sind alle letztwilligen Verfügungen in diesem Dokument – die gegenseitige Erbeinsetzung und die Einsetzung der Kinder zu Schlusserben – wechselbezüglich.

→ **Beispiel**

Hartmut Huber verstarb 2013, seine Ehefrau Helga nahm die Erbschaft an. Sie heiratete im Jahr 2020 erneut und möchte nach ihrem Tod ihrem zweiten Ehemann das Haus überlassen.

Für Helga Huber ist das erste Testament bindend, sie kann kein neues wirksames Testament für den Rest ihres Lebens errichten, egal wie ihre Lebensumstände sind oder wie viel sie selbst verdient, spart oder womöglich von Dritten erbt.

Auch wenn sie in zweiter Ehe noch Kinder hätte oder adoptiert, kann sie diese im Testament nicht bedenken. Denn jede Verfügung, die einem ihrer Kinder aus erster Ehe sein hälftiges Erbe nimmt oder einschränkt, verstößt gegen die Wechselbezüglichkeit und ist damit unwirksam.

Vermacht Helga ihrem zweiten Ehemann, der sie in den letzten Jahren aufopferungsvoll gepflegt hat, das Recht, im gemeinsam genutzten Haus wohnen zu bleiben, so ist dieses Vermächtnis unwirksam. Carl und Corinna müssen es nicht erfüllen, da das von ihren Eltern Helga und Hartmut im Jahr 2010 verfasste Berliner Testament formal gültig ist.

In der Praxis verfährt das Nachlassgericht nach dem Tod eines Ehegatten wie folgt: Existiert ein Berliner Testament, geht das Schreiben des Nachlassgerichts sowohl an den überlebenden Partner, aber auch an jene, die erben würden, wenn das Testament nicht vorhanden wäre. Denn diese können Pflichtteilsansprüche geltend machen, mehr dazu erfahren Sie ab S. 111. Das kann aus steuerlichen Aspekten sogar sinnvoll sein.

Risiko steuerlicher Nachteile

Für Erben kann das Berliner Testament nämlich aus steuerlichen Gründen ungünstig sein, da zuerst der überlebende Ehepartner alles erbt und beim Tod des zweiten Ehepartners erneut das komplette Vermögen vererbt wird. Bei großen Vermögen, insbesondere wenn Immobilien vorhanden sind, fällt möglicherweise zweimal Erbschaftssteuer – auf das gesamte Erbe abzüglich der Freibeträge – an.

Vorerbe und Nacherbe

Steht im Testament, dass das Erbe weitergegeben werden muss? Dann dürfen Sie unter Umständen nur eingeschränkt über das Erbe verfügen und haben einiges zu beachten.

In einem Testament kann geregelt sein, dass das Vermögen erst mal an einen Erben geht, der es später an eine oder an mehrere andere Personen weitergeben muss. Das Gesetz nennt diese Personen Vorerben und Nacherben. Auslöser der Weitergabe des Erbes kann der Tod des Vorerben sein, der Übergang kann aber auch zu einem vom Erblasser festgelegten Zeitpunkt erfolgen, zum Beispiel wenn ein Kind oder Enkelkind volljährig wird, mit dem Studium beginnt oder heiratet.

→ Beispiel

Peter und Marion setzen sich in ihrem Testament als gegenseitige Erben ein, der gemeinsame Sohn soll erst nach dem Tod der beiden erben. Im Falle der Wiederverheiratung eines Partners soll das Erbe jedoch sofort an den Sohn übergehen.

Hier gilt: Tritt die Nacherbschaft ein, muss der Vorerbe das Erbe an den Nacherben weitergeben. Je nachdem, was in einer letztwilligen Verfügung bestimmt wurde, kann der Nacherbe das Vermögen ebenfalls zu einem bestimmten Zeitpunkt an die nächste Generation weitergeben müssen. In diesem Fall kann man zunächst Nacherbe und für die nächste Generation Vorerbe sein.

Bedingte Vorerbschaft

In seinem Testament bestimmte Bernd: „Ich setzte meine Ehefrau Elisabeth zur Alleinerbin ein, wenn sie nach meinem Tod nicht noch einmal heiratet." Elisabeth wird damit und bleibt für den Rest ihres Lebens eine sogenannte bedingte Vorerbin.

Da sie de facto bis zu ihrem Tod erneut heiraten könnte, steht erst nach ihrem Tod fest, ob sie noch einmal das Ja-Wort gegeben hat oder nicht. So ist es nicht immer klar und eindeutig, ob eine Vor- und Nacherbschaft vorliegt. Entscheidend ist: Die Vorerbschaft ist eine Erbschaft auf Zeit. Ob und wann der Zeitpunkt eintritt, kann sicher oder unsicher sein. Tritt der Zeitpunkt, zum Beispiel ein im Testament festgesetzter Termin, der Tod des Vorerben, Eheschließung oder ein anderes im Testament bestimmtes Ergebnis ein, ist der Vorerbe nicht mehr Erbe, sondern der Nacherbe tritt automatisch an dessen Stelle.

Obwohl es auf den ersten Blick so aussieht, ist das Berliner Testament, das wir ab

S. 95 beschrieben haben, in der Regel kein Fall der Vor- und Nacherbfolge. Hier wird beim Tod des ersten Ehegatten der andere dessen (Voll-)Erbe, nicht nur Vorerbe. Stirbt der zweite Ehegatte, werden die Kinder nur Erben des zweiten Ehegatten, nicht hingegen Nacherben des ersten Ehegatten.

Klarheit schafft der Erbschein (oder das Europäische Nachlasszeugnis, ENZ), da dieser eine Vor- und Nacherbfolge ausweist. Was aussieht wie juristische Wortklauberei, sollten Sie nicht ignorieren: Sind Sie nämlich als Vorerbe in einem Testament benannt, sind Sie verpflichtet, den Nachlass ordnungsgemäß zu verwalten, und müssen später an die Nacherben nicht nur genau das weitergeben, was Sie erhalten haben, sondern auch den Wertzuwachs, zum Beispiel von Wertpapieren oder Grundstücken. Dabei dürfen Sie als Vorerbe über die Erträge – wie Mieteinnahmen, Zinsen, Dividenden – verfügen. Sie können den Nachlass aber nicht einfach verschenken oder zum Beispiel ein Grundstück verkaufen, es sei denn, der Erblasser hat dies in seiner letztwilligen Verfügung festgelegt.

→ Beispiel

Martina hat aus erster Ehe zwei Kinder. Sie lebte nun bis zu ihrem Tod mit ihrem zweiten Ehemann Thomas im ihr allein gehörenden Wohnhaus zusammen. Thomas hat ebenfalls zwei erwachsene Kinder. In ihrem Testament hat Martina bestimmt, dass Thomas Alleinerbe ist und ihre beiden Kinder Nacherben sind.

Thomas kann das Haus bewohnen oder vermieten und die Mieteinnahmen verwenden. Verkaufen, verschenken oder anderen vermachen kann er das Haus aber nur mit Zustimmung von Martinas Kindern. Juristisch gilt er als nicht befreiter Vorerbe.

Befreite Vorerbschaft

Anders ist die Lage, wenn die verstorbene Person den Vorerben von den gesetzlichen Auflagen, die unter anderem den Grundstücksverkauf untersagen oder strenge Anlagerichtlinien für Wertpapiere und Geldanlagen vorsehen, befreit hat. Sogenannte befreite Vorerben können auch von der

---

Vorerbe im Erbschein: Im Erbschein wird der Vorerbe als Erbe ausgewiesen. Dabei werden die Beschränkung der Nacherbschaft angegeben und die Nacherben genannt. Bei Eintritt des Nacherbfalls wird der Erschein eingezogen, es ist ein neuer Erbschein zu beantragen, in dem der Nacherbe als Erbe ausgewiesen wird.

ordnungsgemäßen Verwaltung befreit sein und müssen an die Nacherben nur weitergeben, was von der Erbschaft noch vorhanden ist. Allerdings dürfen auch befreite Vorerben das Vermögen, oder Teile davon, nicht verschenken.

Nacherben erben dagegen nur das Vermögen des Erblassers, der sie im Testament bedacht hat, sie erben damit nicht das gesamte Vermögen ihres Vorerben. Zudem gilt: Ist der im Testament genannte Nacherbe vor dem Erblasser verstorben, entfällt die Nacherbschaft, es sei denn, im Testament wurde für diesen Fall ein Ersatznacherbe bestimmt. Stirbt hingegen der im Testament benannte Nacherbe nach dem Erblasser, aber vor Inkrafttreten des Nacherbfalls, treten die Erben des Nacherbberechtigten an dessen Stelle.

Wissen für Nacherben

Ein Nacherbe ist nicht enterbt und kann deshalb auch keinen Pflichtteil geltend machen. Allerdings können Nacherben den Pflichtteil verlangen, wenn die Nacherbschaft fristgerecht ausgeschlagen wird. Erst mit dem Eintritt des Nacherbfalls wird ein Nacherbe zum rechtmäßigen Erben des Erblassers. Der Vorerbe muss dem Nacherben dann die Gegenstände der Erbschaft herausgeben. Entstandene Kosten für die Erhaltung oder den Unterhalt von Erbschaftsgegenständen werden zwischen Vor- und Nacherben verrechnet. Zum Streit kommt es häufig, wenn ein Vorerbe schuldhaft ordnungswidrig gewirtschaftet hat, in diesem Fall ist er schadenersatzpflichtig.

Haben Nacherben Sorgen, dass ein Vorerbe das Erbe nicht ordnungsgemäß verwaltet, können sie Auskunft vom Vorerben verlangen. Ist der Nachlass in Gefahr, können sie Sicherheitsleistung fordern oder dem Vorerben die Verwaltung des Nachlasses entziehen lassen.

Gut zu wissen

Die Vor- und Nacherbschaft sind zwei Erbschaftssteuerfälle. Dafür, dass der Vorerbe nur auf Zeit erbt, gibt es keinerlei steuerliche Anrechnung, wenn die Nacherbfolge mit dem Tod des Vorerben eintritt. Nacherben werden bei der Berechnung der Erbschaftssteuer als Erben des Vorerben betrachtet, können aber beantragen, wie ein Erbe des Erblassers besteuert zu werden. Beerbt ein Nacherbe den Vorerben gleichzeitig auch unmittelbar, werden die Nacherbschaft und die weitere Erbschaft insofern zu einem Steuerfall zusammengefasst, als die jeweilige Progressionsstufe (der Steuersatz) aus der Summe beider Erbfälle berechnet wird und für beide Fälle auch nur ein Freibetrag gewährt wird.

Rechte kennen: Streit trotz Testament

Wenn es ums Geld oder begehrte Erbstücke geht, entsteht leicht Streit. Bei Formfehlern oder unklaren Formulierungen ist oft anwaltliche Hilfe gefragt. Doch das muss nicht immer sein.

Testamente haben ihre Tücken. Sind sie formal nicht korrekt, haben sie keinen Bestand. Angenommen, Sie finden ein Testament, das die verstorbene Person zwar eigenhändig geschrieben hat, aber es fehlt die Unterschrift. Damit ist es nichtig. Wenn keine weiteren Testamente auffindbar sind, ist die Erbfolge so, als würde kein Testament existieren. In diesem Fall greift die gesetzliche Erbfolge.

Die in einem Testament benannten Erben beziehungsweise diejenigen, die etwas von der Erbschaft haben wollen, streiten indes oft nicht über die Gültigkeit eines Testaments, sondern vor allem über den Inhalt. Für sie geht es häufig um viel, insbesondere wenn sie gesetzliche Erben sind, aber im Testament nicht wie erwartet bedacht wurden oder der Inhalt unklar formuliert wurde. Oft wird er von den Erben auch unterschiedlich interpretiert. Das ist eine bekannte Schwäche von privatschriftlichen Testamenten, die ohne rechtskundige Hilfe verfasst wurden. Aber auch letztwillige Verfügungen, die unter Beteiligung von Rechtsanwälten, Notaren oder sonstigen angeblich fachkundigen Personen verfasst wurden, können inhaltliche Schwächen aufweisen.

Unklarheiten im Testament

Wie soll das Erbe verteilt werden, wenn im Testament nicht klar formuliert ist, was oder an wen etwas zu verteilen ist, die Dinge möglicherweise nicht mehr existieren oder durch neue ersetzt wurden? Was hatte die verstorbene Person im Sinn? Das ist nicht einfach zu klären, vor allem wenn die Beteiligten die Dinge unterschiedlich interpretieren. Da die gesamte Abwicklung des Nachlasses in aller Regel Sache der Erben ist, sind Unklarheiten im Testament die schlimmsten Abwicklungshindernisse.

- **Unklarheit über die Erbfolge oder die Erbquoten:** Dieser Punkt kann viele Ursachen haben, insbesondere bei Testamenten, die älter sind und/oder ohne Rechtskenntnis beziehungsweise juristischen Rat verfasst wurden. Steht im Testament zum Beispiel, dass die zwei Kinder das komplette Barvermögen von 100 000 Euro erben sollen, aber

400 000 Euro vorhanden sind, ist unklar, ob die nicht näher beschriebenen 300 000 Euro unter den Kindern aufgeteilt werden sollen oder der überlebende Partner sie erhalten soll. Teils werden im Testament nur Gegenstände zugeordnet, aber keine Erben oder Erbquoten bestimmt. Unklare Quoten sind ein Problem der internen Verteilung und können unter den Erben gelöst werden, wenn sich diese einig sind und darauf verzichten, dass im Erbschein Erbquoten angegeben werden. Problematisch wird es auch, wenn die Begriffe Erbe oder Vermächtnis im Testament synonym verwendet wurden (zu den Unterschieden siehe S. 14). Das ist keine Seltenheit, insbesondere wenn der letzte Wille ohne juristischen Rat verfasst wurde. Werden Werte „vererbt", existiert ein offizieller Rechtsnachfolger. Wurden im Testament aber nur Werte vermacht, fehlt dieser. Juristisch muss aber für jede Hinterlassenschaft mindestens ein Rechtsnachfolger existieren.

- **Unklarheit in Bezug auf Dinge:** In anderen Fällen werden nicht mehr existierende Dinge verteilt, und/oder die Verteilung ist unvollständig. So kommt es durchaus vor, dass Gegenstände im Testament genannt werden, die gar nicht mehr vorhanden sind. Oder es äußert sich nicht dazu, wer die auf dem Wohnhaus lastenden Schulden tragen soll. Der vermachte rote Porsche ist noch vor dem Tod verkauft worden, jetzt steht aber ein blauer Porsche in der Garage, oder der Verkaufserlös liegt auf dem Bankkonto. Ähnlich schwierig wird es, wenn jedem der drei Kinder eine Immobilie vermacht wurde, beim Tod gibt es im Nachlass aber nur noch zwei Immobilien. In diesen Fällen ist durch Auslegung des letzten Willens zu klären, wer das Erbe antreten sollte, um es dann gegebenenfalls abzuwickeln und zu verteilen.
- **Unklarheit in Bezug auf Personen:** Ist die im Testament eingesetzte Person verstorben, hinterlässt aber einen dem Erblasser unbekannten Abkömmling, können die rechtlichen Erben den Inhalt des Testaments infrage stellen. Oder wie wird verfahren, wenn die im Testament eingesetzte Freundin zum Zeitpunkt des Todes gar nicht mehr die Freundin war? Auch hier stellt sich die Frage: Was wollte die verstorbene Person?

In allen Fällen, die unklar sind, muss der „wahre Wille des Erblassers" durch Auslegung ermittelt werden. Dazu können beim Nachlassgericht auch weitere Beweismittel wie E-Mails, Briefe, Notizen, frühere oder ungültige Testamente vorgelegt werden. Zum Teil gibt es gesetzliche Regelungen, die „im Zweifel" zu einem Auslegungsergebnis führen, ansonsten geht es um die Erforschung des Sachverhalts und dessen Interpretation.

Tipps, um Streit zu vermeiden

Das Nachlassgericht trifft eine juristische Entscheidung über Erbfolge und Erbquoten, wenn es den Erbschein erteilt. Diese Entscheidung ist zwar kein rechtskräftiges Urteil, das im Streitfall Bestand hat. Sie ist im Vergleich zu langen, nervenaufreibenden und kostspieligen juristischen Prozessen jedoch kostengünstig, und der Rechtsstreit kommt häufig nicht zu einem besseren Ergebnis. Im Wesentlichen folgen beide den gleichen gesetzlichen Vorgaben.

Wer beim Nachlassgericht einen Erbscheinantrag stellt, sollte bereits bei der Protokollierung des Antrags seine Rechtsmeinung kundtun. Können sich die Beteiligten auf einen einheitlichen Antrag einigen, ist ein großer Schritt zur Abwicklung des Nachlasses schon geschafft. Dabei ist wichtig zu bedenken, dass das Nachlassgericht nicht entscheiden kann, was die Parteien wollen. Es ist an Recht und Gesetz gebunden. Gibt es mehrere plausible Möglichkeiten, einen letzten Willen auszulegen, und können sich die betroffenen Personen auf eine Auslegung einigen, wird das Nachlassgericht einem solchen gemeinsamen Antrag in der Regel folgen. Sind sich die Beteiligten hingegen nicht einig, lohnt es sich, juristischen Rat einzuholen. Gute Anwälte, Notare oder Mediatoren sind aufgrund ihrer Kenntnisse und Erfahrungen am ehesten in der Lage, auch in verfahrenen Situationen eine einvernehmliche Lösung unter den Beteiligten zu erreichen (siehe „Lösungen finden bei Streit“, S. 80).

→ Vor dem Antrag einigen

Der Erbschein selbst trifft letztendlich keinerlei Aussage über die Verteilung des Nachlasses! Er ist aber natürlich ein Präjudiz, sprich eine richtungsweisende Entscheidung, für Folgefragen. Daher kann es zielführend sein, dass sich – soweit möglich – die Erben vorab über strittige Verteilungsfragen bindend einigen und dann auf der Basis dieser Einigung den Erbschein beantragen.

Einfordern: Pflichtteilsansprüche geltend machen

Direkte Verwandte wie Ehegatten oder Kinder haben in der Regel einen Anspruch auf den Pflichtteil, wenn sie im Testament nicht oder nicht ausreichend bedacht wurden.

Generell gilt: Der letzte Wille, also was im Testament festgelegt wurde, zählt. Der Gesetzgeber will Testierfreiheit, das heißt jeder Mensch soll selbst bestimmen können, wer seinen Nachlass erben soll. Ein rechtsgültiges Testament setzt daher die gesetzliche Erbfolge, die den Nachlass strikt nach schematischen Regeln verteilt, außer Kraft. So kann die verstorbene Person in ihrem Testament festgelegt haben, dass zum Beispiel ein Kind, Kinder aus früheren Ehen oder der Ehepartner gar nichts bekommen sollen.

Möglicherweise wurde statt der Angehörigen ein Freund oder eine gemeinnützige Organisation bedacht und als Alleinerbe eingesetzt. In anderen Fällen kann die verstorbene Person festgelegt haben, dass der Nachlass mit anderen Quoten verteilt werden soll, als der Gesetzgeber das vorgesehen hat. Die Beweggründe sind oft ganz unterschiedlich und können zur Folge haben, dass das Testament Streit vermeidet. Es kann aber auch Streit entfachen, wenn die Erbberechtigten mit den Verfügungen im Testament nicht einverstanden sind.

→ Beispiel

Georg ist geschieden und hat erneut geheiratet. Aus erster Ehe hat er drei erwachsene Kinder. In seinem Testament setzt er seine zweite Frau Greta als Alleinerbin ein.

Im Klartext heißt das, Georg hat seine Kinder aus erster Ehe enterbt. Sie haben nach dem Tod des Vaters aber einen Pflichtteilsanspruch gegen Greta.

Pflichtteilsanspruch

Ganz machtlos sind die gesetzlichen Erben also nicht – zumindest nicht alle. Enge Angehörige haben ein Pflichtteilsrecht. Wie hoch der gesetzliche Erbteil ausfällt, finden Sie in der Grafik auf S. 61. Zur Erinnerung: Der Pflichtteil beträgt die Hälfte des gesetzlichen Erbteils.

Doch auch beim Pflichtteil gibt es Ausnahmen und besondere Regelungen. Wir gehen daher die Sache systematisch an und prüfen Schritt für Schritt, wer pflichtteilsberechtigt ist. Nicht jeder, der im Rahmen der gesetzlichen Erbfolge als erbberechtigt gilt, ist auch pflichtteilsberechtigt. Diese Ansprüche haben nämlich nur die engen Angehörigen. Zudem sind weitere Voraussetzungen zu erfüllen. Folgendes gilt:

- **Ehegatten, Kinder und deren Nachfahren:** Sie zählen zum Kreis der Pflichtteilsberechtigten. Ehegatten haben immer einen Pflichtteilsanspruch. Solange die Kinder des Verstorbenen leben, haben nur diese und nicht deren Abkömmlinge einen Anspruch. Lebt ein Kind nicht mehr, können dessen Kinder den Pflichtteil geltend machen – und so weiter. Oder anders gesagt: Kinder verdrängen deren Kinder. Uneheliche, noch nicht geborene Kinder und Adoptivkinder, die erbberechtigt sind, sind pflichtteilsberechtigt, Stiefkinder hingegen nicht. In der Regel ist das Verwandtschaftsverhältnis leicht festzustellen, kompliziert kann es in Einzelfällen werden. Im Falle eines Scheidungsverfahrens hat der überlebende Ehegatte nämlich nur dann einen Pflichtteilsanspruch, wenn er auch erbberechtigt wäre (siehe „Während und nach der Scheidung“, S. 62). Wurde aber zum Beispiel die Ehe in Las Vegas geschlossen, die Vaterschaft für ein Kind nicht anerkannt oder ein Kind im Ausland adoptiert, ist es ratsam, juristischen Rat einzuholen.
- **Eltern:** Sie sind nur gesetzliche Erben, wenn kein Abkömmling erbt (siehe „Das gesetzliche Erbrecht in Kürze“, S. 22). Hat die verstorbene Person keine Nachfahren, sind die Eltern neben dem Ehegatten pflichtteilsberechtigt.
- **Geschwister, Neffen und Nichten, Erben der 3. und weiterer Ordnungen:** Keinen Anspruch auf einen Pflichtteil haben Geschwister und deren Abkömmlinge sowie Erben weiterer Ordnungen.

Wirksame Enterbung

Neben dem Verwandtschaftsgrad entscheidet über einen Pflichtteilsanspruch auch der Inhalt des Testaments. Nur wer wirksam enterbt ist, ist pflichtteilsberechtigt. Im Testa-

---

Ist zu erwarten, dass das Ergebnis einer letztwilligen Verfügung schlechter ausfällt als der Pflichtteil, können Erben gegebenenfalls durch Ausschlagen der testamentarischen Erbschaft (siehe „Annehmen oder ausschlagen?“, S. 44) pflichtteilsberechtigt werden. Schnelles Handeln ist dann angesagt, denn die Ausschlagungsfrist ist kurz. Um Fehler zu vermeiden, ist es zudem ratsam, rechtlichen Rat einzuholen.

ment muss eine Enterbung nicht ausdrücklich erwähnt sein, sie kann auch indirekt sein, indem eine oder mehrere andere Personen als Erben benannt wurden.

Ein Pflichtteilsanspruch gegen die Erben besteht auch, wenn der im Testament zugesprochene Anteil geringer ist als der gesetzliche Pflichtteil. Die zu geringe Erbquote wird dann ergänzt um den „Zusatzpflichtteil", beide zusammengerechnet ergeben die Pflichtteilsquote. Sind Sie also nach dem Gesetz erbberechtigt, aber im Testament des Verstorbenen nicht bedacht oder nur mit einem Anteil, der geringer ist als die Hälfte des gesetzlichen Erbteils, haben Sie einen Pflichtteilsanspruch gegen die Erben.

Pflichtteilsentzug

Das Pflichtteilsrecht sichert den gesetzlichen Erben per Gesetz einen Mindestanteil am Erbe in Form einer Geldzahlung. Nur in gravierenden Fällen (§ 2333 BGB) kann der Erblasser durch letztwillige Verfügung den Pflichtteil entziehen. Im Testament muss dies – inklusive einer detaillierten Erklärung der Gründe – geschrieben stehen.

Ein Pflichtteilsentzug ist möglich, wenn der Pflichtteilsberechtigte der verstorbenen Person oder dieser nahestehenden Personen nach dem Leben getrachtet oder vorsätzlich ein anderes schweres Verbrechen gegen diese begangen hat.

Das Pflichtteilsrecht entfällt ebenfalls, wenn die betreffende Person die Unterhaltspflicht gegenüber dem oder der Verstorbenen böswillig verletzt oder eine schwere Straftat begangen hat, für die ein rechtskräftiges Urteil mit mindestens einem Jahr Freiheitsentzug gefällt wurde und dem Erblasser eine Beteiligung dieser Person am Erbe unzumutbar ist.

Wer kann einen Pflichtteil verlangen?

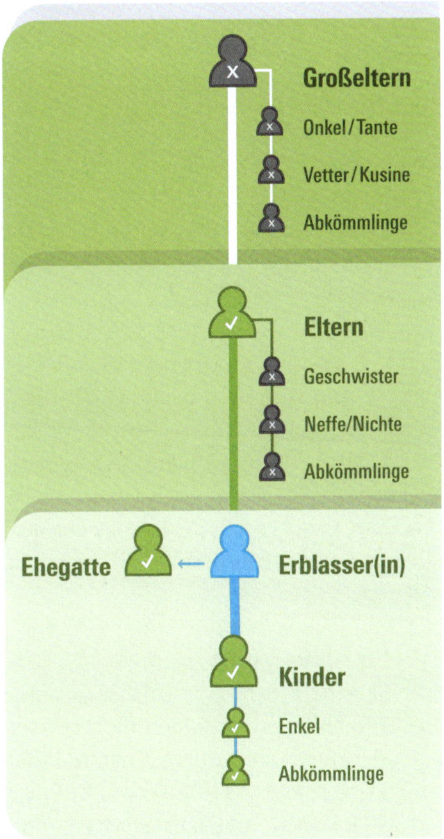

Pflichtteilsbeschränkung

Es kann Gründe geben, die den Pflichtteilsanspruch beschränken. Sind sie wirksam, führen sie dazu, dass der bestehende Pflichtteil nicht ausgezahlt werden muss, sondern vor dem Zugriff von Gläubigern geschützt und insbesondere zugunsten von Nachkommen des Pflichtteilsberechtigten erhalten wird.

Sind etwa Abkömmlinge in hohem Maß verschwenderisch oder überschuldet, kann die verstorbene Person den Zugriff auf den Nachlass durch Testamentsvollstreckung oder Vor- und Nacherbfolge beschränkt haben. So kann zum Beispiel die verstorbene Person in guter Absicht im Testament festgelegt haben, dass ein Pflichtteilsberechtigter über das Vermögen selbst nicht verfügen kann, sondern nur die Erträge aus dem Pflichtteil vom Testamentsvollstrecker erhält.

Pflichtteilsverzicht

Erben können nicht nur auf das gesamte Erbe, sondern auch auf den Pflichtteil verzichten. Haben Erben durch einen notariellen Vertrag mit dem Erblasser auf ihren gesetzlichen Erbteil – was sehr selten ist – oder auf den Pflichtteil – das gibt es häufiger – verzichtet, können Sie dieses Recht natürlich nicht mehr geltend machen. So kann es vorkommen, dass sich beim Tod eines Großelternteils herausstellt, dass die bereits verstorbenen Eltern auf ihr Erbe und/oder ihren Pflichtteilsanspruch auch mit Wirkung zulasten ihrer Nachfahren verzichtet haben. Diese Vereinbarung ist für die Enkel bindend, sprich sie gehen leer aus und können deshalb keinen Pflichtteil fordern. Solche Verträge kommen isoliert vor, können aber auch Teil eines anderen Geschäfts sein, das meist im Zusammenhang mit einer vorweggenommenen Erbfolge, zum Beispiel einer Immobilien-, Geld- oder Unternehmensübertragung, geschlossen wurde.

Die seltenen Erbverzichte wirken sich unmittelbar auf die gesetzliche Erbfolge aus und sind somit auch für den Erbschein von entscheidender Bedeutung. Hat eine Person verzichtet, gilt sie als nicht existent.

→ Beispiel

Verzichtet eines von drei Kindern auf das Erbe seiner verwitweten Mutter, gilt die gesetzliche Erbfolge für zwei Kinder, sprich jedes erbt die Hälfte. Wird eines der beiden Kinder durch Testament enterbt, hat es wegen des Erbverzichts des anderen Kindes einen Pflichtteil von einem Viertel statt des gesetzlichen Pflichtteils bei drei Kindern von einem Sechstel. Das enterbte Kind profitiert also vom Erbverzicht des anderen.

Pflichtteilsstrafklausel

Im Testament kann die verstorbene Person auch festgelegt haben, dass ein Erbe „bestraft" wird, wenn er den Pflichtteil in Anspruch nimmt. Das kommt häufig beim Berliner Testament vor, in dem sich die Ehepartner gegenseitig als Alleinerben einsetzen und die Kinder als Schlusserben. So wollen sie verhindern, dass ein Kind nach dem Tod des zuerst verstorbenen Partners seinen Pflichtteil fordert. Ist das bei Ihnen der Fall, sollten Sie sich von einem Erbrechtsspezialisten beraten lassen.

→ **Beispiel**

Die Eheleute Matthias und Mona haben zwei Kinder, sie setzen sich in ihrem gemeinsamen Testament gegenseitig als Alleinerben ein. Zudem legen sie im Testament fest, dass ein Kind, das nach dem Tod eines Elternteils seinen Pflichtteil verlangt, nach dem Tod des zweiten Elternteils nicht erbberechtigt ist.

Mona stirbt zuerst. Fordert ein Kind nach ihrem Tod seinen Pflichtteil, kann es nach dem Tod von Matthias ebenfalls nur den Pflichtteil verlangen.

Anrechnung auf den Pflichtteil

Haben Pflichtteilsberechtigte vom Erblasser zu dessen Lebzeiten Vermögenswerte erhalten, sind diese oft auf ihren Pflichtteil anzurechnen. Somit mindert sich der Pflichtteil um die Zuwendung. Im Streitfall müssen die Erben jedoch alle Voraussetzungen beweisen, das heißt, sie müssen belegen, dass Vermögen übertragen und die Anrechnung auf den Pflichtteil angeordnet wurde. Ein schwieriges Unterfangen für Erben, das oft scheitert. Auszugleichende Leistungen mindern den Pflichtteil automatisch, die Anordnung einer Anrechnung muss hier nicht nachgewiesen werden.

→ **Beispiel**

Erwin setzt seine Ehefrau Larissa zur Alleinerbin ein, der Nachlasswert beträgt 100 000 Euro. Seinem Sohn Sebastian hat er vor ein paar Jahren 30 000 Euro geschenkt mit der Bestimmung, dass das Geschenk auf den Pflichtteil anzurechnen ist.

Sebastians Pflichtteil beträgt ¼ von 100 000 Euro ohne Schenkung, also 25 000 Euro

Nachlasswert mit Schenkung:
100 000 Euro + 30 000 Euro = 130 000 Euro
Pflichtteilsanspruch von Sebastian vor Anrechnung der Schenkung:
¼ von 130 000 Euro = 32 500 Euro
Nach Anrechnung der Schenkung:
32 500 Euro – 30 000 Euro = 2 500 Euro

Vermächtnisse

Hat der Pflichtteilsberechtigte von der verstorbenen Person ein Vermächtnis erhalten und nimmt dieses an, mindert der Wert dieses Vermächtnisses den Pflichtteil. Schlägt er das Vermächtnis hingegen aus, kann er den vollen Pflichtteil verlangen. Der Erbe,

Gut zu wissen

Verträge, die sich nur auf den Pflichtteil auswirken, spielen im Erbscheinverfahren keine Rolle. Sie finden sich auch nicht in den Akten des Nachlassgerichts. Das kann überraschende Folgen haben. Ein Beispiel aus der Realität: Ein Vater hat seinem nichtehelichen Kind Geld bezahlt, und dieses hat dafür notariell – mit Wirkung auch für seine Abkömmlinge – auf den Pflichtteil verzichtet. Beide erzählen das nicht weiter. Beim Tod des Vaters ist auch der Sohn schon verstorben, dessen Kindern wird vom Nachlassgericht mitgeteilt, dass ihnen als Enkeln möglicherweise der Pflichtteil zusteht. Sie machen diesen ohne schlechtes Gewissen geltend, und der Erbe zahlt, weil er den Pflichtteilsverzicht nicht kennt.

der das Vermächtnis erfüllen muss, kann vom Pflichtteilsberechtigten verlangen, dass dieser innerhalb einer angemessenen Frist erklärt, ob er das Vermächtnis annimmt. Reagiert dieser nicht und lässt die Frist verstreichen, gilt mit dem Ablauf der Frist das Vermächtnis als ausgeschlagen, wenn nicht vorher die Annahme erklärt wurde (§ 2307 Abs. 2 BGB).

Pflichtteilsergänzungsansprüche

Der Grundgedanke der sogenannten Pflichtteilsergänzungsansprüche ist recht einfach, die rechtliche Situation ist hingegen nicht ganz so einfach. Schauen wir uns dazu ein Beispiel an:

→ Beispiel

Der verstorbene Bernhard hinterlässt zwei Kinder, die gesetzlichen Erben Franziska und Michael. Er verfügt über genau 100 000 Euro Vermögen.

Setzt Bernhard seine Tochter Franziska testamentarisch zur Alleinerbin ein und stirbt dann, zum Beispiel durch Selbsttötung, erbt Franziska alles und muss ihrem Bruder Michael einen Pflichtteil in Höhe von 25 000 Euro auszahlen.

Schenkt hingegen Bernhard seiner Tochter Franziska die 100 000 Euro und stirbt kurz danach, ist kein Nachlass vorhanden. Der Pflichtteil ist ein Viertel von null = null. Der Pflichtteilsergänzungsanspruch berechtigt jedoch Michael, den Pflichtteil auch vom Geschenk zu verlangen, das heißt, er erhält genauso viel wie im Beispiel mit dem Testament, also 25 000 Euro.

Der Pflichtteilsergänzungsanspruch hat jedoch eine Besonderheit: Er reduziert sich mit jedem vollen Jahr ab der Leistung der Schenkung um 10 Prozent. Stirbt Bernhard also erst viereinhalb Jahre nach der Schenkung, sind nur noch 60 Prozent von 25 000 Euro relevant, also 15 000 Euro.

Hat auch Michael eine Zuwendung von Bernhard erhalten, muss er sich diese anrechnen lassen, und zwar auch dann, wenn die Anrechnung nicht angeordnet wurde.

Ein weiteres Beispiel macht deutlich, wie Schenkungen unter Ehepartnern behandelt werden.

→ Beispiel

Der verstorbene Oskar war mit Frauke ohne Ehevertrag verheiratet und hinterlässt zwei Kinder. Nach dem gesetzlichen Erbrecht steht Frauke die Hälfte des Vermögens zu, den beiden Kindern je ein Viertel. Kurz vor seinem Tod hat Oskar seiner Frau ein Aktiendepot im Wert von 400 000 Euro übertragen. Nach seinem Tod stellt sich heraus, dass auf dem Tagesgeld- und Festgeldkonto insgesamt 50 000 Euro liegen. Das Gesamtvermögen von Oskar betrug 450 000 Euro.

Hätte Oskar das Wertpapierdepot nicht an seine Frau verschenkt, hätte jedes Kind ein Viertel von 450 000 Euro, also 112 500 Euro geerbt. Was steht den Kindern nun zu? Erhalten sie nur ein Viertel von 50 000 Euro, also 12 500 Euro, oder von 450 000 Euro, also 112 500 Euro?

In einem solchen Fall sorgt der Pflichtteilsergänzungsanspruch dafür, dass jedes Kind zumindest eine Ausgleichszahlung erhält, die – zusammen mit seinem Erbteil – den gesetzlich vorgesehenen Pflichtteil ergibt. Der Pflichtteil würde ohne Schenkung einem Achtel von 450 000 Euro entsprechen, also 56 250 Euro. Ziehen wir davon das Erbe von 12 500 Euro ab, kann jedes Kind 43 750 Euro als Pflichtteilsergänzung von der Mutter verlangen. Da bei Schenkungen unter Ehegatten die 10-Jahresfrist nicht greift, könnten die Kinder diesen Anspruch auch geltend machen, wenn die Wertpapiere schon vor zehn oder zwanzig Jahren verschenkt worden wären.

Der Pflichtteilsergänzungsanspruch ist ein eigener Anspruch neben dem Pflichtteilsanspruch mit im Grundsatz gleichen Regeln, allerdings auch einigen relevanten Abweichungen:

- **Auch ein Erbe,** selbst ein Alleinerbe, kann den Pflichtteilsergänzungsanspruch haben und geltend machen.
- **Grundsätzlich richtet** sich der Anspruch gegen den oder die Erben. Ist bei diesen aber nichts oder nicht genug zu holen, richtet er sich hilfsweise gegen den Beschenkten.
- **Die Beschenkten** müssen nur das herausgeben, was zum Zeitpunkt des Erbfalls noch als Bereicherung bei ihnen vorhanden ist. Dabei müssen Pflichtteilsberechtigte die Schenkung beweisen, die Erben sind zur Auskunft über relevante Schenkungen verpflichtet.
- **Für Schenkungen an Ehegatten** sowie für Schenkungen, bei denen Erblasser das Geschenk aufgrund vorbehaltener Rechte wie Eigentümer weiter nutzen,

Gut zu wissen

Generell kann jede Zuwendung, die die verstorbene Person vor ihrem Tod gemacht hat, einen Pflichtteilsergänzungsanspruch auslösen. In der Regel betrifft das allerdings nur Schenkungen innerhalb der letzten zehn Jahre vor dem Tod des Erblassers, wobei der hierfür relevante Wert der Schenkung pro vollendetem Jahr um 10 Prozent reduziert wird. Wurden zum Beispiel fünf Jahre vor dem Tod 100 000 Euro übertragen, sind nur noch 50 000 Euro für den Pflichtteilsergänzungsanspruch maßgeblich.

Doch auch hier gibt es Ausnahmen: Denn die zeitliche Beschränkung gilt nicht für Schenkungen an den Ehegatten sowie Schenkungen, bei denen der Erblasser das Geschenk aufgrund vorbehaltener Rechte wie ein Eigentümer weiter nutzt – wenn er zum Beispiel das Einfamilienhaus an ein Kind verschenkt hat, aber für sich den Nießbrauch vorbehalten hatte. In diesem Fall können Geschwister einen Pflichtteilsergänzungsanspruch geltend machen, selbst wenn die Schenkung schon länger zurückliegt als zehn Jahre.

gilt die 10-Jahresfrist nicht (siehe „Gut zu wissen“ links).

- **Als Zeitpunkt der Bewertung** kommen sowohl der Zeitpunkt der Schenkung als auch der Zeitpunkt des Erbfalls in Betracht, maßgeblich ist der Zeitpunkt, für den – inflationsbereinigt – der geringere Wert ermittelt wird. Das Problem in der Praxis: Dies erfordert die Begutachtung eines – meist nicht mehr sicher feststellbaren – Zustands vor zig Jahren.
- **Die Frage,** ob und auf welchen Zeitpunkt Gegenleistungen, Vorbehalte und dergleichen vom Wert abzuziehen sind, hängt dann zum Teil wieder davon ab, ob der frühere oder spätere Wert maßgeblich ist. Allein zur Frage, ob wegen eines Vorbehalts die 10-Jahresfrist zu laufen beginnt oder nicht, gibt es neben zwei Entscheidungen des Bundesgerichtshofs mindestens neun Entscheidungen der zuständigen Oberlandesgerichte, ohne dass bereits Rechtsklarheit erreicht wäre.

Ist der Nachlass kleiner, als Pflichtteilsberechtigte erwarten, unterstellen diese oft, dass es ergänzungspflichtige Schenkungen gegeben hat, ohne diese letztlich beweisen zu können. Es ist nicht überraschend, dass diesbezügliche Streitigkeiten häufig erst mit einer rechtskräftigen gerichtlichen Entscheidung enden.

Umsetzen: Pflichtteilsansprüche erfüllen

Wer einen Pflichtteil geltend machen will, muss ihn einfordern. Die Erben müssen Auskunft geben und das Geld überweisen.

Nun geht es an die praktische Umsetzung von Pflichtteilsansprüchen. Wie bekommen die Anspruchsberechtigten ihr Geld, und wer bezahlt was? Und was ist, wenn keiner bezahlen will? Während Erben sich selbst um die Aufteilung des Nachlasses kümmern, Geld vom Bankkonto transferieren oder eine Übereignung im Grundbuch eintragen lassen können, sind Pflichtteilsberechtigte weitgehend auf die Erben angewiesen. Sie erhalten nichts automatisch, sondern müssen aktiv werden, damit Erben ihnen den Pflichtteil auszahlen.

Feststellung des Nachlasses

Da Pflichtteilsberechtigte oft nur wissen, dass sie einen Anspruch haben, den Wert des Nachlasses aber nicht genau kennen, benötigen sie in aller Regel Information von den Erben. Um die Eigentums- und Rechtsverhältnisse in Bezug auf Immobilien, die zum Nachlass gehören, zu klären, können sie Grundbucheinsicht verlangen. Bei anderen Informationen ist das schier unmöglich, denn Auskünfte von Kreditinstituten oder von anderen Stellen sind ohne besondere Legitimation nicht zu bekommen.

Auskunftspflichtig sind dagegen die Erben, von diesen können Pflichtteilsberechtigte auf Kosten des Nachlasses auch eine Vermögensaufstellung, also ein Verzeichnis der Nachlassgegenstände, eine Wertermittlung – in der Regel durch Sachverständige – und die Aufnahme eines notarielles Nachlassverzeichnisses – auch Nachlassinventar genannt – verlangen. Diese Ansprüche sind einklagbar. Teils werden Auskunft und Verzeichnis ohne Vorwarnung eingeklagt, oft führen aber erst Zweifel an der Vollständigkeit und Richtigkeit gegebener Auskünfte oder eine generelle Verweigerung oder Untätigkeit der Erben zu diesem Schritt.

Da es für die Höhe des Pflichtteils auch auf das Ergebnis von Bewertungen, etwa einer Immobilie, ankommt (mehr dazu siehe S. 144), werden auch Gutachten, die Erben in Auftrag gegeben haben, oft angezweifelt. Leicht haben es Pflichtteilsberechtigte insoweit nur, wenn sie bereits vor dem Sterbefall gut informiert waren, etwa als Bevollmächtigte oder Betreuer der Verstorbenen oder weil diese sie informiert hatten.

Natürlich haben auch Erben viele der genannten Probleme, den genauen Wert des

Pflichtteils zu ermitteln. Gegenüber Pflichtteilsberechtigten haben sie jedoch zumindest in Bezug auf den Nachlass einen Informationsvorsprung, der es ihnen ermöglicht, den mindestens als Pflichtteil zu zahlenden Betrag realistisch einzuschätzen.

Da Erben aber spätestens mit Zugang einer Auskunftsklage von Pflichtteilsberechtigten in Verzug geraten und gegebenenfalls erhebliche Verzugszinsen zahlen müssen, ist es für sie durchaus empfehlenswert, den Mindestbetrag rasch zu zahlen. Damit können sie auch das Prozessrisiko des Klägers deutlich erhöhen. Dies hat häufig zwischen den Beteiligten befriedende Wirkung, da der Anspruch grundsätzlich anerkannt wird und den Pflichtteilsberechtigten schnell etwas aus dem Erbe zufließt.

Pflichtteilsstundung

Pflichtteilsberechtigte können die Zahlung unmittelbar nach dem Tod der Person verlangen. Das Gesetz sieht unter bestimmten Umständen ein Recht der Erben auf Stundung vor. Der einschlägige § 2331a BGB lautet: „Der Erbe kann Stundung des Pflichtteils verlangen, wenn die sofortige Erfüllung des gesamten Anspruchs für den Erben wegen der Art der Nachlassgegenstände eine unbillige Härte wäre, insbesondere wenn sie ihn zur Aufgabe des Familienheims oder zur Veräußerung eines Wirtschaftsguts zwingen würde, das für den Erben und seine Familie die wirtschaftliche Lebensgrundlage bildet. Die Interessen des Pflichtteilsberechtigten sind angemessen zu berücksichtigen." Begriffe wie „unbillige Härte" und „Interessen angemessen zu berücksichtigen" zeigen schon, dass es hier kaum eindeutige Lösungen gibt und viel Potenzial für Streitigkeiten besteht.

Wer muss zahlen?

Schuldner des Pflichtteils sind stets die Erben, nur beim Pflichtteilsergänzungsanspruch in Grenzen auch Beschenkte. Wie oben beschrieben kann es aber sein, dass den Erben wenig bis nichts vom Nachlass verbleibt, insbesondere, wenn dieser mit umfassenden Vermächtnissen und/oder Auflagen beschwert ist. Davon begünstigte Personen sind jedoch dadurch einbezogen,

---

Um die genaue Höhe des Nachlasswertes in Erfahrung zu bringen, können Pflichtteilsberechtigte die Erben schriftlich auffordern, Auskunft über das Vermögen des Erblassers zu geben. Die Erben sind Pflichtteilsberechtigten gegenüber zur Auskunft verpflichtet, sie müssen auch den Nachlasswert ermitteln und diesen mitteilen.

dass die Erben von ihnen verlangen können, dass sie die sogenannte Pflichtteilslast (anteilig) tragen. Sie können dies dadurch erzwingen, dass sie Vermächtnisse und Auflagen entsprechend kürzen. Auch insoweit setzt sich der Pflichtteil gegen alle letztwilligen Verfügungen durch. Es kann aber auch sein, dass Erblasser in ihrer letztwilligen Verfügung anderweitige Regelungen darüber getroffen haben, wer die Pflichtteilslast zu tragen hat. Sind Erben selbst pflichtteilsberechtigt, schützt sie das Gesetz zwar vor Ausgleichsleistungen, die ihren Pflichtteil beeinträchtigen, nicht aber vor sonstigen letztwilligen Beschwerungen. Letzteren können sie nur entkommen, wenn sie das Erbe ausschlagen. Mehr dazu ab S. 44.

Fristen beachten

Pflichtteilsberechtigte müssen ihren Anspruch innerhalb von drei Jahren nach Eintritt des Erbfalls beziehungsweise nach Bekanntwerden der Ansprüche geltend machen. Die Frist beginnt mit Ende des Kalenderjahres zu laufen, in dem die Ansprüche bekannt wurden. Spätestens verjährt der Anspruch aber nach 30 Jahren. Erfuhr etwa eine gesetzlich Erbberechtigte erst am 1. Januar 2023, dass ihre Mutter am 28. Dezember 2022 verstorben ist, beginnt die Frist ab dem 31. Dezember 2023. Die Erben hingegen müssen den Pflichtteil auszahlen, sobald die Pflichtteilsberechtigten ihn fordern.

Um Pflichtteilsansprüche zu erfüllen, benötigen Erben im Wesentlichen die Bankverbindung der Berechtigten sowie ausreichend liquide Mittel, um zahlen zu können.

Klagen kostet

Im Falle einer Klage gilt: Beträgt der Wert des Pflichtteils weniger als 5000 Euro, ist das Amtsgericht zuständig; bei Ansprüchen, die darüber liegen, geht die Klage vor das Landgericht, zudem muss ein Anwalt eingeschaltet werden. Die Kosten trägt die unterlegene Partei. Verliert also der Erbe den Prozess, muss er zusätzlich zum Pflichtteil die Anwalts- und Gerichtskosten tragen.

Streit vermeiden

Erben, Pflichtteilsberechtigte und unter Umständen auch Beschenkte können all die genannten Punkte einvernehmlich regeln. Sie können dabei auch rechtlich unbedeutende Fragen berücksichtigen, wie zum Beispiel: welcher der Erben wie viel verdient hat, wer den Pflichtteil dringend benötigt oder ob man sich das Erbe ohne Verkauf des Hauses leisten kann. Ebenso können die Beteiligten in einer einvernehmlichen Lösung Zahlungen in Teilbeträgen oder nur unter besonderen Bedingungen – wie dem Verkauf des Hauses – vereinbaren.

Wichtig: Dabei ist zu bedenken, dass ein Vermögenstransfer, der über die geschuldeten Leistungen aus der Erbschaft oder den Pflichtteil hinausgeht, vom Finanzamt als eigenständige Schenkung betrachtet werden kann. In diesen Fällen ist ein Gespräch mit einem Steuerberater ratsam.

Spezialfälle und Testamentsvollstreckung

Hier geht es um spezielle Erbfälle wie Erbschaften mit Auslandsbezug, mit minderjährigen oder geschäftsunfähigen Erben. Zudem erfahren Sie, was Sie wissen müssen, wenn Testamentsvollstreckung angeordnet wurde.

Ist „Ihr" Erbfall so speziell gelagert, dass er bislang noch nicht in diesem Buch besprochen wurde? Möglicherweise ist jemand im Ausland verstorben oder hinterlässt Vermögen im Ausland? Oder Sie fragen sich, was eigentlich passiert, wenn Sie Mitglied einer Erbengemeinschaft sind, ein Erbe aber nicht auffindbar ist. In diesem Kapitel geht es um Spezialfälle wie diese. Und wir beleuchten, was geschieht, wenn Erben nicht selbst handeln können. Das reicht von Ungeborenen über minderjährige Kinder bis hin zu volljährigen Personen, die geschäftsunfähig sind oder für die eine Betreuung eingerichtet wurde. In diesen Fällen kommt es auch oft vor, dass Erblasser in ihrem letzten Willen einen Testamentsvollstrecker einsetzen. Denn es gibt einige gute Gründe, warum jemand zwar den Nachlass erhalten, aber mit der Verwaltung und Abwicklung nicht betraut werden sollte, so zum Beispiel bei minderjährigen Erben oder bei befürchteten Streitigkeiten unter den Erben. Oder weil der Nachlass besonders komplex ist und seine Abwicklung den oder die Erben daher überfordern könnte.

Erben, die nicht selbst handeln können

Was geschieht, wenn minderjährige oder ungeborene Kinder erben, ein Erbe geschäftsunfähig ist oder Betreuung eingerichtet wurde? Und was, wenn die Erben nicht erreichbar sind?

Ungewöhnliche Erbfälle gibt es viele. Zum Glück ist vieles gesetzlich klar geregelt. So zum Beispiel, wer sich um das Erbe von Kindern kümmert oder wenn Erwachsene nicht voll geschäftsfähig sind. Erben zum Beispiel minderjährige Kinder von den Großeltern, übernehmen die Eltern die Aufgabe, das Erbe bis zur Volljährigkeit des Kindes zu verwalten. Denn Minderjährige können keine rechtsverbindlichen Verträge schließen. Verstirbt ein Elternteil, fällt diese Aufgabe dem überlebenden Elternteil zu.

Kompliziert wird es, wenn die Eltern geschieden sind und der Ex-Partner dafür nicht in Betracht kommt, weil zum Beispiel die verstorbene Person im Testament etwas anderes festgelegt hat. Wurde in der letztwilligen Verfügung nur bestimmt, dass der geschiedene Partner das Erbe nicht verwalten soll, setzt das Familiengericht einen Zuwendungspfleger gemäß § 1811 BGB ein. Aber gehen wir die Sache der Reihe nach an.

Ungeborene Erben

Es steht außer Frage: Ein Kind, das zum Zeitpunkt des Erbfalls bereits gezeugt war und danach lebend geboren wird, ist erbberechtigt. Für ungeborene Kinder handeln nach der Geburt die Eltern als gesetzliche Vertreter. Sind diese verstorben oder verhindert, bestellt das Familiengericht einen Pfleger.

Noch häufiger als ungeborene Erben sind Nacherben, das sind Erben, deren Erbantritt in der Zukunft liegt. Dies können sogar Personen sein, die zum Zeitpunkt des Vorerbfalls weder gezeugt noch geboren wurden, sprich, es steht zu diesem Zeitpunkt noch gar nicht fest, ob es solche Personen überhaupt geben wird. So kann in einem Testament zum Beispiel festgelegt worden sein, dass das Erbe unter allen leiblichen Kindern einer Tochter oder eines Sohnes aufgeteilt werden soll, die aber noch gar nicht gezeugt wurden. Juristisch betrachtet haben Nacherben bereits ab dem Vorerbfall Rechte gegenüber ihren Vorerben (siehe „Vorerbe und Nacherbe“, S. 97).

In diesen Fällen sind nicht die Eltern, ein Vormund oder ein Betreuer zuständig, da die Person rechtlich noch nicht existiert. Hier wird vom Betreuungsgericht ein Pfleger für unbekannte Beteiligte bestellt.

Minderjährige Erben

Minderjährige Erben sind ab der Sekunde ihrer Geburt „rechtsfähig", weshalb alle Rechte und Pflichten der Erbschaft für sie genauso gelten, wie das für Erwachsene der Fall ist. Da sie jedoch bis zur Vollendung des sechsten Lebensjahres gar nicht und bis zur Volljährigkeit, also bis zum 18. Lebensjahr, nur beschränkt „geschäftsfähig" sind, handeln für minderjährige Kinder deren gesetzliche Vertreter.

Das sind die Eltern beziehungsweise ein verbleibender Elternteil, wenn zum Beispiel der andere bereits verstorben ist. Fallen beide Eltern aus, tritt ein Vormund an deren Stelle. Damit wird das Sorgerecht vollständig auf eine andere Person übertragen. Es kann aber auch nur teilweise übertragen werden auf einen sogenannten Ergänzungspfleger. Das ist zum Beispiel der Fall, wenn der gesetzliche Vertreter wegen längerer Krankheit verhindert ist, oder im Falle eines Interessenkonflikts.

Allerdings kann die oder der Verstorbene durch eine entsprechende Regelung im Testament die Eltern oder einen Elternteil von der Verwaltung des Erbes ausschließen. Hierzu genügt es, dass die verstorbene Person per Testament bestimmt hat, dass die Eltern oder ein Elternteil das Vermögen nicht verwalten sollen. In letzterem Fall verwaltet der andere Elternteil allein, ansonsten bestimmt das Familiengericht für den Minderjährigen einen Zuwendungspfleger, der die Vermögenssorge insoweit übernimmt. In der letztwilligen Verfügung kann der Zuwendungspfleger auch namentlich benannt sein, die verstorbene Person kann zum Beispiel einen Verwandten oder eine gute Freundin als Zuwendungspfleger gewählt haben.

Gut möglich ist auch, dass die oder der Verstorbene den Eltern, dem Zuwendungspfleger oder dem Vormund Vorgaben für die Verwaltung der Erbschaft des minderjährigen Kindes gemacht hat. Er oder sie kann auch bestimmt haben, welchen Umfang die Zuwendungspflegschaft hat oder an welchem Punkt die Grenzen liegen. Diese Vorgaben sind unbedingt zu beachten! Nur wenn die Anordnungen des Erblassers das Vermögen des Minderjährigen erheblich gefährden, kann das Familiengericht diese aufheben.

Volljährige Erben

Es kommt immer wieder vor, dass volljährige Erben geschäftsunfähig sind oder eine Betreuung für sie eingerichtet wurde. Doch was versteht man genau darunter, und was hat das für Folgen?

Volljährige geschäftsunfähige Erben sind in der Regel Menschen mit krankhafter und dauerhaft gestörter Geistestätigkeit, sie können nicht selbstständig Rechtsgeschäfte abschließen. Ist für einen erwachsenen Menschen hingegen eine Betreuung eingerichtet, heißt das nur, dass eine Betreuungsperson ganz oder teilweise dessen Geschäfte regelt.

Menschen, für die Betreuung eingerichtet wurde, sind nicht in jedem Fall geschäftsunfähig. Geschäftsfähige Betreute können selbst alle Rechtshandlungen vornehmen, sie benötigen hierzu weder die Zustimmung des Betreuers noch des Betreuungsgerichts.

Umgekehrt sind Betreuer nur zuständig, wenn das Betreuungsgericht ihnen diese Aufgabe zugewiesen hat, zum Beispiel die Vermögenssorge. In vielen Angelegenheiten von Erben, wie zum Beispiel einer Verfügung über Immobilien im Nachlass oder bei der Ausschlagung einer Erbschaft, können Betreuer aber nicht allein handeln, sondern benötigen die Zustimmung des Betreuungsgerichts.

Anders als sorgeberechtigten Eltern kann Betreuern ihre Berechtigung nicht durch letztwillige Verfügung entzogen werden. Erblasser können aber auch Betreuern Vorgaben für die Verwaltung der Erbschaft von Betreuten machen. Solche letztwilligen Verfügungen sind unmittelbar wirksam und zu beachten. Das Betreuungsgericht kann allerdings die Anordnungen von Erblassern aufheben, wenn sie das Vermögen von Betreuten erheblich gefährden würden.

Wenn Pflegekräfte beschenkt oder bedacht werden

Oft bauen Menschen, die in einem Pflegeheim leben und gepflegt werden oder zu Hause betreut werden, eine enge Bindung zum Pflegepersonal und den Betreuern auf. Haben Verstorbene den Mitarbeitern großzügige Geschenke gemacht oder diese im Testament bedacht, ist das möglicherweise nicht gültig. Die Vorschriften unterliegen dem Landesrecht und können von Bundesland zu Bundesland unterschiedlich sein. Im Zweifel ist juristischer Rat angebracht.

→ Pflegebedürftige dürfen nicht ausgenutzt werden

Im Allgemeinen gilt: Pflegeleistung wird bezahlt, und wer pflegebedürftig ist, darf nicht ausgenutzt werden. Der Heimträger und seine Mitarbeiter dürfen daher keine zusätzlichen Leistungen annehmen. Lebte die verstorbene Person in einer Pflegeeinrichtung, kann sie diese nicht als Erben einsetzen. Geschenke, die über das übliche Maß hinausgehen, können Erben zurückfordern. Das übliche Maß liegt eher bei 50 oder 100 Euro zu besonderen Anlässen.

Erhält ein Pflegedienst oder eine Pflegekraft außer der Reihe durch ein Testament oder durch eine Schenkung wesentliches Vermögen, sollte man fachlich überprüfen lassen, ob das wirksam ist.

Erben sind unbekannt oder nicht auffindbar

Und was passiert eigentlich, wenn man zwar von einem entfernten Verwandten weiß oder dieser im Testament benannt wurde, aber keine Adresse bekannt ist und das Nachlassgericht diese Person nicht erreichen kann? Das kommt vor bei Erbfällen mit Auslandsbezug, da nicht in allen Ländern ein Wohnsitznachweis geführt wird und so lückenlos nachvollziehbar ist, wenn jemand umgezogen ist. Und die Suche nach den Erben kostet Geld. Unter Umständen ist von den Vorfahren eines von mehreren Geschwistern in seiner Jugend ausgewandert und hat den Kontakt in die alte Heimat abgebrochen. Das Nachlassgericht hat zwar die Aufgabe, die Erben ausfindig zu machen, doch für aufwendige Nachforschungen im Ausland fehlen meist Zeit und Geld.

Sind die Erben unbekannt oder haben die bekannten Erben die Erbschaft noch nicht angenommen oder ist unklar, ob sie diese annehmen, bestellt das Nachlassgericht einen Nachlasspfleger, der den Nachlass sichert. Er agiert im Rahmen seiner Aufgaben als gesetzlicher Vertreter des Erben beziehungsweise der Erben. Für bestimmte Rechtsgeschäfte, zum Beispiel die Verfügung über Immobilien, benötigt der Nachlasspfleger – ebenso wie die anderen gesetzlichen Vertreter – die Genehmigung des Nachlassgerichts. Er ist nicht berechtigt, den Erbteil des Erben zu veräußern oder zu belasten. Er kann nur wie der Erbe selbst an der Verteilung des Nachlassvermögens einschließlich dessen Veräußerung mitwirken.

→ Probleme für Erbengemeinschaften

Nicht auffindbare Erben können zum Problem für Erbengemeinschaften werden. Zwar setzt das Gericht in aller Regel anstelle eines nicht auffindbaren Erben einen Nachlasspfleger ein, aber solange zum Beispiel die Erbquoten nicht klar sind, kann man die Erbengemeinschaft nicht vollständig auseinandersetzen. So kann sich der Erbfall über Jahre oder gar Jahrzehnte hinziehen.

Erbe im Ausland

Was passiert, wenn entweder ein Erbe im Ausland lebt oder sich Teile des Erbes im Ausland befinden?

Ein Ferienhaus in Spanien, Frankreich oder Florida zu erben klingt erst mal wunderbar. Wenn da mal nicht die Formalitäten wären. Und was geschieht, wenn nahe oder entfernte Verwandte im Ausland leben? Dazu gleich mehr, zunächst ein Blick auf die Erbschaft im Ausland.

Es ist schon nicht ganz einfach, wenn es sich nur um ein Bankkonto im Ausland handelt. Befindet sich dieses in der Schweiz, auf den Bahamas oder in Singapur, könnte es kritisch werden, da Steuerhinterziehung zu vermuten ist (siehe auch S. 149). Noch komplizierter wird es bei Immobilien im Ausland. Hier sind in aller Regel sowohl die Vorschriften der heimischen als auch die der ausländischen Behörden, insbesondere der Steuerbehörden, zu beachten.

Etwas leichter ist die Sache zu händeln, wenn die verstorbene Person frühzeitig an die Weitergabe gedacht, sprich die Dinge weitgehend geregelt hat und zum Beispiel den Nachlass im Ausland in einer Gesellschaft hält, sodass sich die unmittelbare Zuordnung des Vermögens durch einen Todesfall nicht ändert. Das entbindet Erben aber nicht davon, die jeweiligen Vorschriften, gerade auch in Bezug auf das Steuerrecht des betreffenden Landes, einzuhalten.

Vermögen im Ausland

In Europa gilt seit 2015 die Europäische Erbrechtsverordnung (EuErbVO). Sie regelt innerhalb der Europäischen Union – mit Ausnahme von Irland und Dänemark – eindeutig, was gilt und was nicht. Auch in Ländern, in denen die EuErbVO nicht gilt, existieren klare Regeln, wie mit dem Nachlass verfahren wird. Allerdings können die Vorschriften in anderen Ländern dazu führen, dass die in Deutschland gültigen Vorschriften im Recht eines anderen Landes nicht existieren. Ein Beispiel ist das Berliner Testament, das in vielen Ländern außerhalb Deutschlands unbekannt und daher ungültig ist.

Im unmittelbaren Geltungsbereich der EuErbVO ergeben sich aus juristischer Sicht keine Probleme. Tatsächlich muss man als Erbe oder Testamentsvollstrecker am Ort des Vermögens seine Legitimation nachweisen, sprich sich als berechtigter Erbe ausweisen. Dafür gibt es das Europäische Nachlasszeugnis (ENZ), das gute Dienste leistet (siehe auch S. 38). Das kann anstelle eines Erbscheins bei der zuständigen Stelle beantragt werden. Ist Deutschland zuständig, weil der Erblasser seinen letzten gewöhnlichen Aufenthalt in Deutschland hatte, ist dies das Nachlassgericht.

→ **Beispiel**

Ein in Deutschland lebender Franzose wählt für seinen Erbfall das französische Recht und stirbt dann in Deutschland. Das deutsche Nachlassgericht stellt auf Antrag ein ENZ aus, das sich nach französischem Recht richtet.

Jenseits der EuErbVO, insbesondere im angloamerikanischen Raum, gilt die Regel, dass dort, wo sich eine Immobilie befindet, auch die Gerichte für deren Vererbung zuständig sind und ihr eigenes Recht anwenden. Diese vorrangige Zuständigkeit und Rechtsanwendung wird auch von den Ländern der EuErbVO akzeptiert. In der Folge kommt es zu einer sogenannten Nachlassspaltung, das heißt der Erbfall richtet sich grundsätzlich nach dem Ort und dem Recht des gewöhnlichen Aufenthalts des Erblassers, aber für dessen Immobilien in England oder Amerika gilt das dortige Recht.

Mit einigen Staaten existieren zwischenstaatliche Vereinbarungen. Häufiger relevant in Deutschland ist das Nachlassabkommen mit der Türkei, das bereits 1929 geschlossen wurde. Es regelt, dass für bewegliches Vermögen wie Geld oder Schmuck das Erbrecht des Staates gilt, dessen Staatsangehörigkeit die verstorbene Person besaß. Immobilien hingegen werden nach dem Recht des Landes vererbt, in dem sie sich befinden.

→ **Beispiel**

Semra ist türkische Staatsbürgerin, verwitwet und stirbt in Deutschland. Sie hat bei einer Bank in Deutschland 50 000 Euro Guthaben, auf einem Konto in der Türkei liegt der Gegenwert von 2 500 Euro. Es gibt kein Testament. Sie hinterlässt zwei Kinder, die in Deutschland leben.

Das Bankguthaben in beiden Ländern wird nach türkischem Recht vererbt, weshalb die Erben einen türkischen Erbschein benötigen. Damit dieser in Deutschland verwendet werden kann, muss er beglaubigt werden, was zum Beispiel die türkische Auslandsvertretung in Deutschland vornimmt. Es besteht die Möglichkeit, einen sogenannten

Staaten wollen vom Erbe profitieren. Im schlimmsten Fall kann es sein, dass mehrere Staaten Erbschaftssteuer beanspruchen, das Land des Verstorbenen, das Land, in dem der Erbe lebt, und das Land, in dem sich die Immobilien befinden. Auch in Deutschland ist Immobilienvermögen im Ausland erbschaftssteuerpflichtig.

Fremdrechtserbschein zu beantragen. Das wäre aber nur sinnvoll, wenn sich das gesamte Vermögen in Deutschland befindet. Steuerpflichtig ist die Erbschaft übrigens sowohl in der Türkei als auch in Deutschland.

Ausländisches Güterrecht

Im Falle von multinationalen Ehen kommt ein weiterer Faktor hinzu: das Güterrecht. Es bestimmt, welches Vermögen den Ehe- oder Lebenspartnern gemeinsam gehört und welches nicht. Seit 2019 gilt in 18 EU-Staaten (Belgien, Bulgarien, Deutschland, Finnland, Frankreich, Griechenland, Italien, Kroatien, Luxemburg, Malta, Niederlande, Österreich, Portugal, Schweden, Slowenien, Spanien, Tschechische Republik und Zypern) die Europäische Güterrechtsverordnung (EuGüVO), beziehungsweise für eingetragene Partnerschaften die EuPartVO. Darin wurden jedoch nicht die Güterstände vereinheitlicht, sondern geregelt, welches Landesrecht gilt, sofern das Paar keine andere Regelung getroffen hat. Das wirkt sich auch auf das zu vererbende Vermögen aus. Genauso wie bei der EuErbVO können die Paare auch hier wählen, welches Recht gelten soll (siehe S. 39). Für Ehen, die vor dem Inkrafttreten der EuGüVO geschlossen wurden, gelten die früheren nationalen Bestimmungen des internationalen Privatrechts.

Ganz nach dem Motto „Andere Länder, andere Sitten" unterscheiden sich die gesetzlichen Güterstände, also die Regelungen, wenn das Paar nichts anderes festlegt. So kann es sein, dass eine Immobilie, die eine verstorbene Person mit ihrem Geld im Ausland erworben hat, ihr nicht wie nach deutschem Recht allein, sondern automatisch dem Ehepaar gemeinsam gehört. Beim Tod eines Partners wird in diesem Fall nur eine Hälfte vererbt, auch wenn dieser die Immobilie allein, zum Beispiel mit dem Geld aus einer Erbschaft, gekauft hat. Üblicherweise gilt das Güterrecht des Landes, in dem das Paar nach der Eheschließung gemeinsam lebte. Es kann aber auch das Recht des Landes gelten, dessen Staatsangehörigkeit der oder die Verstorbene bei Eheschließung hatte, oder des Landes, an das die engste Bindung bestanden hatte.

Im Ausland verstorben

Es ist mit deutlich mehr Aufwand verbunden, wenn jemand im Ausland stirbt oder dort bei einem Unfall ums Leben gekommen ist. Hier können Schwierigkeiten bei der Ausstellung des Totenscheins oder der Überführung des Leichnams auftreten, weil im Ausland nun mal andere Regeln gelten.

Im Hinblick auf die Erbschaft ist aber nicht entscheidend, wo jemand verstorben ist, sondern wo er zuletzt seinen gewöhnlichen Aufenthalt hatte. Ist zum Beispiel jemand, der seine Familie und seinen Job in Deutschland hat, auf einer Urlaubsreise im Ausland verstorben – auch wenn es im eigenen Feriendomizil war –, ist die Sachlage klar: Es gilt deutsches Recht, kurzum alles, was in diesem Buch beschrieben wurde.

Ebenso verhält es sich bei einem vorübergehenden Studien- oder Arbeitsaufenthalt. Zuständig ist in all diesen Fällen das deutsche Nachlassgericht am Ort des gewöhnlichen Aufenthalts. Dieses wendet deutsches Erbrecht an, sofern die verstorbene Person nicht ein anderes Recht als das deutsche gewählt hatte.

Hatten Verstorbene ihren gewöhnlichen Aufenthalt außerhalb von Deutschland, sind die dortigen Nachlassgerichte oder Notare zuständig, die stets ihr eigenes Verfahrensrecht und in der Regel auch ihr eigenes Erbrecht anwenden.

→ Beispiel

Marie ist in Deutschland geboren und aufgewachsen, lebte aber die letzten zehn Jahre bis zu ihrem Tod mit ihrer Familie in Frankreich.

Hat Marie keine Regelung getroffen, gilt französisches Erbrecht. Hat sie hingegen zu Lebzeiten festgelegt, dass für die Erbschaft deutsches Recht gelten solle, kommt dieses zur Anwendung. Wichtig: In diesem Fall verlängert sich die Ausschlagungsfrist für Erben auf sechs Monate. Das gilt jedoch nur, wenn Verstorbene den letzten Wohnsitz nur im Ausland hatten.

Die Abwicklung der Formalitäten bei Todesfällen im Ausland übernehmen die dort zuständigen Gerichte oder Notare. Das gilt auch, wenn die verstorbene Person trotz ihres gewöhnlichen Aufenthalts im Ausland als deutsche Staatsangehörige deutsches Recht für den Erbfall gewählt hat.

Befinden sich das wesentliche Vermögen der verstorbenen Person und die Erben in Deutschland, kann die Verlagerung der Erbangelegenheiten nach Deutschland sinnvoll sein. In diesem Fall können die Erben versuchen, dass die Nachlassabwicklung nach Deutschland abgegeben wird. Dafür ist ein Antrag auf Verweisung des Erbfalls nach Deutschland bei der zuständigen Stelle im Ausland erforderlich. Eine entsprechende Regelung existiert für die Mitgliedsstaaten der EuErbVO.

Ein Erbe lebt im Ausland

Während der gewöhnliche Aufenthaltsort der verstorbenen Person entscheidend dafür ist, welches Landesrecht für die Verteilung des Erbes gilt, spielt es in der Regel keine Rolle, wo die Erben oder sonstige Personen leben, die von der Erbschaft betroffen sind. Doch auch in diesem Fall ändert sich die Frist zur Ausschlagung der Erbschaft: Sie beträgt dann nicht sechs Wochen, sondern sechs Monate, wenn sich Erben beim Beginn der Frist im Ausland aufhalten.

Der Wohnsitz einer Erbin oder eines Erben kann allerdings dazu führen, dass es zur Doppelbesteuerung hinsichtlich der Erbschaftssteuer kommt. Das ist der Fall, wenn sowohl der Staat des Erblassers als auch der Staat des Erben Steuern erhebt und kein Doppelbesteuerungsabkommen zwischen den beiden Staaten existiert.

Der Testamentsvollstrecker

Ein Testamentsvollstrecker wurde eingesetzt, oder Sie selbst wurden zum Testamentsvollstrecker bestimmt? Hier erfahren Sie, was das bedeutet.

Testamentsvollstreckung zählt zu den wichtigsten Instrumenten, mit denen Erblasser die Durchsetzung ihres letzten Willens gestalten. Je komplexer ein Nachlass und je zahlreicher die Erben und Vermächtnisnehmer, desto sinnvoller kann es sein, dass ein Erblasser seinen Erben einen Testamentsvollstrecker zur Seite stellt.

Sie sind nicht nur Erbe eines komplexeren Nachlasses geworden, sondern wurden in einem Testament auch als Testamentsvollstrecker vorgesehen? Im Folgenden erfahren Sie, welche Aufgaben Sie dabei erwarten und welche Nachweise Sie benötigen, um Ihre Aufgabe zu erfüllen.

→ Kein Rechtsnachfolger

Der Testamentsvollstrecker ist nicht Rechtsnachfolger des Erblassers, die Erbschaft fällt nur den Erben an. Es ist aber möglich, dass jemand aus dem Kreis der Erben auch zum Testamentsvollstrecker bestimmt wurde. Es gibt sogar Fälle, in denen der Testamentsvollstrecker zugleich Erbe, Vermächtnisnehmer und/oder Pflichtteilsberechtigter ist.

Grundlage der Testamentsvollstreckung ist immer eine letztwillige Verfügung des Erblassers. Eine mündliche oder per E-Mail ausgesprochene Einsetzung gilt nicht. Anders als im angloamerikanischen Rechtskreis gibt es in Deutschland keine gesetzlich angeordnete Testamentsvollstreckung. Der oder die Testamentsvollstrecker – es können auch mehrere sein – werden vom Erblasser, einem vom ihm ermächtigten Dritten oder aber durch das Nachlassgericht ernannt. Die auserkorene Person wiederum muss die Annahme des Amtes gegenüber dem zuständigen Nachlassgericht explizit erklären; eine besondere Form ist dafür nicht vorgeschrieben.

Wichtig zu wissen, bevor man das Amt annimmt: Als Testamentsvollstrecker haften Sie für die ordnungsgemäße Erfüllung Ihrer Verpflichtungen. So haben Sie als Verwaltungsvollstrecker in der Regel alle Aufgaben zu erledigen, die sonst den oder die Erben selbst träfen. Bevor Sie also ein solches Amt annehmen, sollten Sie sich darüber klar werden, ob Sie dazu zeitlich, fachlich und emotional in der Lage sind.

Vor einer übereilten Ablehnung sollten Sie aber auch bedenken: Je nach Anordnung im Testament wird dann eine andere, womöglich vom Nachlassgericht vorgesehene Person als Testamentsvollstrecker bestimmt, deren Entscheidungen Sie dann unterworfen sind und für deren Arbeit andernfalls vermeidbare Kosten entstehen.

Bedenken Sie auch: Gute Testamentsvollstrecker können die Probleme der Erbengemeinschaft vollständig beheben, da ihre Entscheidungen nicht von einem Einvernehmen der Erben abhängig sind. Sie müssen nur sachlich richtig sein.

Der Testamentsvollstrecker übernimmt vollständig oder zum Teil Aufgaben des oder der Erben. Nach den Vorgaben des Testaments erfüllt er oder sie zum Beispiel Pflichten des Erben, wickelt den Nachlass ab und/oder verwaltet ihn. Was manchmal für Verdruss und Unverständnis sorgt: Soweit angeordnet, verliert der Erbe die Herrschaft (Verfügungsmacht) über den Nachlass an den Testamentsvollstrecker. Denn nach deutschem Recht ist es möglich, dem Testamentsvollstrecker eine erhebliche Machtfülle über einen langen Zeitraum zulasten der Erben zu übertragen.

Testamentsvollstreckerzeugnis

Was der Erbschein für die Erben ist, erhalten Testamentsvollstrecker mit dem Testamentsvollstreckerzeugnis. Sie können damit gegenüber jedermann nachweisen, dass sie für die Verfügung und Verwaltung der Nachlassgegenstände zuständig sind, soweit das Zeugnis dies bescheinigt.

Für die Beantragung gelten dieselben Verfahrensschritte wie beim Erbschaftsantrag, siehe daher „Erbschein beantragen" ab S. 38. Den Antrag auf ein Testamentsvollstreckerzeugnis für Deutschland oder das EU-Ausland müssen Sie schriftlich mit einem gesetzlich vorgeschriebenen Inhalt stellen. Da Sie die Richtigkeit der Angaben in der Regel vor Gericht oder vor einem Notar an Eides statt versichern müssen, läuft es stets auf einen Antrag über einen Notar oder das Nachlassgericht hinaus, die sich auch um den Inhalt des Antrags kümmern. Die Kosten für den Antrag werden aus dem Nachlass bezahlt (zur Höhe der Kosten siehe „Kosten und Gebühren" ab S. 184).

Doch wann braucht ein Testamentsvollstrecker den offiziellen Nachweis seines Amtes? Immer nur dann, wenn Dritte ihn sehen wollen oder müssen. Nicht immer ist ein Testamentsvollstreckerzeugnis also zwingend erforderlich. Denn in der Praxis haben sich verschiedene Verfahren etabliert, um unabhängig vom Nachlassverfahren und ohne die Kosten des Testamentsvollstreckerzeugnisses einen Nachweis zu erlangen. Gängig ist, dass das Nachlassgericht auf Antrag kostenfrei eine Bestätigung des Empfangs der Annahmeerklärung des Amtes erteilt. Zusammen mit einer letztwilligen Verfügung und der Eröffnungsniederschrift (siehe dazu „Annehmen oder ausschlagen?" ab S. 44) lässt sich das Amt des Testamentsvollstreckers damit im Alltag ausüben. In kritischen Fällen werden Dritte

Gut zu wissen

Testamentsvollstreckung gibt es in mehreren Varianten. Bei der Abwicklungsvollstreckung ist der Testamentsvollstrecker, wie es der Begriff schon andeutet, mit der Abwicklung des Nachlasses betraut. Er oder sie kümmert sich also um die Bestandsaufnahme, das Begleichen von Nachlassverbindlichkeiten, das Erfüllen von Vermächtnissen und um die Aufteilung unter den Erben. Das sind alles Aufgaben, die ansonsten die Erben selbst zu erledigen hätten.
Eine andere Variante ist die Dauervollstreckung, oder auch Verwaltungsvollstreckung genannt. Sie lässt sich auf 30 Jahre anordnen, gegebenenfalls sogar bis zum Tod des Erben oder Vermächtnisnehmers, wenn zum Beispiel der Nachlass für ein Kind mit Handicap verwaltet werden soll.

aber auf dem Testamentsvollstreckerzeugnis bestehen. Gegenüber dem Grundbuchamt genügt – wie sonst auch – nur der Nachweis durch öffentliche Urkunden. Beim Testamentsvollstreckerzeugnis handelt es sich um eine solche. Eine Verfügung von Todes wegen, die in einer öffentlichen Urkunde enthalten ist, also ein notarielles Testament oder ein Erbvertrag, reicht für sich allein nicht aus, kann aber gemeinsam mit einem Annahmezeugnis des Nachlassgerichts beim Grundbuchamt als Alternative zum Testamentsvollstreckerzeugnis genutzt werden. Das Annahmezeugnis ist allerdings kostenpflichtig.

Die Vergütung

Der Job eines Testamentsvollstreckers kann mit einer Menge Arbeit verbunden sein, daher muss man ihn nicht umsonst übernehmen, sondern kann eine angemessene Vergütung verlangen, sofern nicht der Erblasser etwas anderes bestimmt hat (siehe § 2221 BGB). Das Recht auf Vergütung ist also die Regel, die unentgeltliche Testamentsvollstreckung die Ausnahme. Nicht professionell verfasste Testamente bedürfen in dieser Frage allerdings oft der Auslegung – und sorgen damit für Zündstoff. Wenn etwa der Testamentsvollstrecker zugleich Erbe und/oder Vermächtnisnehmer ist, kann dies im Einzelfall bedeuten, dass er bereits durch diesen Erwerb ausreichend vergütet wird und nicht unbedingt gesondert entlohnt werden muss. Oft ist diese Person sogar für das Amt dankbar, da es ihr die Abwicklung des Erbes erheblich erleichtert.

Alternativ kann auch eine externe, besonders sachkundige Person, zum Beispiel eine spezialisierte Rechtsanwältin, zur Testamentsvollstreckerin bestellt worden sein. In diesem Fall muss die Vergütungsfrage klar geregelt sein. Hier gibt es verschiedene Modelle, zum Beispiel Vergütungstabellen oder auch die Vergütung nach Stundensätzen.

Erblasser können in ihrer letztwilligen Verfügung auch konkret festgelegt haben, welche Vergütung (Höhe, Zahlungszeitpunkte) Testamentsvollstrecker verlangen können. Dann steht ihnen diese auch zu. Fehlt eine solche Festlegung, kann es zu Streitigkeiten kommen, welche Vergütung angemessen ist. Einfach selbst darüber bestimmen, wie hoch ihre Vergütung ausfällt, dürfen Testamentsvollstrecker nicht.

Wenn die Höhe der Vergütung nicht feststeht und keine Einigung mit den Erben erzielt werden kann, muss der Streit darüber vor Gericht entschieden werden. Wohl dem also, dessen Erblasser diese Frage der Vergütung klar und eindeutig und in Absprache mit dem auserkorenen Testamentsvollstrecker in seinem letzten Willen geregelt hat.

Rechte und Pflichten

Welche Rechte und Pflichten Testamentsvollstrecker haben, hängt insbesondere von der Art der Testamentsvollstreckung ab (Abwicklungs- oder Dauertestamentsvollstreckung, siehe „Gut zu wissen", links). Bekanntlich sollen Testamentsvollstrecker die letztwilligen Verfügungen der verstorbenen Person in die Realität umsetzen. Dabei müssen sie den Nachlass ordnungsgemäß verwalten und ihr Amt gewissenhaft ausführen. Dazu zählt auch, dass sie das in ihrer Verfügungsmacht befindliche Vermögen möglichst erhalten und auch vermehren sollten. Hier die wichtigsten Aufgaben und Befugnisse im Überblick:

Nachlassverzeichnis aufstellen

Testamentsvollstrecker übernehmen die Verfügungsgewalt über den gesamten Nachlass, es sei denn, ihre Aufgabe beschränkt sich nur auf Teile des Nachlasses. Sie werden damit aber nicht zu Eigentümern, denn das sind und bleiben die Erben. Testamentsvollstrecker sind verpflichtet, unverzüglich nach ihrer Amtsannahme ein Verzeichnis der ihrer Verwaltung unterliegenden Nachlassgegenstände und der bekannten Nachlassverbindlichkeiten aufzustellen und mitzuteilen. Gegebenenfalls müssen sie die Erben bei der Aufnahme des Inventars unterstützen. Testamentsvollstrecker dürfen verlangen, dass sie bei der Aufnahme des Verzeichnisses hinzugezogen werden.

In puncto Nachlassverzeichnis nehmen Testamentsvollstrecker dem Erben oder der Erbin also Arbeit ab, die sie sonst selbst übernehmen müssten. Das Verzeichnis ist zu datieren und zu unterschreiben.

Gegenstände verteilen

Testamentsvollstrecker sind verpflichtet, zunächst etwaige Nachlassverbindlichkeiten zu erfüllen. Danach besteht ihre Hauptaufgabe darin, den Nachlass nach den Wünschen der verstorbenen Person auseinanderzusetzen, sprich unter Vermächtnisnehmern und Erben zu verteilen. Dinge, die sie für ihre Tätigkeit nicht mehr brauchen, haben sie den Erben rasch herauszugeben.

Im Einvernehmen mit den Erben dürfen sie hier auf jede Förmlichkeit verzichten. So können Testamentsvollstrecker und Erben gemeinsam die Wohnung des Erblassers im erforderlichen Umfang räumen, seine Sachen unter den Erben verteilen oder entsorgen. Nur soweit es erforderlich ist, übernehmen Testamentsvollstrecker Gegenstände in ihre vorläufige Obhut, etwa weil ein Vermächtnis zu erfüllen ist. Sie dürfen auch Nachlassgegenstände verkaufen und unter Umständen sogar Kredite aufnehmen, sofern das für eine ordnungsgemäße und sinnvolle Verwaltung erforderlich ist.

Wichtig: Gibt es Streit unter den Erben und ist umstritten, wer welche Ansprüche gegen den Nachlass hat, steht es Testamentsvollstreckern nicht zu, den Konflikt zu entscheiden. Das müssen die potenziellen Erben untereinander entweder in einem streitigen Erbscheinverfahren oder durch Klage vor dem Prozessgericht klären.

Pflichtteilsansprüche erfüllen

Da auch der Pflichtteil ein Anspruch gegen den oder die Erben ist, müssen Testamentsvollstrecker berechtigte Pflichtteilsansprüche erfüllen. Ist der Pflichtteilsanspruch jedoch streitig, kann ihn die Person, die den Anspruch stellt, nur über ein Gerichtsverfahren durchsetzen, und zwar gegen die Erben, nicht gegen den Testamentsvollstrecker.

Keine Geschäfte mit sich selbst

Abgesehen von Anstandsgeschenken (wie zu Geburtstagen, Hochzeiten oder Jubiläen) dürfen Testamentsvollstrecker nichts einfach so aus dem Nachlass verschenken. Dafür bräuchten sie die Zustimmung aller Erben. Auch Verkäufe von Nachlassgegenständen weit unter Wert können womöglich als nicht erlaubte Schenkung gewertet werden. Rechtsgeschäfte mit sich selbst, etwa wenn der Testamentsvollstrecker aus dem Nachlass ein wertvolles Auto erwirbt, sind unwirksam, es sei denn, sie sind vom Erblasser ausdrücklich erlaubt worden.

Steuerliche Pflichten

Steuererklärungen abzugeben gehört nicht zu den Lieblingsbeschäftigungen im Leben. Haben Sie als Erbe einen Testamentsvollstrecker an die Seite gestellt bekommen, dann können Sie sich zunächst bequem zurücklehnen. Denn Testamentsvollstrecker müssen verschiedene, wenn auch nicht alle steuerlichen Pflichten erfüllen. So müssen sie die vor dem Erbfall entstandenen Steuern (in der Regel die Einkommenssteuerschuld) begleichen und daher die dafür erforderlichen Steuererklärungen abgeben.

Wenn sie erkennen, dass die verstorbene Person früher unvollständige oder womöglich unrichtige Steuererklärungen abgegeben hatte, müssen sie diese unverzüglich berichtigen – zum Beispiel dann, wenn im Nachlass ein bislang allseits unbekanntes Konto in der Schweiz oder in einer Steueroase in Übersee auftaucht, dessen Kapitaleinkünfte der Verstorbene bisher in seinen Steuererklärungen „vergessen" hatte.

→ Steuern nach dem Erbfall

Die **nach** dem Erbfall entstandenen Steuern sind Sache der Erben. Allerdings müssen Testamentsvollstrecker ihnen die für die Steuererklärung nötigen Informationen und die zur Steuerzahlung erforderlichen Gelder aus dem Nachlass zur Verfügung stellen.

Testamentsvollstrecker wiederum sind verpflichtet, die Erbschaftssteuererklärung abzugeben (§ 31 Abs. 5 ErbStG). Sie sollten sie allerdings von den Erben mit unterschreiben lassen, da das Finanzamt dies verlangen kann. Im Anschluss erhalten sie den Erbschaftssteuerbescheid zugestellt und sind dafür verantwortlich, die Steuer aus dem Nachlass zu zahlen. Bei vorsätzlicher oder grob fahrlässiger Verletzung der damit verbundenen Pflichten haften Testamentsvollstrecker neben den Erben persönlich.

Rechenschaft ablegen

Tun und lassen, was sie möchten, dürfen Testamentsvollstrecker nicht, denn sie sind den Erben zur Rechenschaft verpflichtet: Wie Beauftragte haben sie den Erben Rechnung zu legen, bei längerer Dauer der Testamentsvollstreckung sind sie dazu jährlich verpflichtet. Insbesondere müssen sie eine Aufstellung aller Einnahmen und Ausgaben des Nachlasses mit Datumsangabe vorlegen. Kommen Testamentsvollstrecker ihren Verpflichtungen schuldhaft nicht nach, müssen sie den Erben und gegebenenfalls Vermächtnisnehmern einen hieraus entstehenden Schaden ersetzen.

Wenn ein wichtiger Grund vorliegt, insbesondere eine grobe Pflichtverletzung oder Unfähigkeit zur ordnungsmäßigen Geschäftsführung, können die Beteiligten beim Nachlassgericht den Antrag stellen, den Testamentsvollstrecker zu entlassen.

Ende der Testamentsvollstreckung

Hier gilt es zu unterscheiden: Das Amt des Testamentsvollstreckers, nicht aber die Testamentsvollstreckung als solche, erlischt, wenn der Testamentsvollstrecker stirbt oder zum Beispiel selbst geschäftsunfähig wird oder wenn er kündigt oder vom Nachlassgericht entlassen wird.

Die Testamentsvollstreckung hingegen endet, falls sie der Erblasser bedingt oder befristet hat, von selbst mit Ablauf der Frist oder Eintritt der Bedingung (zum Beispiel: Die Erbin hat ihre Ausbildung abgeschlossen). Eine Dauervollstreckung endet nach 30 Jahren (siehe § 2210 BGB). Ansonsten endet sie, wenn alle Aufgaben vollständig erledigt sind, oder zuvor, wenn der Nachlass erschöpft ist. Das Ende tritt zwar auch ohne Erklärung des Testamentsvollstreckers ein. Trotzdem ist er oder sie verpflichtet, eine Erklärung abzugeben, und muss das Testamentsvollstreckerzeugnis zurückgeben.

Die wichtigsten Steuerregeln

Als Erbin oder Erbe haben Sie zwar wenig Gestaltungsspielraum, um Erbschaftssteuer zu vermeiden. Doch es gibt ein paar wichtige Regeln, die Sie kennen sollten, um nicht aus Versehen doch steuerpflichtig zu werden.

→ **Anders als in Österreich,** wo für Erbfälle seit August 2008 keine Erbschaftssteuer mehr anfällt, interessiert sich der deutsche Fiskus für Vermögensübertragungen bei Erbfällen. In diesem Kapitel erfahren Sie alles Wichtige zu den derzeit geltenden Steuerregeln beim Vererben für Privatpersonen. Ein besonderer Schwerpunkt liegt auf der Frage, was Erben beachten müssen, damit der Übertrag des Familienheims steuerfrei möglich ist.

Ist eine Übertragung von Immobilien steuerpflichtig, stellt sich die Frage, wie sie bewertet werden. Auch diese Regeln finden Sie hier erklärt. Und zu guter Letzt erläutern wir, was Sie tun können, wenn Sie eine Immobilie erben, auf die Sie Steuern zahlen müssen, aber nicht genügend Geld dafür flüssig haben. Behalten Sie bitte im Hinterkopf, dass sich durch Gerichtsurteile, aber auch durch Gesetzesänderungen die Regeln künftig ändern können. Daher sind Sie gut beraten, sich im konkreten Erbfall aktuell zu informieren, wie die Rechtslage aussieht. Das gilt besonders, wenn Betriebsvermögen zum Nachlass gehört.

Finanzamt interessiert sich für Sterbefälle

Das Finanzamt will nicht in jedem Fall eine Erbschaftssteuererklärung eingereicht bekommen.

Fakt ist, dass ein Erbfall grundsätzlich erst einmal das Finanzamt auf den Plan ruft. So ist nach § 30 Erbschaft- und Schenkungsteuergesetz innerhalb von drei Monaten nach Kenntnis vom Anfall der Erbschaft jeder steuerpflichtige Erwerb von Todes wegen dem zuständigen Finanzamt formlos bekannt zu geben. Bei Erbengemeinschaften ist jedes Mitglied einzeln zur Meldung verpflichtet. Ein besonderes Formular dafür gibt es nicht.

Doch was genau versteht man unter „steuerpflichtigem Erwerb"? Damit ist nicht jede kleine Erbschaft gemeint, sondern solche, die jenseits der Freibeträge liegen, wie wir ab S. 134 näher beleuchten werden.

Es gibt allerdings eine Ausnahme und eine Einschränkung zu berücksichtigen. Sie müssen das Finanzamt ausnahmsweise dann nicht informieren, wenn der Erwerb auf einer Verfügung von Todes wegen beruht, die von einem deutschen Gericht, einem deutschen Notar oder einem deutschen Konsul eröffnet wurde und sich aus der Verfügung das Verhältnis des Erwerbers zum Erblasser unzweifelhaft ergibt. Gehören allerdings Grund- und Betriebsvermögen oder Auslandsvermögen zum Erbe, müssen Sie dennoch das Amt informieren.

Das bedeutet aber nicht, dass Sie zwingend auch eine Erbschaftssteuererklärung abgeben müssen. Sie ist nur dann erforderlich, wenn das Finanzamt die Erklärung verlangt. Ist der Behörde nach Prüfung der eingereichten Unterlagen klar, dass die Erbschaft ohnehin unterhalb der Freibeträge bleibt, wird sie keine Steuererklärung verlangen. Falls doch, dann bestimmt das Finanzamt eine Abgabefrist, die mindestens einen Monat betragen muss (§ 31 ErbStG). Abgabepflichtig ist jeder Erbe; sofern Testamentsvollstreckung angeordnet wurde, muss sich der Testamentsvollstrecker um die Erbschaftssteuererklärung kümmern.

Prinzipiell sind die gesetzlichen Regelungen für Erbschafts- und Schenkungssteuer weitgehend deckungsgleich. Der Staat erachtet Schenkungen nämlich als vorgezogenen Erbfall. Einen wichtigen Unterschied gibt es allerdings: Bei Erbschaften gelten die Steuerfreibeträge (siehe Tabelle S. 136), bis zu denen keine Steuern anfallen, genau einmal pro Person, die etwas erbt. Bei Schenkungen erhalten die Beschenkten dagegen alle zehn

Jahre einen neuen Anspruch auf die Freibeträge. Erst wenn der Wert des verschenkten oder ererbten Vermögens die Freibeträge überschreitet, sind überhaupt Steuern fällig – und zwar auf den Wert, der den Freibetrag übersteigt.

Wie hoch die Steuerbelastung ausfällt, richtet sich nach zwei Dimensionen: dem Verwandtschaftsgrad sowie dem Wert des Erbes. Es gilt: Je enger das Verwandtschaftsverhältnis zum Erblasser, desto höher fällt der Freibetrag aus und desto niedriger ist der Steuersatz, zu dem Vermögen jenseits der Freibeträge zu versteuern ist.

Von zentraler Bedeutung ist der Familienstand: Ehegatten kommen in den Genuss von hohen Freibeträgen. Hinterbliebene Lebensgefährten hingegen, die mit der verstorbenen Person weder verheiratet waren noch in einer eingetragenen Lebenspartnerschaft zusammenlebten, behandelt der Fiskus steuerlich wie fremde Dritte – ein gravierender Nachteil.

Wichtig: Das selbst genutzte Familienheim ist steuerlich privilegiert. Im Erbfall greifen für Ehegatten, aber auch erbende Abkömmlinge Verschonungsregeln. Das hat den Vorteil, dass der allgemeine Erbschaftssteuerfreibetrag nicht für Übertragungen des Familienheims aufgezehrt wird, sondern für andere Vermögensübertragungen zur Verfügung steht. Mehr Details zum Familienheim gleich ab S. 138.

→ Drei Monate Zeit

Ob Erbe, Vermächtnis oder Pflichtteil: Wer etwas bekommt, hat drei Monate ab dem Todestag Zeit, das übertragene Vermögen dem Finanzamt zu melden. In vielen Fällen ist der Fiskus schon informiert, bei Erbfällen zum Beispiel über das Standesamt. Auch Banken, Bausparkassen, Fondsgesellschaften, Amtsgerichte und Notare müssen den Fiskus über Erbschaften in Kenntnis setzen. So müssen zum Beispiel Gerichte und Notare über Beurkundungen oder Anordnungen informieren, die für die Festsetzung der Erbschaftssteuer von Bedeutung sein können.

Steuersätze und Freibeträge

Neben dem allgemeinen Erbschaftssteuerfreibetrag stehen Erbinnen und Erben weitere Freibeträge zu. Auch hier gibt es große Unterschiede je nach Verwandtschaftsgrad.

Je nach der familiären Nähe zur verstorbenen Person stehen den Erben jeweils unterschiedliche Freibeträge zu (siehe Tabelle auf S. 136). Am höchsten fallen sie in Steuerklasse I aus: Bei Ehegatten beträgt der Freibetrag 500 000 Euro, bei Kindern sowie bei Kindern verstorbener Kinder sind es 400 000 Euro; ihnen steht außerdem im Erbfall jeweils ein Versorgungsfreibetrag zu, der sich allerdings um den Kapitalwert von Rentenleistungen wie etwa einer Witwenrente verringert, eventuell sogar bis auf null. Bei Enkeln beträgt der allgemeine Freibetrag immerhin 200 000 Euro, bei Urenkeln noch 100 000 Euro. Diese Werte gelten pro Elternteil und pro Kind/Enkel/Urenkel. Für andere Personen gibt es nur 20 000 Euro Freibetrag – auch für die langjährige Lebensgefährtin.

Die Steuersätze hängen von der jeweiligen Steuerklasse und von der Höhe der steuerpflichtigen übertragenen Werte ab. Sie liegen zwischen 7 und 50 Prozent des Wertes der Übertragung. Je nach Verwandtschaftsverhältnis werden die Erben in drei Steuerklassen eingeteilt.

Aufgrund des Stufentarifs beim Wert des Erbes kann Folgendes passieren: Sobald eine Stufe nur knapp überschritten wird – zum Beispiel mit 76 000 Euro die Stufe bei 75 000 Euro –, kann dies zu einem sprunghaften Anstieg der Steuerbelastung führen. In Steuerklasse I etwa steigt sie von 7 Prozent auf 11 Prozent. Denn sobald eine höhere Stufe erreicht wird, gilt dieser Steuersatz für den gesamten Erwerbswert und nicht nur für den Teil, der die untere Stufe übersteigt. Gut zu wissen: Es gibt für diese Fälle eine Ausgleichsregelung. Für den Fall, dass eine Stufe nur knapp überschritten wird, sorgt sie dafür, dass der Erbe oder die Erbin auch nach Zahlung der Steuer noch etwas mehr übrig behält, als wäre er oder sie unter dem Schwellenwert geblieben.

Versorgungs- und sonstige Freibeträge

Was viele nicht auf dem Radar haben: Ehegatten und Kindern sowie Kindern verstorbener Kinder steht im Erbfall zusätzlich zum allgemeinen Freibetrag auch ein Versorgungsfreibetrag zu. Er beläuft sich bei Ehegatten auf 256 000 Euro, bei Kindern auf 10 300 bis 52 000 Euro, je nach Alter des Kindes beim Todesfall. Andere Hinterbliebene haben diesen Anspruch nicht.

Es kann allerdings zu Kürzungen dieses Freibetrags kommen: und zwar dann, wenn der Ehepartner nach dem Tod des oder der Verstorbenen Versorgungsbezüge bezieht, die nicht der Erbschaftssteuer unterliegen. Dazu zählt eine Hinterbliebenenrente. Wie hoch die Kürzung ausfällt, richtet sich nach dem Kapitalwert der Bezüge, der nach § 14 des Bewertungsgesetzes ermittelt wird.

Um die Kürzung auszurechnen, benötigen Sie zunächst die Höhe der Hinterbliebenenversorgung, die Sie pro Jahr erhalten. Diesen Wert multiplizieren Sie mit einem Vervielfältiger, den das Bundesfinanzministerium veröffentlicht (Tabelle zu § 14, Abs. 1 Bewertungsgesetz – wenn Sie diesen Begriff in eine Internet-Suchmaschine eingeben, werden Sie gleich fündig). Es ergibt sich ein Kapitalbetrag, um den Sie dann den Versorgungsfreibetrag gekürzt bekommen.

→ Beispiel

Christa ist beim Tod ihrer Partnerin 55 Jahre alt; ihre Hinterbliebenenversorgung beträgt 9600 Euro pro Jahr, der Vervielfältiger beläuft sich auf 14,903 nach der für 2023 geltenden Tabelle. Damit ergibt sich ein Kapitalwert von 143069 Euro, der auf den Versorgungsfreibetrag von 256000 Euro anzurechnen ist. Davon verbleiben also 112931 Euro. Er kann vom Wert des Nachlasses abgezogen werden – und hilft, Erbschaftssteuer zu sparen.

Neben dem Versorgungsfreibetrag, den es nur für Ehegatten und Kinder sowie Kinder verstorbener Kinder gibt, gibt es außerdem den Freibetrag für Hausrat für alle Erben. Er beträgt für Erben in Steuerklasse I 41000 Euro. Hinzu kommt ein weiterer Freibetrag von 12000 Euro für andere Güter wie Autos oder Boote. Erben der Steuerklassen II und III erhalten für Hausrat und andere bewegliche Güter einen zusammengefassten Freibetrag in Höhe von 12000 Euro.

Steuerfreier Zugewinnausgleich

Was viele nicht wissen: Lebten Eheleute im Güterstand der Zugewinngemeinschaft, bestehen beim Tod eines Partners Zugewinnausgleichsansprüche, die nicht steuerpflichtig sind. Im Erbfall erhält damit der überlebende Partner einen zusätzlichen Freibetrag in Höhe des Zugewinnausgleichs in Höhe von einem Viertel der Erbschaft – zusätzlich zum persönlichen Freibetrag und dem Versorgungsfreibetrag. Das kann helfen, Erbschaftssteuern zu sparen. Diesen besonderen Freibetrag muss der Erbe angeben und gesondert berechnen. Das Finanzamt berücksichtigt dabei den Kaufkraftschwund des Anfangsvermögens.

Anrechnung von Schenkungen

Stirbt jemand, der vorher an den Erben oder die Erbin Vermögen verschenkt hatte, werden für die Berechnung der Erbschaftssteuer die anfallende Erbschaft und sämtliche Schenkungen der letzten zehn Jahre zusam-

Freibeträge für Erbschaften und Schenkungen

Verwandtschaftsverhältnis	Allgemeiner Freibetrag (Euro)	Versorgungsfreibetrag [1] (Euro)	Freibetrag für Hausrat (Euro)	Freibetrag für andere Güter [2] (Euro)
Steuerklasse I				
Ehegatten, eingetragene Lebenspartner	500 000	256 000	41 000	12 000
Kinder, Stiefkinder, Adoptivkinder, Kinder verstorbener Kinder	400 000	10 300 – 52 000 [3]	41 000	12 000
Andere Enkel und Stiefenkel	200 000	0	41 000	12 000
Urenkel	100 000	0	41 000	12 000
Eltern, Groß- und Urgroßeltern [4]	100 000	0	41 000	12 000
Steuerklasse II				
Geschwister, Nichten und Neffen, Schwiegerkinder und -eltern, Stiefeltern, geschiedene Ehegatten, Partner einer aufgehobenen Lebenspartnerschaft	20 000	0	12 000 [5]	
Steuerklasse III				
Onkel, Tanten, Lebensgefährten, Nachbarn, Freunde und andere	20 000	0	12 000 [5]	

1) Gilt nur für Erbschaften, allerdings mindert sich der Versorgungsfreibetrag um den Kapitalwert von Hinterbliebenenrenten.
2) Zum Beispiel für Autos, Wohnmobile oder Boote; nicht etwa für Goldbarren, Münzen, Briefmarken.
3) Kinder bis 5 Jahre 52 000 Euro, bis 10 Jahre 41 000 Euro, bis 15 Jahre 30 700 Euro, bis 20 Jahre 20 500 Euro, bis 27 Jahre 10 300 Euro.
4) Nur bei Erbschaften Steuerklasse I, bei Schenkungen Steuerklasse II mit den dort geltenden Freibeträgen.
5) Zusammengefasster Freibetrag für Hausrat, Wäsche, Bekleidung und andere bewegliche Güter.

Steuersätze

Ehe- und eingetragene Lebenspartner sowie Kinder zahlen in Steuerklasse I maximal 30 Prozent, Geschwister in Klasse II bis 43 Prozent, Unverheiratete in Klasse III bis 50 Prozent Steuern.

Steuerpflichtiges Erbe oder Geschenk bis … Euro	Steuern in Prozent bei Steuerklasse		
	I	II	III
75 000	7	15	30
300 000	11	20	30
600 000	15	25	30
6 000 000	19	30	30
13 000 000	23	35	50
26 000 000	27	40	50
über 26 000 000	30	43	50

mengerechnet und dann einmal der allgemeine Freibetrag abgezogen. In der Steuererklärung fragt das Finanzamt ausdrücklich nach solchen Vorschenkungen.

Die Steuer wird dann nach dem sogenannten Gesamterwerb neu berechnet. Haben Sie also vor dem Erbfall innerhalb dieser Zehnjahresfrist schon eine Schenkung erhalten und damals schon ihren Freibetrag komplett genutzt, ist dieser bereits aufgebraucht. Eine Abschmelzung gibt es hier (anders als bei der zivilrechtlichen Berechnung der Pflichtteilsergänzungsansprüche, siehe S. 108) nicht, es wird alles zusammengerechnet, was in den zehn Jahren insgesamt übertragen wurde. Wie das konkret läuft, zeigt das folgende Beispiel:

→ Beispiel

Heiner hatte seiner Frau Anke 2015 ein Wertpapierdepot im Wert von 700 000 Euro geschenkt und verstirbt 2023. Anke erbt nun 800 000 Euro an Barvermögen. Es gilt Gütertrennung, und der Versorgungsfreibetrag ist bereits verbraucht. Bei der Schenkung hatte Anke nach Abzug des Freibetrags 200 000 Euro zu 11 Prozent versteuert. Sie hatte daher 22 000 Euro Schenkungssteuer gezahlt. Da sie nach Heiners Tod weitere 800 000 Euro innerhalb der Zehnjahresfrist erbt, rechnet das Finanzamt die Erwerbe zusammen und kalkuliert neu: Anke hat 1,5 Millionen Euro bekommen, abzüglich des Freibetrags von 500 000 Euro verbleibt eine Million. Die ist in Steuerklasse I zu 19 Prozent zu versteuern, macht also 190 000 Euro an Steuern. Da sie 22 000 Euro bei der Schenkung gezahlt hat, muss sie noch 168 000 Euro überweisen.

Wichtig: Übersteigt die Steuer für die Schenkungen die Steuer für den Gesamterwerb, wird die „zu viel" gezahlte Steuer nicht erstattet. Das soll verhindern, dass der Fiskus im Erbfall die früher kassierte Steuer teilweise wieder auszahlen muss.

So bleibt das Familienheim steuerfrei

Unabhängig von ihrem Steuerfreibetrag können Ehe- und eingetragene Lebenspartner, aber auch Kinder zusätzlich die Familienimmobilie steuerfrei erben. Hierfür gelten strenge Regeln.

Zehn Jahre, keinesfalls weniger – so lange müssen überlebende Ehe- oder eingetragene Lebenspartner mindestens in der ererbten Immobilie wohnen bleiben, um das Steuerprivileg für das Familienheim im Erbfall genießen zu können. Die Immobilie muss den Mittelpunkt des familiären Lebens der verstorbenen Person dargestellt haben und von ihr und ihrem Ehegatten zu eigenen Wohnzwecken genutzt worden sein; daher kann es sich dabei nicht um eine gelegentlich genutzte Ferien- oder Pendlerwohnung handeln.

Sind die Vorgaben erfüllt, bleibt das Familienheim zusätzlich zu den bekannten Freibeträgen (siehe Tabelle auf S. 136) komplett steuerfrei – völlig unabhängig davon, ob es sich dabei um eine kleine Zweizimmerwohnung auf dem Land oder um eine Millionenvilla in einer süddeutschen Großstadt handelt.

Doch das Finanzamt schaut genau hin: Die Immobilie darf in dieser Zeit weder verkauft, vermietet oder verpachtet werden, sondern muss selbst genutzt sein. Heiraten der Witwer oder die Witwe später erneut, muss das Haus Familienwohnsitz bleiben. Nur dann bleibt der überlebende Ehepartner komplett von der Erbschaftssteuer verschont.

Überdies muss der überlebende Ehegatte zivilrechtlich Eigentum an der Familienwohnung erwerben – und der Erblasser muss zuvor als Allein- oder Miteigentümer der Immobilie im Grundbuch eingetragen gewesen sein. Bekommt der überlebende Ehegatte dagegen testamentarisch nur ein dinglich gesichertes Wohnrecht zugesprochen, greift die Steuerbefreiung nicht (BFH-Urteil vom 3. Juni 2014 – II R 45/12). Auch wenn der Erbe zur Zeit des Erbfalls bereits selbst in einem Pflegeheim lebt, erwirbt er das Familienheim nicht von vornherein steuerfrei, da er es nicht selbst bewohnt.

Höhere Hürden für Kinder

Auch Kinder können das Familienheim steuerfrei erben, wenn sie anschließend mindestens zehn Jahre darin wohnen. Sie müssen unverzüglich – als angemessen gilt in der Regel eine Frist von sechs Monaten nach dem Erbfall – in die Immobilie einziehen (BFH, Az.: II R 37/16); die Anforderungen hieran sind streng. Sind die sechs Monate verstrichen, müssen Einzugswillige glaubhaft machen, zu welchem Zeitpunkt sie sich zur Selbstnutzung entschlossen haben, und gut begründen, warum der Einzug nicht früher möglich war. Das Urteil ist in Zeiten von Handwerkermangel und fehlenden Baustoffen bei energetischer Sanierung von großer Bedeutung.

Neben der Selbstnutzung greift noch eine zusätzliche Beschränkung: Steuerfrei ist für Kinder nur eine Wohnfläche bis zu 200 Quadratmetern. Jeder Quadratmeter, der darüber hinausgeht, ist steuerpflichtig, sofern die allgemeinen Freibeträge bereits ausgeschöpft wurden. Erben mehrere Kinder die Immobilie gemeinsam und nutzen sie diese dann auch gemeinsam, wird die steuerfreie Wohnfläche anteilig gemäß ihren Erbquoten aufgeteilt. Erben mehrere Kinder und nur eines zieht ein (und die Erben teilen den Nachlass nicht sinnvoll auf, das heißt, alle bleiben Miteigentümer auch der elterlichen Immobilie), zahlen sie zu viel Steuern – die Erben, die nicht selbst einziehen, bekommen die Befreiung mangels eigener Selbstnutzung gar nicht, das Kind, welches einzieht, bekommt die Befreiung auch nur anteilig nach seiner Erbquote.

Wann das Steuerprivileg verloren geht

Verkaufen Hinterbliebene die Immobilie vor Ablauf der zehn Jahre, vermieten sie oder nutzen sie als Zweitwohnsitz, geht der Steuervorteil rückwirkend verloren. Auch wenn Erben vorher ohne wichtigen Grund ausziehen, wird im Nachhinein noch Erbschaftssteuer fällig. Ausnahmen gelten zwar für Erben, die pflegebedürftig werden und ins Heim ziehen müssen, nicht aber, wenn man aus beruflichen Gründen wegziehen muss. Eine weitere Ausnahme greift für minderjährige Kinder, die eine Immobilie erben, aber aus rechtlichen Gründen noch keinen eigenen Haushalt führen können.

Man kann die Steuerbefreiung auch rückwirkend verlieren, wenn man als Erbin oder Erbe die Immobilie eine Weile selbst

---

Echte Zweit- und Ferienwohnungen stehen nicht im Mittelpunkt des familiären Lebens und lassen sich daher grundsätzlich nicht erbschaftssteuerfrei wie ein Familienheim übertragen (BFH-Urteil vom 18. Juli 2013, Az.: II R 35/11). Im Schenkungs- oder Erbfall von Zweitwohnungen zwischen Eheleuten greift dann nur der Freibetrag von bis zu 500 000 Euro, der alle zehn Jahre in Anspruch genommen werden kann.

bewohnt, dann binnen der zehnjährigen Nutzungsfrist auf die eigenen Kinder weiter überträgt und sich ein Nießbrauchrecht an der Immobilie vorbehält. Trotz dieser sogenannten fortgesetzten Selbstnutzung versagen die Finanzgerichte den Steuervorteil, weil die Eigentümerstellung nicht mehr erfüllt ist (BFH vom 11.7.2019 II R 38/16).

Die Erbschaftssteuerämter kontrollieren später die erteilten Steuerbescheide noch einmal dahingehend, ob die Befreiungsbedingungen eingehalten wurden. Außerdem sind die Steuerzahler auch selbst anzeigepflichtig, wenn sich die von ihnen erklärten Verhältnisse ändern. Eine Absprache der Finanzämter mit den Meldebehörden gibt es nicht.

Privileg gilt nur für ein Grundstück

Die Steuerbefreiung für das Familienheim gilt nur für das Grundstück, auf dem die Immobilie steht – sie gilt nicht für ein zweites, direkt angrenzendes Flurstück, das im Grundbuch auf verschiedenen Blättern eingetragen ist und das zum Beispiel als Garten genutzt wird. Obwohl beide Flurstücke äußerlich eine Einheit darstellten, gewährte das Finanzamt nur für das mit der Immobilie bebaute Grundstück die Befreiung von der Erbschaftssteuer (BFH, Az.: II R 29/19).

Vorsicht Spekulationssteuer

Beim späteren Verkauf von ererbten Immobilien ist unter Umständen Einkommenssteuer zu zahlen: Denn grundsätzlich sind Gewinne aus dem Verkauf von Immobilien innerhalb der Spekulationsfrist von zehn Jahren steuerpflichtig, sofern es sich um vermietete Objekte handelt. Maßgeblich für die Fristberechnung sind die ursprünglichen notariellen Kaufverträge des Erblassers, nicht der tatsächliche Übergang des Eigentums (Grundbucheintrag etc.).

→ Keine Frist bei Selbstnutzung

Keine Spekulationsfrist greift bei gewinnbringenden Verkäufen von Immobilien, in denen man selbst lebt oder die man mindestens im Verkaufsjahr und den beiden Kalenderjahren davor selbst genutzt hat.

Der Bundesfinanzhof (BFH, Az.: IX R 37/16) hat festgestellt, dass diese steuerlichen Privilegien auch für selbst genutzte Zweitwohnsitze wie Ferienwohnungen gelten.

Wenn Sie also eine Ferienwohnung erben, heißt das: Selbst wenn die Zweitwohnung beispielsweise an der Nordsee nur für wenige Wochen im Jahr bewohnt wird, sie dem Eigentümer allerdings auch in der anderen Zeit des Jahres als Wohnraum zur Verfügung steht, also nicht fremdvermietet wird, geht der Gesetzgeber von Eigennutzung aus.

Das bedeutet, dass der Eigentümer neben seiner selbst genutzten Immobilie an seinem Wohnort auch die Ferienwohnung steuerfrei ohne Beachtung einer Spekulationsfrist verkaufen kann.

Auf den Wert des Erbes kommt es an

Wenn das Finanzamt prüft, ob Erbschaftssteuer anfällt, ermittelt es zunächst den Wert des Nachlasses. Doch wie werden die Werte eigentlich ermittelt?

Vom Wert des Nachlasses oder der Schenkung zieht das Finanzamt neben den Freibeträgen auch die Verbindlichkeiten ab, die damit zusammenhängen – das können zum Beispiel offene Rechnungen für Handwerker oder Steuerschulden sein. Als Bemessungsgrundlage für die Erbschafts- oder Schenkungssteuer wird also die „Bereicherung" abzüglich des jeweiligen Freibetrags genommen.

Die Steuer wird auf die Werte erhoben, die den Erben aus dem Nachlass tatsächlich geblieben sind. Der Stichtag für die Bewertung ist der Zeitpunkt des Erwerbs. Doch wann genau ist der Zeitpunkt des Erwerbs? Näheres können Sie der Tabelle „Was wann steuerpflichtig ist" auf S. 142 entnehmen.

Wer aufgrund von Testament oder gesetzlicher Erbfolge erbt, dessen Erbe ist zum Todestag des Erblassers zu bewerten. Gleiches gilt für Werte, die man aufgrund von Vermächtnissen, Erbvertrag oder Schenkungen auf den Todesfall erhalten hat. Pflichtteilsansprüche dagegen werden erst bei Geltendmachung steuerpflichtig. Verzichtet man auf einen Pflichtteilsanspruch oder erhält dafür zum Beispiel eine Abfindung, ist der Termin der Verzichtserklärung von Bedeutung. Hat die verstorbene Person eine aufschiebende Bedingung angeordnet („Meine Patentochter soll zu ihrem 18. Geburtstag 50 000 Euro bekommen."), dann ist der Erwerb erst zu diesem Termin steuerpflichtig.

Keine Grunderwerbssteuer. Kleiner Trost: Erbt ein Familienmitglied ein Grundstück, fällt darauf nicht auch noch Grunderwerbssteuer an. Gleiches gilt, wenn Miterben ein zum Nachlass gehörendes Grundstück zum Zwecke der Teilung des Nachlasses erwerben. Näheres regelt § 3 Grunderwerbsteuergesetz.

Was wann erbschaftssteuerpflichtig ist

Erwerb von Todes wegen	Zeitpunkt des Erwerbs
Anfall der Erbschaft aufgrund gesetzlicher oder testamentarischer Erbfolge	Tod des Erblassers
Pflichtteilsanspruch	bei Geltendmachung
Vermächtnis	Tod des Erblassers
Erbvertrag	Tod des Erblassers
Schenkung auf den Todesfall	Tod des Erblassers
Auflage	Wenn der durch die Auflage Begünstigte die Leistung erhält
Abfindungen für den Verzicht auf Pflichtteilsanspruch, Vermächtnis, die Ausschlagung der Erbschaft und für die Nichtgeltendmachung von Erbenstellung und Erbrechten	Erklärung des Verzichts, der Ausschlagung oder des Zurückweichens

Um den Wert einer Erbschaft zu ermitteln, zählt das Finanzamt sämtliche Vermögensgegenstände, wie zum Beispiel Bargeld, Sparguthaben und den Wert von Immobilien zusammen. Bargeld-, Bank- und Sparguthaben gehen zum Beispiel mit dem Nominalwert in Euro am Todestag plus etwaige bis dahin aufgelaufene Zinsen in die Rechnung ein, börsennotierte Wertpapiere mit dem niedrigsten Kurswert des jeweiligen Tages; ausländische Aktien, die nicht in Deutschland gehandelt werden, werden mit dem entsprechenden Kurs an ihrer Heimatbörse angesetzt.

→ Besser nachprüfen

Zwar melden Banken die Wertpapierbestände am Todestag an das Nachlassfinanzamt. Sie setzen dabei aber nicht immer die niedrigsten Kurse an. Es ist ratsam, die Meldung zu überprüfen und diese gegebenenfalls mit der Angabe der niedrigsten Kurse zu korrigieren.

Wenn Sie keine Anhaltspunkte für die Bewertung von geerbten Vermögensgegenständen wie zum Beispiel Bildern, Kunstgegenständen, Antiquitäten oder Schmuck haben und es auch keine allgemeine Wertermittlung wie etwa bei potenziell wertvollen Autos (zum Beispiel Schwacke-Liste, siehe schwacke.de) gibt, müssen Sie die Bewertung einem oder einer Sachverständigen übertragen. Das kostet zwar Geld, aber die Kosten sind zumindest als Nachlassverbindlichkeit absetzbar.

Grundsätzlich wird bei allen Vermögensgegenständen der „gemeine Wert" zugrunde gelegt, das ist der Wert, der bei einer ordnungsgemäßen Veräußerung des Gegenstands zu erzielen ist, also der „Verkehrswert". Für steuerliche Bewertungsfragen greifen besondere Vorschriften im Erbschaftsteuergesetz in Verbindung mit dem Bewertungsgesetz (BewG).

Auch bei der Nachlassbewertung von Immobilien ist der Verkehrswert ausschlaggebend. Das stellt Erbinnen und Erben allerdings vor besondere Schwierigkeiten.

Denn anders als etwa bei Aktien oder anderen Wertpapieren, für die börsentäglich Kurse ermittelt werden, ist so etwas bei einer Immobilie nicht möglich. Zudem ist jede Immobilie einzigartig, daher bringt die Feststellung ihres Verkehrswerts besondere Herausforderungen mit sich.

Natürlich könnte man sie verkaufen – der Verkaufserlös wäre dann ein solcher Verkehrswert. Aber das ist ja oft gerade nicht gewollt. Wie bei der Bewertung von verschiedenen Arten von Immobilien vorgegangen wird, erfahren Sie auf den folgenden Seiten.

HÄTTEN SIE'S GEWUSST?

Ausgaben für die Regelung des Nachlasses, für die Testamentseröffnung und für Bestattungskosten bis zu 10 300 Euro dürfen Sie pauschal und ohne Nachweis als Nachlassverbindlichkeit absetzen. Ebenso lässt sich das Honorar des Steuerberaters geltend machen, der zur Erbschaft berät.

Außerdem muss das Finanzamt die Ausgaben für ein Sachverständigengutachten steuermindernd als Nachlassverbindlichkeit akzeptieren, (BFH, Az. II R 20/12), wenn Sie damit den **Verkehrswert** Ihres geerbten Grundstücks nachweisen, die Gutachterkosten also „in engem zeitlichen und sachlichen Zusammenhang mit dem Erwerb von Todes wegen anfallen", wie es im Leitsatz des Urteils heißt.

Sie können mit einem solchen Gutachten einen niedrigeren Wert ihrer ererbten Immobilie belegen.

So ermittelt das Finanzamt den Wert von Immobilien

Sind Sie mit dem vom Finanzamt ermittelten Wert nicht einverstanden, können Sie ein Gutachten erstellen lassen.

→ **Den Verkehrswert** ermittelt das Finanzamt nicht individuell, sondern nach gesetzlich festgelegten Verfahren nach vorgegebenen Schemata vom Schreibtisch aus. Es errechnet für steuerliche Zwecke den „Bedarfswert" (= Verkehrswert) und ist dabei an die Vorgaben des Bewertungsgesetzes gebunden. Wegen der schematischen Vorgehensweise unterliegen die ermittelten Bedarfswerte einer gewissen Ungenauigkeit. Die Art und Weise, wie das Finanzamt den Verkehrswert bei einer Erbschaft ermittelt, wird durchaus kritisch gesehen. Gleichartige Objekte werden gruppiert und mehr oder minder einheitlich bewertet. Dabei können der Bezug zum Bewertungsobjekt und die Nähe zum Markt fehlen. Das kann zur Folge haben, dass Immobilien zu hoch bewertet werden. Dass Finanzämter einen zu hohen Verkehrswert ermitteln, gilt aber nicht zwangsläufig und allerorts. Es hängt letztendlich vom Einzelfall ab.

Nach welchen Verfahren die Finanzämter den Wert einer Immobilie ermitteln, hängt laut Gesetz von der Grundstücksnutzung ab.

Es gibt drei Bewertungsverfahren:

1. **Vergleichswertverfahren für Ein- und Zweifamilienhäuser sowie für Eigentumswohnungen.** Dabei stützt sich die Finanzbehörde auf realisierte Kaufpreise vergleichbarer Objekte. Der Vergleich bezieht sich vor allem auf Grundstücksgröße, Baujahr, geografische Lage, Wohnfläche und Ausstattung und beruht auf den vom Gutachterausschuss der Stadt oder Gemeinde regelmäßig ermittelten Bodenrichtwerten und Kaufpreissammlungen. Dem Ausschuss werden alle in der jeweiligen Region notariell abgeschlossenen Grundstückskaufverträge gemeldet. Sie werden in die Kaufpreissammlung des Gremiums einbezogen.
2. **Ertragswertverfahren für Mietwohngrundstücke mit mehr als zwei Wohnungen.** Der Ertragswert setzt sich zusammen aus dem Bodenwert plus dem Rohertrag der Immobilie. Der Rohertrag wird anhand der Jahresmiete für abgeschlossene Mietverträge berechnet. Davon werden die Bewirtschaftungskosten abgezogen. Der Ertrag wird dann mit einem vom

Gesetzgeber definierten Vervielfältiger multipliziert, der vor allem von der Restnutzungsdauer, also vom Alter des Gebäudes abhängt.

3 **Sachwertverfahren.** Wenn keine Vergleichswerte und üblichen Mieten vorliegen, kommt das Sachwertverfahren ins Spiel. Es wird aus dem Bodenwert und dem Gebäudesachwert gebildet. Der Gebäudesachwert wird anhand normierter Herstellungskosten für verschiedene Standardstufen wie einfach oder gehoben ermittelt und bezieht zusätzlich die Alterswertminderung ein.

Einspruch gegen Wertermittlung

Sie müssen die Wertfeststellung des Finanzamts nicht hinnehmen, wenn Sie damit ganz und gar nicht einverstanden sind. Sie dürfen innerhalb eines Monats nach Zustellung Einspruch gegen den Feststellungsbescheid einlegen und in Folge ein Gutachten eines öffentlich bestellten und vereidigten Sachverständigen vorlegen, das einen anderen Wert belegt. Einen Sachverständigen finden Sie über die Suchfunktion des Bundesverbands öffentlich bestellter und vereidigter sowie qualifizierter Sachverständiger (bvs-ev.de) oder im bundesweiten Verzeichnis der Industrie- und Handelskammern unter https://svv.ihk.de. Weist das Gutachten einen geringeren Wert des Objekts nach, muss das Finanzamt grundsätzlich ein richtig erstelltes Gutachten anerkennen und den nachgewiesenen Wert auch berücksichtigen (siehe BFH vom 17.11.2021 II R 26/20). Das Gutachten unterliegt der „freien Beweiswürdigung“ durch das Finanzamt. Enthält es systematische Fehler, wird es zurückgewiesen. Das Finanzamt muss kein Gegengutachten vorlegen. Kosten für das Gutachten können Erben und Vermächtnisnehmerinnen steuermindernd absetzen (siehe „Hätten Sie's gewusst?“, S. 143). Wird die Immobilie innerhalb eines Jahres nach einer Erbschaft verkauft, gilt der erzielte Preis als Nachweis eines geringeren Wertes.

Bewertung bei Erbstreitigkeiten

Der Wert einer Immobilie spielt oft auch bei Erbstreitigkeiten eine zentrale Rolle, zum Beispiel wenn ein Angehöriger enterbt wurde. Häufig wird um die Höhe des Pflichtteils gestritten. Ist eine Immobilie Teil des Nachlasses, ist ihr Wert von entscheidender Bedeutung für die Höhe des Pflichtteilsanspruchs. Pflichtteilsberechtigte haben ein Interesse daran, dass der Immobilie ein möglichst hoher Preis zuerkannt wird. Die Erben möchten das Gegenteil.

Pflichtteilsberechtigte können ein Wertgutachten verlangen, das aus dem Nachlass bezahlt wird. Halten sie das Gutachten für falsch, können sie ein weiteres erstellen lassen. Einigen sich beide Parteien nicht, landet der Streit vor Gericht. Ein weiteres, vom Gericht beauftragtes Gutachten klärt dann die Angelegenheit.

Der Wert von Immobilien wird beispielsweise auch dann relevant, wenn es zur Erb-

Wie das Finanzamt Immobilien bewertet

Für manche Erben wird die Wertbestimmung durch das Finanzamt zur Zitterpartie. Von dessen Entscheidung hängt es ab, ob und wie viel Erbschaftssteuer fällig wird. Es gibt drei verschiedene Bewertungsverfahren. Meist wendet es das Vergleichswertverfahren an.

ERTRAGSWERTVERFAHREN

Insbesondere Mehrfamilien- und Geschäftshäuser sowie Gewerbeimmobilien.

SACHWERTVERFAHREN

Ein- und Zweifamilienhäuser sowie andere Immobilien, bei denen Vergleichswerte und übliche Mieten nicht vorliegen, weil sie beispielsweise in ländlichen Gebieten liegen oder außergewöhnlich sind wie Bauernhöfe, Villen oder Burgen.

Wie wird der Wert ermittelt?

BODENWERT
plus
GEBÄUDE-SACHWERT

BODENWERT

Gibt den Wert eines unbebauten oder fiktiv freigelegten Grundstücks an. Er berechnet sich aus Bodenrichtwert mal Grundstückfläche in Quadratmetern. Er geht über die Nutzungsdauer diskontiert in die Bewertung ein.

GEBÄUDE-SACHWERT

Um den Gebäudesachwert zu ermitteln, werden die Herstellungskosten für einen fiktiven Neubau der bestehenden Immobilie ermittelt. Von diesen Kosten wird die sogenannte Alterswertminderung abgezogen und anschließend der Bodenwert des Grundstücks hinzugerechnet.

FAKTOR

Der Wert wird durch den sogenannten Marktanpassungsfaktor an den Immobilienmarkt angepasst.

FINANZAMT

bestimmt den Wert und setzt Schenkungs- beziehungsweise Erbschaftssteuer fest.

auseinandersetzung kommt, der Nachlass also unter Erben aufgeteilt werden soll. Wenn sie sich auf einen gemeinsamen Gutachter einigen, spart das oft Ärger und Geld.

Anders als das Finanzamt, das sich für die steuerliche Bewertung nach dem Bewertungsgesetz richtet, orientieren sich öffentlich bestellte und vereidigte Sachverständige bei der detaillierten Wertermittlung an Paragraf 194 Baugesetzbuch (Verkehrswert) sowie an der Wertermittlungsverordnung. Darin sind die oben aufgeführten drei Verfahren für bestimmte Immobilien vorgeschrieben.

Dabei geht es darum, den Verkehrswert der Immobilie zu ermitteln. Darunter versteht das Gesetz einen durchschnittlich zu erzielenden Marktpreis zum Zeitpunkt der Bewertung, also einen Preis, der sich „im gewöhnlichen Geschäftsverkehr nach den rechtlichen Gegebenheiten und tatsächlichen Eigenschaften, der sonstigen Beschaffenheit und der Lage des Grundstücks erzielen ließe“, wie es so schön im Gesetz heißt. Stichtag für die Bewertung ist bei Erbschaften der Todestag des Erblassers.

Stundung der Erbschaftssteuer

Was aber tun, wenn ich Erbschaftssteuer zahlen muss und meine Barschaft dafür nicht reicht, ich aber das geerbte Objekt nicht verkaufen möchte? Vermietete Immobilien genießen einen Steuervorteil: Fällt auf vermietete Immobilien Erbschaftssteuer an, darf sie über einen Zeitraum von zehn Jahren gestundet werden, falls der neue Eigentümer das Objekt verkaufen müsste, um die Steuer begleichen zu können. Diese Regel schützt vor Notverkäufen und soll Vermieter in die Lage versetzen, die Steuer nach und nach aus den erwirtschafteten Mieteinnahmen zu begleichen.

Nutzt ein Erbe oder eine Erbin das ererbte Ein- oder Zweifamilienhaus oder eine Eigentumswohnung zu eigenen Wohnzwecken, ist die Stundung der Erbschaftssteuer sogar für einen längeren Zeitraum möglich, längstens bis zum Ende der Eigennutzung.

Steuerprivilegien für vermietete Immobilien: Vermietete Immobilien werden bei der Berechnung der Erbschaftssteuer bevorzugt behandelt. Sie schlagen nicht mit ihrem vollen Wert, sondern nur mit 90 Prozent ihres ermittelten Verkehrswerts zu Buche. Somit können 10 Prozent des Werts steuerfrei vererbt werden. Diesen Vorteil genießen sowohl vermietete Mehrfamilien-, als auch Ein- und Zweifamilienhäuser und Eigentumswohnungen sowie mitvermietete Garagen.

Einkommenssteuererklärung als lästige Pflicht

Erben müssen sich oft um die Einkommenssteuererklärung fürs Todesjahr kümmern. Kritisch wird es bei Schwarzgeld im Erbe.

Den Erben oder die Erbin trifft eine weitere unangenehme Pflicht: Häufig ist die letzte Einkommenssteuererklärung für die verstorbene Person abzugeben, womöglich sogar nicht nur für das Sterbejahr, sondern auch für frühere Jahre, ganz nach Einzelfall. Erben haben dabei die gesetzlichen Abgabefristen zu beachten. Notfalls können sie eine Fristverlängerung beim Finanzamt der verstorbenen Person beantragen, sollten sie dieser Verpflichtung nicht rechtzeitig nachkommen können.

Die Einkommenssteuererklärung müssen sie übrigens auch ohne Aufforderung vom Finanzamt einreichen. Bei einer Erbengemeinschaft steht diese in der Pflicht, zur Abgabe verpflichtet sind alle Mitglieder der Erbengemeinschaft. Sie können sich aber einigen, wer von ihnen die letzte Steuererklärung erstellt und einreicht, oder einen Steuerberater damit beauftragen.

Die Erben müssen dann eine Einkommenssteuererklärung für die verstorbene Person anfertigen, wenn diese zwischen Jahresbeginn und Todestag steuerpflichtige Einkünfte erzielte, die nicht durch den Abzug von Lohn- oder Kapitalertragssteuer bereits abgegolten waren – also zum Beispiel Einkünfte aus Vermietung und Verpachtung oder aus selbstständiger Tätigkeit.

Auch immer mehr Rentnerinnen und Rentner müssen eine Steuererklärung abgeben. Haben sie das einige Zeit versäumt, ist das für ihre Erben ein heikles Thema. Denn sie erben bekanntlich auch Steuerschulden. Wenn die Schulden überwiegen, kann es besser sein, die Erbschaft auszuschlagen (zum Thema Erbe ausschlagen siehe „Annehmen oder ausschlagen?“, S. 44).

Gibt es infolge der Steuererklärung eine Rückerstattung, erhalten Alleinerben sie ausgezahlt; bei Erbengemeinschaften zahlt das Finanzamt das Geld gemäß dem Erbanteil aus.

Risiko Schwarzgeld

Ein großes Problem haben Erben, wenn sie entdecken, dass Schwarzgeld zum Nachlass gehört, das zum Beispiel auf einem ausländischen Konto gebunkert wurde. In solch einem Fall sollten Sie unbedingt steuerlichen Rat einholen, denn Schwarzgeld muss unverzüglich offengelegt werden. Macht man hier Fehler oder gibt eine unvollständige

Meldung ab, kann man selbst in die Bredouille geraten und sich strafbar machen.

Selbstverständlich können Erben nur das Schwarzgeld angeben, von dem sie erfahren. Sie stehen nicht in der Pflicht, von sich aus danach zu forschen, außer wenn es konkrete Anhaltspunkte für die Existenz von Schwarzgeld gibt, etwa wenn sie Kontoinformationen von bislang nie erwähnten Banken in Steueroasen im Safe der verstorbenen Person finden. Erfahren die Erben von Schwarzgeld, müssen sie es in der Erbschaftssteuererklärung offenlegen. Darüber hinaus müssen sie aber auch die künftigen Erträge daraus in ihrer eigenen Einkommenssteuererklärung deklarieren.

Niemand sollte allerdings darauf vertrauen, dass bisher nicht versteuertes Schwarzgeld auch künftig unentdeckt bleibt. Denn schon weit über 100 Staaten rund um den Globus tauschen mit dem deutschen Fiskus Informationen zu Finanzkonten aus, um Steuerhinterziehung weltweit zu bekämpfen.

Lebensversicherung im Erbfall

Wann zählt eine Lebensversicherung zum Nachlass und wann nicht? Hier gilt es, genau hinzuschauen und die verschiedenen Akteure und Konstellationen zu unterscheiden. Es gibt eine Person, die mit einer Versicherungsgesellschaft einen Vertrag ge-

---

Steuerklasse für Verwitwete. Der Witwer oder die Witwe kann sich sowohl im Sterbe- als auch im Folgejahr noch gemäß dem günstigen Splittingtarif steuerlich veranlagen lassen. Danach muss er oder sie die Steuerklasse ändern: Als Single geht es dann in Steuerklasse I, als Alleinerziehende in Steuerklasse II.

schlossen hat. Das ist die Versicherungsnehmerin. Versicherte Person kann entweder die Versicherungsnehmerin selbst oder eine andere Person sein. Wenn die versicherte Person stirbt, wird die Todesfallsumme ausbezahlt, und zwar an die Person, die im Vertrag als bezugsberechtigt bestimmt wurde.

Wurde eine bezugsberechtigte Person bestimmt, fällt die Lebensversicherung nicht in den Nachlass.

Wurde keine bezugsberechtigte Person festgelegt, fällt die Leistung aus einer Lebensversicherung in den Nachlass und erhöht den Wert des Nachlasses und somit womöglich die Steuerpflicht der Erben.

Wurde dagegen eine bezugsberechtigte Person bestimmt, fällt die Lebensversicherung nicht in den Nachlass und spielt auch bei der Berechnung von Erbquoten keine Rolle. Die Bezugsberechtigten bekommen die Todesfallsumme unabhängig von der Erbfolge.

Mit Blick auf die Erbschaftssteuer gilt jedoch in beiden Fällen: Lebensversicherungen unterliegen der Erbschaftssteuer. Die Steuerpflicht ergibt sich allerdings aus unterschiedlichen Paragrafen, je nachdem, ob ein Bezugsberechtigter etwas erhält (§ 3 Abs. 1 Nr. 4 ErbStG, Vermögensvorteil aufgrund eines vom Erblasser geschlossenen Vertrages) oder ob die Versicherung in den Nachlass fällt (§ 3 Abs. 1 Nr. 1 ErbStG, Erwerb durch Erbanfall).

Es gibt aber noch eine weitere Konstellation: War die verstorbene Person die versicherte Person und ihr Erbe der Versicherungsnehmer, der die Prämien gezahlt hat und als Bezugsberechtigter vorgesehen war, dann fällt die Versicherung ebenfalls nicht in den Nachlass; sie wird auch nicht dem Versicherungsnehmer und Bezugsberechtigten als Erben zugerechnet und bleibt somit von der Erbschaftssteuer befreit. Denn diese Person erhält die Todesfallleistung sozusagen aus der eigenen Versicherung. Mit der günstigen Folge, dass keine Erbschaftssteuer anfällt.

→ Beispiel

Hannelore hat für ihren Mann Ludwig eine Lebensversicherung abgeschlossen und für ihn die Prämien gezahlt; Hannelore ist bezugsberechtigte Person des Vertrags. Stirbt Ludwig, dann erhält sie die Todesfallleistung erbschaftssteuerfrei.

Was tun mit dem Erbe?

Wollen Sie das Vermögen investieren, Wertsachen wie Kunst oder Goldmünzen loswerden oder fragen sich, was tun mit der geerbten Immobilie? Hier erfahren Sie, wie Sie das Erbe nutzen, vermieten, verkaufen, und vor allem auch, wie Sie das Geld sinnvoll anlegen.

Wenn Sie auf diesen Seiten unseres Buches ankommen, haben Sie die wichtigsten Formalitäten erledigt und haben ein kleines oder auch größeres Vermögen geerbt. Jetzt stellt sich Ihnen die Frage, was tun mit dem Haus, der Wohnung, dem Hausrat, den Wertpapieren, der Briefmarkensammlung, den Goldmünzen, dem Schmuck, den Bildern, dem Sparbuch, dem Geld oder sonstigen Vermögenswerten? Vielleicht haben Sie große Träume, die Sie nun verwirklichen wollen? Wichtig ist dabei, den Überblick zu behalten und Ihr bereits vorhandenes Vermögen, Ihre persönlichen Wünsche, die aktuellen Lebensumstände und -ziele zu betrachten, bevor Sie Entscheidungen treffen.

Erste große Hilfe bei der Entscheidung, wie Sie mit dem Erbe umgehen, liefern die Grundregeln für einen sinnvollen Vermögensaufbau, die in allen Lebenslagen wichtig sind. Diese stellen wir im ersten Abschnitt vor, bevor wir tiefer in die Materie eintauchen. Im Weiteren geht es auch darum, was Sie bei Immobilien im Falle der Vermietung oder des Verkaufs beachten sollten und wie Sie das Geld im Anschluss möglichst ertragreich investieren. Dabei sind viele Modelle denkbar. Als Vermieter können Sie zum Beispiel regelmäßig sparen und/oder sich selbst eine monatliche Auszahlung aus dem angelegten Vermögen zukommen lassen. Das ist ebenso möglich, wenn Sie eine Immobilie oder andere Sachwerte wie Schmuck oder Münzen verkaufen und das Geld ganz gezielt investieren.

Keine Sorge: Um Ihr Erbe anzulegen, brauchen Sie keinen teuren Vermögensverwalter oder eine Versicherung, das lässt sich ohne großen Aufwand in Eigenregie umsetzen. Wir erklären, wie Sie dabei geschickt vorgehen, welche Möglichkeiten bestehen, wenn Sie das geerbte Haus oder den Schmuck nicht verkaufen wollen, aber die finanziellen Mittel nicht ausreichen, um die Erbschaftssteuer zu begleichen.

Wie passt das Erbe zu meinem bisherigen Vermögen?

Treffen Sie keine vorschnellen Entscheidungen. Zunächst sollten Sie das Erbe im Kontext Ihrer finanziellen Verhältnisse betrachten. Das erleichtert die Entscheidung, was Sie damit tun.

Ein Erbe bietet vielen Menschen mehr finanzielle Freiheit. Doch das Erbe will verwaltet und gepflegt werden. Es sei denn, Sie planen, das Geld ganz schnell auszugeben. Vielleicht träumen Sie ja schon lange von der großen Reise, dem Sabbatical, einem schicken Auto oder einer Eigentumswohnung.

Keine Frage: Mit einem Erbe lässt sich so mancher Wunsch erfüllen. Aber ist das auch sinnvoll und jetzt der richtige Zeitpunkt dafür? Können Sie sich das finanziell erlauben? Selbst wenn Sie noch so fest überzeugt sind von Ihrem Plan, sollten Sie die ersten beiden Abschnitte in diesem Kapitel lesen. Denn hier geht es erst einmal darum, wie Vermögen generell strukturiert werden sollte und wie viel man für notwendige und weniger notwendige Anschaffungen zur Seite legen sollte. Erst dann sollten Sie ans Geldausgeben oder den weiteren Vermögensaufbau denken. Vielleicht entscheiden

Sie sich dann dazu, das ererbte Vermögen erst mal eine Weile für sich arbeiten zu lassen und die Erfüllung der großen Wünsche noch aufzuschieben. Wichtig ist es jetzt, keine unüberlegten Entscheidungen zu treffen, sondern erst die verschiedenen Möglichkeiten zu kennen.

→ Falscher Rat kann teuer sein

Vertrauen Sie das Erbe keinesfalls Bekannten oder sonstigen vermeintlichen Experten an, die sich damit brüsten, stets Gewinne zu erzielen, oder „Top-Empfehlungen“ haben. Wenn Sie Geld geerbt haben und noch unsicher sind, wie Sie es investieren wollen, parken Sie es erst mal auf einem flexibel verzinsten Tagesgeldkonto, lesen dieses Kapitel zu Ende und schlafen darüber. Welche Tagesgeldkonten sicher sind und die besten Zinsen liefern, erfahren Sie unter test.de/zinsen.

Um es gleich vorweg zu sagen: Das für alle passende Patentrezept, wie man ein Erbe sinnvoll anlegt, gibt es nicht. Jedes Erbe ist anders, und Ihre persönliche Situation, Ihre Einstellung zu Risiken von Geldanlagen, Ihre Wünsche und Ziele unterscheiden sich von denen anderer Menschen oder den Miterben. Möglicherweise hat auch die verstorbene Person noch Wünsche geäußert, was mit dem Erbe geschehen soll. Alles nicht ganz trivial, aber legen wir mal los. Hier finden Sie die wichtigsten Grundlagen, die Sie kennen sollten, damit Sie das Erbe ohne übermäßige Risiken gut anlegen können.

Überblick verschaffen

Als Allererstes beginnen wir mit einem Kassensturz und listen alle Vermögenswerte sowie Schulden auf. Das betrifft sowohl Ihr bereits vorhandenes Vermögen als auch das ererbte. So eine Vermögensübersicht sollten Sie ohnehin regelmäßig erstellen, am besten alle paar Jahre und zusätzlich bei gravierenden Veränderungen der Lebensumstände – eine Erbschaft ist auf jeden Fall der richtige Zeitpunkt dafür.

Die Vermögensübersicht hilft Ihnen, den Überblick zu behalten, Ihr bereits vorhandenes Vermögen zu bewerten und es zusammen mit dem Erbe – auch ohne großen Aufwand – optimal anzulegen, was in vielerlei Hinsicht wichtig ist, sei es für die Altersvorsorge oder einfach nur um das Vermögen zu erhalten und zu mehren. Letztendlich ist es dabei ganz egal, ob Sie 1000 Euro, 100 000 oder gar eine Million und mehr anzulegen haben und ob es sich um ein Erbe handelt oder die eigenen Ersparnisse.

Zugegeben, das bedeutet ein wenig Arbeit, aber die Mühe lohnt sich! Damit sich das nicht wie eine Sisyphusarbeit anfühlt, gehen wir ganz systematisch vor. Zunächst richten wir den Blick auf die unterschiedlichen Konten und Wertpapieranlagen mit ihren wichtigsten Merkmalen, vom Girokonto bis zu Aktien und Fonds.

- **Girokonto:** Das kennen und haben Sie in aller Regel. Hierüber werden das Gehalt verbucht und laufende Ausgaben wie Miete, Strom, Telefongebühren bezahlt. Wichtig: Girokonten sind in der Regel nicht verzinst, das Geld auf diesem Konto bringt also keinen Ertrag.
- **Tagesgeldkonto:** Hier gibt es Zinsen und wie der Name andeutet, ist das Geld tagtäglich verfügbar. Geld, das Sie nicht für die laufenden Ausgaben benötigen, können Sie auf einem Tagesgeldkonto parken. Da die Zinsen aber nicht üppig sind, taugt es nur als vorübergehender Parkplatz und ist gut geeignet für die „Notgroschen", sprich Geld, auf das man schnell zurückgreifen kann, wenn plötzlich unerwartete Ausgaben anstehen, zum Beispiel Autoreparaturen (siehe „Terrassenmodell", S. 161).
- **Festgeldanlagen:** Genauso wie das Girokonto, Tagesgeld oder Sparbuch ist das Festgeld ein Angebot der jeweiligen Bank. Dabei ist die Laufzeit der Anlage begrenzt, üblich sind Laufzeiten von 30 Tagen bis zu mehreren Jahren. Festgeld heißt, so lange wie ausgemacht ist das Geld fest zu dem vorab mit der Bank vereinbarten Zinssatz angelegt, in der Regel kommen Sie daher zwischenzeitlich nicht an das Geld heran.
- **Sparbuch/Sparkonto:** Ähnlich wie Tagesgeldkonten gibt es auf dem Sparbuch, auch Sparkonto genannt, nicht viel Zinsen. Je nach Konditionen der Bank kann die Verfügbarkeit eingeschränkt sein. Daher sind Sparkonto/Sparbuch nicht besonders attraktiv.
- **Sparbrief:** Geld, das in einem Sparbrief angelegt wird, ist vergleichbar mit einem Festgeld für die Laufzeit fest gebunden. Während beim Sparbuch oder Sparkonto in Notfällen ein Zugriff auf das Kapital möglich ist, ist beim Sparbrief keine vorzeitige Verfügung möglich. Als Ausgleich sind die Erträge meist etwas höher als bei Sparkonten.
- **Anleihen:** Sie bieten eine feste Laufzeit und regelmäßige Zinszahlungen. Anleihen haben einen Nennwert, zum Beispiel 100 Euro, der am Ende der Laufzeit wieder zurückgezahlt wird. Anleihen können während der Laufzeit verkauft werden, was aber Kursverluste mit sich bringen kann. Steigen nämlich die Marktzinsen, investieren Anleger bevorzugt in die höher verzinsten neuen Anleihen und verkaufen die niedriger verzinsten älteren so lange, bis sich die Renditen angleichen. Apropos Rendite: Zins und Rendite sind zwei Paar Schuhe. Eine Anleihe mit einem Zinssatz von 3 Prozent hat bei einem Kurs von 100 Euro auch eine Rendite von 3 Prozent. Fällt der Kurs der Anleihe zum Beispiel auf 95 Prozent, weil die Kapitalmarktzinsen steigen, erhöht sich die Rendite. Umgekehrt sinkt sie, wenn der Kurs der Anleihe steigt. Zudem wichtig: Die Höhe der Zinsen sowie die Sicherheit sind

Das magische Dreieck

Viel Sicherheit, eine hohe Rendite und das Geld jederzeit verfügbar – das ist der Wunschtraum jedes Anlegers, doch der ist leider absolut unrealistisch! Nur Betrüger versprechen, Ihr Geld zugleich risikolos und hochrentierlich anzulegen. Seien Sie sich bewusst, dass hohe Renditechancen mit erhöhten Risiken einhergehen oder die Sache einen Haken hat.

Das magische Dreieck der Geldanlage verdeutlicht den Zielkonflikt bei der Kapitalanlage. Will man ein Kriterium stärker gewichten, muss man bei einem anderen Abstriche machen. Was zum Beispiel eine hohe Rendite verspricht, ist in der Regel weniger sicher, möglicherweise auch nicht immer sofort verfügbar. Stets verfügbare Geldanlagen wie zum Beispiel Tagesgeld sind zwar sicher, bringen aber häufig nur magere Erträge. Im Vergleich dazu bietet eine Festgeldanlage etwas mehr Rendite, das Kapital ist aber nicht immer verfügbar.

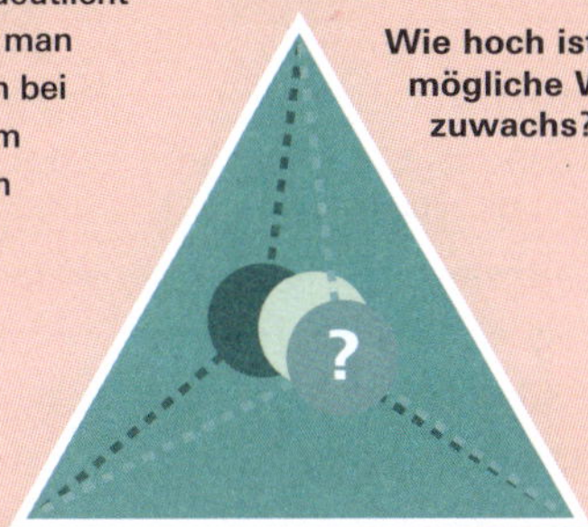

abhängig von der Zahlungskraft (Bonität) des Schuldners. Je solider ein Schuldner ist, desto niedriger der Zins.

- **Aktien:** Eine Möglichkeit, sich direkt an einem Unternehmen zu beteiligen. Historisch betrachtet ist das die rentabelste Anlageform. Aktien bringen hohe Renditen, allerdings schwanken die Kurse teilweise stark. So kann es sein, dass auf längere Sicht hohe Zuwächse erzielt werden, aber zwischenzeitlich auch Verluste. Aktien sind für den langfristigen Vermögensaufbau gut geeignet, aber auch mit erhöhten Risiken verbunden.
- **Investmentfonds/ETF** (Exchange Traded Funds, zu Deutsch börsengehandelte Indexfonds): Fonds und ETF investieren das Geld der Anleger in mehrere Werte, das können Aktien oder Anleihen sein, aber auch Immobilien etc. Die zwei größten Gruppen sind Aktien- und Rentenfonds. Der Begriff „Rente" steht für Anleihen, da diese wiederkehrende Zahlungen in Form von Zinsen bringen. Fonds und ETF unterliegen strengen gesetzlichen Regeln und dürfen nur entsprechend den vorgeschriebenen Anlagerichtlinien investieren. In Fonds/ETF angelegte Gelder sind im Fall einer Pleite eines Fondshauses als Sondervermögen geschützt, sprich Gläubiger haben keinen Zugriff auf das Vermögen.
Fonds werden aber nicht nur unterschieden in Aktien und Anleihen, sondern auch danach, wie sie gemanagt werden. Dabei gibt es zwei Gruppen: aktiv gemanagte Fonds, bei denen ein oder mehrere Fondsmanager entscheiden, wie das Geld angelegt wird, und Exchange Traded Funds (ETF). Diese börsengehandelten Indexfonds folgen einem Index und entwickeln sich so gut oder schlecht wie dieser (mehr dazu „Fonds versus ETF", S. 176).

Sicherheit hat Priorität

Was Sie beachten sollten: Geld, das bei einer Bank in einem EU-Mitgliedsland auf einem Tagesgeld-, Festgeld-, Sparkonto oder in einem Sparbrief angelegt ist, ist bis zu einem Betrag von 100 000 Euro geschützt – und zwar pro Kunde je Bank. Im Falle eines Konkurses einer Bank hat jeder Bankkunde einen gesetzlichen Anspruch auf Entschädigung. In Sonderfällen wie zum Beispiel einem Immobilienverkauf erhöht sich die geschützte Summe auf 500 000 Euro, allerdings nur für eine Zeit von bis zu sechs Monaten. Daneben gibt es in Deutschland je nach Institutsgruppe zusätzliche freiwillige Einlagensicherungssysteme, die noch höhere Summen abdecken.

Auf Nummer sicher gehen Sie, wenn Sie Anlagebeträge über 100 000 Euro möglichst zügig auf mehrere Banken aufteilen. Zudem sollten Sie darauf achten, dass das EU-Land, in dem die Bank ihren Sitz hat, von Finanztest als empfehlenswert eingestuft ist. Länder mit Bestnoten sind neben Deutschland:

- **Belgien,**
- **Dänemark,**
- **Finnland,**
- **Frankreich,**
- **Großbritannien,**
- **Luxemburg,**
- **Niederlande,**
- **Norwegen,**
- **Österreich,**
- **Schweden** und
- **Tschechien**.

Vermögensübersicht erstellen

Legen wir los mit der Vermögensübersicht, auch Vermögensbilanz genannt. Auf einem Blatt oder am Computer listen Sie – am besten in einer Tabelle – alle Vermögenswerte auf. Auf Gebrauchsgegenstände wie das Designersofa und Ähnliches verzichten wir.

Tragen Sie in die Liste alle Immobilien- und Geldvermögen, Wertpapiere, Kunstgegenstände oder wertvolle Sammlerstücke wie Silbermünzen ein. Auch Lebensversicherungen, Bausparverträge etc. gehören in die Tabelle. Rundum alles, was sich im Notfall zu Geld machen lässt. Ordnen Sie die Vermögenswerte nach Gruppen:

- **Immobilien** (selbst bewohnt, vermietet, offene Immobilienfonds)
- **Liquidität** (Girokonto, Tagesgeld, Geldmarktfonds)
- **Zinsanlagen** (Festgeld, Sparbriefe, Rentenfonds, Staats- und Unternehmensanleihen, Pfandbriefe, Bausparverträge)
- **Aktienanlagen** (Einzelaktien, Aktienfonds, Aktien-ETF, Zertifikate auf Aktien/Indizes)
- **Sonstiger Vermögensaufbau** (Kapitallebensversicherung, Private Rentenversicherung)
- **Beteiligungen** (Crowdfunding-Investments, geschlossene Immobilienfonds, Schiffs- und Containerfonds)
- **Rohstoffanlagen** (Gold- und Silberbarren oder -münzen, Rohstoffzertifikate)
- **Sonstige Vermögenswerte** (Gemälde, Kunst, Oldtimer, Edelsteine)

Vermögen bewerten

Nun geht es darum, die einzelnen Positionen mit aktuellen Marktpreisen zu bewerten. Oft ist das leichter gesagt als getan. Bedenken Sie, dass es an dieser Stelle nicht darum geht, alles auf Heller und Cent exakt zu errechnen. Behalten Sie im Hinterkopf, dass die Marktpreise für Aktien oder langlaufende Anleihen teils stark schwanken und morgen schon wieder ganz anders sein können. Auch für Immobilien lässt sich nur beim tatsächlichen Verkauf ein Marktpreis ermitteln. Daher sind Näherungswerte für unsere Zwecke hier vollkommen ausreichend. Es geht an dieser Stelle um den großen Überblick über das Gesamtvermögen.

Für Wertpapiere oder Goldbarren lassen sich im Internet relativ schnell aktuelle Preise ermitteln, bei Immobilien oder Kunstgegenständen wird das erheblich schwieriger. Sie können hierfür die Informationen des Nachlassgerichts verwenden, soweit vorhanden und wenn diese nicht komplett veraltet sind, weil der Erbfall schon länger zurückliegt. Eventuell mussten Sie als Erbe bereits Angaben zu den vorhandenen Vermögenswerten machen und haben diese parat. Tragen Sie die Werte, die Ihnen bekannt sind, in die Tabelle ein. Bei Bankkonten ist das rasch erledigt, hier zählt der aktuelle Kontostand. Ebenfalls einfach ist es bei Wertpapieren, da für die meisten Wertpapiere tagtäglich Börsenkurse festgestellt werden. Hier können Sie auch einen Depotauszug der Bank als Basis nehmen – wenn Sie Onlinebanking machen, haben Sie die Übersicht rasch erstellt.

Nicht ganz so einfach ist die Aufgabe hingegen bei Immobilien. Sie können anhand der Marktpreise den Wert schätzen oder einen Immobilienmakler befragen. Nur für eine Vermögensübersicht macht es aus Kostengründen keinen Sinn, eigens einen Gutachter zu beauftragen. Anders sieht das aus, wenn Sie erwägen, die Immobilie zu verkaufen, oder Miterben auszahlen müssen. In diesen Fällen ist eine möglichst genaue Bewertung von Haus oder Wohnung relevant. (Mehr dazu siehe „So ermittelt das Finanzamt den Wert von Immobilien“, S. 144.) Schwierig wird es in aller Regel bei Kunstgegenständen, Antiquitäten, Sammlermünzen oder der Briefmarkensammlung. Hier können Sie gegebenenfalls Fachleute wie Galeristen oder Auktionsspezialisten, die sich mit der Materie gut auskennen, befragen oder den Wert anhand vergleichbarer Wertstücke selbst grob schätzen. Und viele dieser Vermögenswerte lassen sich ohnehin nicht exakt bewerten. Deren genauen Wert erfährt man nur bei einem Verkauf.

Vermögen strukturieren

Im nächsten Schritt gilt es die verschiedenen Positionen noch den großen Anlageklassen Immobilien, Aktien und Zinsanlagen zuzuordnen. Das Thema Liquidität betrachten wir separat, Guthaben auf dem Giro- oder Tagesgeldkonto bilden in aller Regel die Notfallreserve, die Sie für die laufenden

Gut zu wissen

Immobilienschulden tilgen? Haben Sie Geld geerbt und noch einen Immobilienkredit am Laufen? Schulden will man ja gerne loswerden, doch es gibt einiges zu bedenken. Zum einen stellt sich die Frage, ob die Immobilie fremd- oder eigengenutzt wird. Bei vermieteten Immobilien lassen sich Kreditzinsen steuermindernd ansetzen, bei eigengenutzten dagegen nicht. Daher lohnt eine vorzeitige Rückzahlung bei vermieteten Immobilien weniger als bei eigengenutzten. Prüfen Sie zum anderen, wie hoch der Darlehenszins ist. Haben Sie zum Beispiel 2019 einen Baukredit über 15 oder 20 Jahre aufgenommen, zahlen Sie nur rund 1,5 Prozent Kreditzinsen. Da inzwischen die Zinsen aber gestiegen sind, können Sie das Erbe auf ein Festgeldkonto legen oder festverzinsliche Wertpapiere kaufen und erhalten deutlich mehr Ertrag. In diesem Fall ist Anlegen besser als Schuldentilgen. Ebenfalls zu bedenken: Die Bank berechnet eventuell eine Art Strafzahlung, wenn Sie den Kredit vorzeitig tilgen. Die „Vorfälligkeitsentschädigung" kann bis zu 1 Prozent der Restschuld betragen.

Ausgaben benötigen und auf die Sie im Ernstfall zurückgreifen können, wenn kurzfristig unerwartete Anschaffungen anstehen. Details zur Notfallreserve finden Sie unter „Stufe zwei" auf S. 162.

Die anderen Vermögenswerte teilen Sie in vier Gruppen ein: Immobilien, Zinsanlagen, Aktieninvestment und Sonstiges. Bei Immobilien ist die Einteilung relativ einfach. Auch offene oder geschlossene Immobilienfonds gehören in diese Kategorie. Auch bei Aktien oder festverzinslichen Anlagen dürfte Ihnen die Sortierung nicht schwerfallen. Zu Letzteren zählt neben Tagesgeld, Festgeld, Sparbriefen oder Anleihen mit Zinsertrag auch das angesparte Guthaben in einem Bausparvertrag. Ebenfalls dieser Gruppe zuordnen können Sie Kapitallebensversicherungen, da diese vom Risikoprofil defensiv sind und eher Zinsanlagen gleichen.

Entscheidend ist bei Lebensversicherungen der aktuelle Rückkaufswert, nicht die Versicherungssumme. Diesen können Sie der jährlichen Mitteilung, die Sie von der Versicherungsgesellschaft erhalten, entnehmen. Auch Anleihen-ETF oder Anleihenfonds fallen in diese Kategorie, so wie Aktien-ETF und Aktienfonds der Gruppe Aktien zuzuordnen sind. Ebenso können Sie Anlagezertifikate in die Kategorie Aktien einordnen, weil der Rückzahlungswert in der Regel von der Entwicklung einer Aktie oder eines Aktienindex abhängig ist. Etwas schwieriger wird es bei Mischfonds, da diese in mehrere Anlageklassen investieren. Je nach Schwerpunkt des Mischfonds und Aufteilung können Sie – um es nicht zu kompliziert zu machen – das Vermögen einfach der Anlageklasse zuordnen, die im Fonds den Schwerpunkt bildet.

Besitzen Sie oder erben Sie noch andere Wertsachen wie etwa Gold oder Kunstgegenstände, erfassen Sie diese unter sonstige Anlagen. Damit haben Sie nun vier Gruppen: Immobilien, Aktien, Zinsanlagen und sonstige Anlagen, und können sich über die Risikoverteilung Gedanken machen.

Regelmäßig prüfen

Eine Vermögensübersicht sollten Sie nach der Erstellung gelegentlich überprüfen – im Idealfall alle ein bis zwei Jahre, um gravierende Verschiebungen zu erkennen und gegebenenfalls Anpassungen vorzunehmen. Denn Ziel der Übung ist eine möglichst breite Vermögensaufteilung auf verschiedene Anlageklassen, um Ihr Anlagerisiko möglichst breit zu streuen.

Bevor wir tiefer in die Risikostreuung des Vermögens einsteigen, ein kurzer Blick auf die Barreserve, sprich Geld auf Girokonto, Tagesgeldkonto oder in Geldmarktfonds. Denn bevor Sie Geld investieren, sollten Sie sicherstellen, dass Sie für Notfälle Geld parat haben. Eine Wasch- oder Spülmaschine wollen Sie sicher schnell ersetzen können, wenn sie defekt ist. Und oft will es der Zufall, dass ausgerechnet dann auch noch eine Autoreparatur oder andere größere Anschaffung notwendig sind. Reserven lassen sich anhand des Terrassenmodells ganz leicht einteilen.

Terrassenmodell sichert Liquidität

Es klingt verlockend, vom Erbe direkt die lang ersehnte Urlaubsreise zu buchen. Oder wollen Sie es für die Altersvorsorge zurücklegen? Die Antwort, was davon die bessere Idee ist, liefert das Terrassenmodell. Es erleichtert die Orientierung und ist ein wichtiger Baustein der Vermögensplanung, weshalb auch das Erbe hier einsortiert werden sollte. Wo genau, hängt vor allem von Art und Umfang des Erbes ab.

Ziel des Modells ist es, dass Sie nicht mehr Geld ausgeben, als Sie besitzen beziehungsweise erben, und flüssig sind, wenn Sie kurzfristig Geld benötigen. Systematisch werden die finanziellen Reserven aufgebaut, bevor der langfristige Vermögensaufbau beginnt. Das sorgt für mehr finanzielle Sicherheit. Und so funktioniert das Terrassenmodell:

1. **Auf der ersten Stufe** geht es um die Zahlungen für den täglichen Lebensunterhalt. Ratsam ist, den durchschnittlichen Geldbetrag für die laufenden monatlichen Ausgaben wie Miete, Wasser, Strom, Essen, Kleidung, Versicherungen etc. auf dem Girokonto zur Verfügung zu haben. Da Girokonten üblicherweise nicht verzinst werden, sollte es nicht zu viel Geld sein. Aber auf keinen Fall zu wenig, damit das Girokonto

Vermögensaufbau mit dem Terrassenmodell

Stellen Sie sich Ihre Geldanlage wie vier Schalen vor, die auf einer Treppe gestaffelt untereinander stehen. Ihr Geld fließt in die oberste Schale. Ist die voll, wird die nächste gefüllt.

Die oberste Schale steht für Ihren alltäglichen Geldbedarf, Schale 2 ist das Sammelbecken für ungeplante Ausgaben, wie Reparaturen. Ist auch diese Schale ausreichend gefüllt, bleibt Geld für Schale 3: Ersparnisse für größere Anschaffungen in weiterer Zukunft, etwa eine neue Küche oder eine größere Reise. Schale 4 ist schließlich der Vermögensaufbau für das Alter.

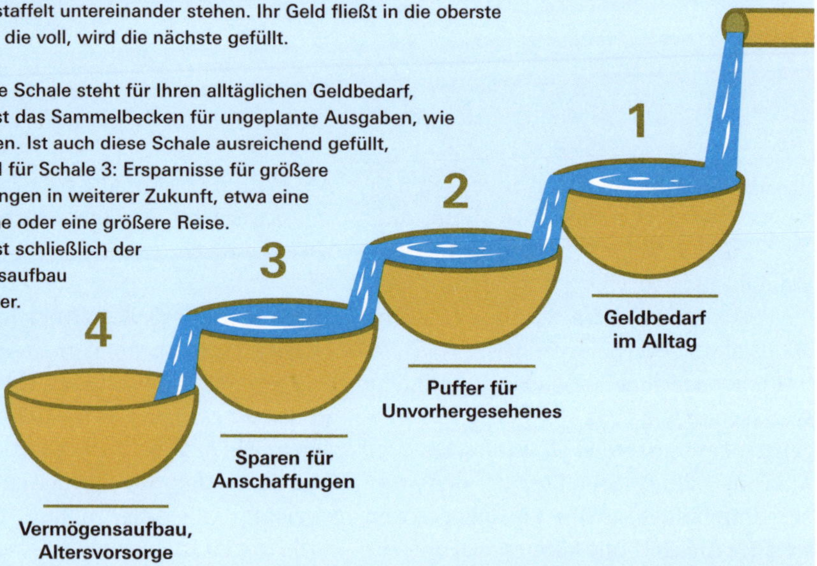

nicht ins Minus rutscht und die Bank Kreditzinsen in Rechnung stellt. Tipp: Sollten Sie einen Konsumentenkredit in Anspruch genommen haben, ist es ratsam, mit dem Erbe bestehende Konsumschulden zu tilgen.

❷ **Auf der zweiten Stufe** wird Geld für die finanzielle Notreserve, sprich für die neue Spülmaschine oder die Autoreparatur, zur Seite gelegt. Damit schaffen Sie sich einen Puffer für unvorhergesehene Ausgaben. Als grobe Faustregel reden wir hier über etwa zwei bis vier Nettomonatsgehälter, besonders Vorsichtige können noch ein bis zwei zusätzliche Gehälter in die Notreserve packen. Um schnellen Zugang zu haben, parken Sie das Geld auf einem Tagesgeldkonto, dort bringt es auch Zinserträge.

❸ **In Stufe drei** geht es um die mittelfristigen größeren Anschaffungen, zum Beispiel eine große Reise, neue Möbel, Auto etc. Wie hoch dieser Betrag ist, hängt ganz von Ihrer persönlichen Planung ab. Da Festgeldkonten üblicherweise höher als Tagesgeldkonten verzinst werden, sollte das Kapital auf einem oder mehreren Festgeldkonten geparkt werden – je nachdem, wie viele Anschaffungen Sie zu welchem Zeitpunkt tätigen wollen. Wenn die Anschaffungen erst in einigen Jahren erfolgen sollen, kann das Geld auch in festverzinsliche Anleihen von soliden Schuldnern investiert werden – eventuell mit auf die geplanten Anschaffungstermine abgestimmten Laufzeiten. Sicherheit geht an dieser Stelle vor einer hohen Rendite.

4 **Auf Stufe vier** ist das Ziel der langfristige Vermögensaufbau. Damit sollten Sie aber nur dann starten, wenn Sie die ersten drei Stufen nacheinander genommen haben. Wenn zwischendurch von einer vorherigen Stufe Geld entnommen wurde, sollte die Stufe erst wieder aufgefüllt werden, bevor Sie andere Investments tätigen.

Wer ohnehin bereits die ersten Töpfe gefüllt hat und erbt, steht nun vor der Frage, wie mit dem Erbe umgehen. Denn um die Risiken breit zu streuen, sollen die Vermögenswerte nicht alle in eine Assetklasse, also nicht alles Vermögen in Immobilien, alles in Aktien, nur in sichere Zinsanlagen oder ausschließlich in Gold investiert werden.

Je nach Größe und Struktur des ererbten Vermögens ist es aber auch möglich, dass Sie das Erbe auf allen Stufen des Terrassenmodells einordnen können. Wenn Sie zum Beispiel eine hübsche Summe Geld, Wertpapiere und eine vermietete Immobilie ererbt haben, ändert das Ihre bisherige Vermögenssituation fundamental, Ihr Lebensstandard und Ihre finanziellen Möglichkeiten steigen. Damit ändern sich auch die Summen, die Sie auf den einzelnen Ebenen des Terrassenmodells vorhalten sollten. Mit dem Geld befüllen Sie die Ebenen eins bis drei, die Wertpapiere kommen je nach Art Ebene drei und vier zugute, und die ererbte Immobilie dient dann auf Ebene 4 dem langfristigen Vermögensaufbau. Das kann im besten Fall für Sie bedeuten: Sowohl die lang ersehnte Urlaubsreise als auch der gewünschte weitere Vermögensaufbau sind guten Gewissens drin.

Risiko streuen

Vielleicht haben Sie schon mal von Harry M. Markowitz gehört, der für seine wissenschaftlichen Erkenntnisse zur Modernen Portfoliotheorie mit dem Nobelpreis für Wirtschaftswissenschaften ausgezeichnet wurde. Seine wichtigsten Erkenntnisse lassen sich vereinfacht so zusammenfassen: Je breiter das Vermögen auf verschiedene Anlageklassen verteilt ist, desto besser sind die langfristigen Ergebnisse.

Das ist nicht nur wissenschaftlich erwiesen, es ist auch einfach nachvollziehbar. Denn phasenweise entwickeln sich die Immobilienpreise gut, fallen oder stagnieren dann aber möglicherweise viele Jahre, wenn die Zinsen steigen. Dann lassen sich oft mit Zinsanlagen höhere Renditen erwirtschaften als mit Immobilien. Und Aktien entwickeln sich in der Regel gut, wenn die Marktteilnehmer mit einer florierenden Konjunktur rechnen.

Zwar steigen die Aktienkurse auf lange Sicht, doch zwischendurch kommt es immer wieder zu größeren Kurskorrekturen (siehe Grafik „Performancevergleich", S. 164). Einzelne Aktien sind zudem riskanter als marktbreite Indexfonds/ETF, die viele Titel umfassen. Aber auch die von vielen als sicher betrachteten Anleihen können

Performancevergleich: Aktien, Immobilien, Anleihen

Aktien lieferten in der Vergangenheit die höchsten Erträge. Wer Geld anzulegen hat, sollte bedenken, dass sie deutlich stärker schwanken als Immobilien oder sichere Zinsanlagen.

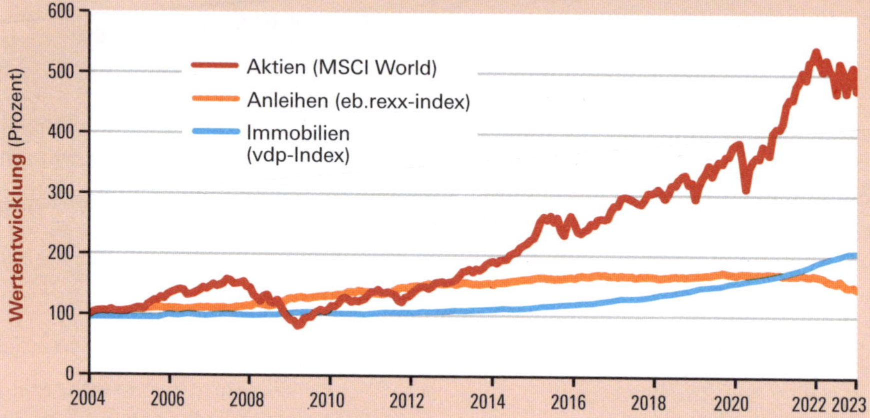

Quellen: Refinitiv, vdp Stand 1. Januar 2023

starken Schwankungen und längeren Korrekturphasen unterliegen, wie die Grafik verdeutlicht. Nicht viel anders ist das bei Immobilien: Die Preise – vor allem in gefragten Lagen – kletterten lange Zeit, doch es geht auch mal in die andere Richtung, oder die Preise stagnieren über viele Jahre hinweg. In wenig gefragten Regionen können die Immobilienpreise auch kontinuierlich sinken. Daher ist es wichtig, das Vermögen möglichst auf mehrere Assetklassen zu verteilen. Anhand der Vermögensübersicht können Sie leicht erkennen, in welcher Anlagekategorie Sie besonders viel Vermögen halten und in welcher eher wenig.

Vermögensberater empfehlen häufig als grobe Richtschnur, je ein Drittel des Kapitals in Immobilien, Aktien und Anleihen zu investieren. In der Praxis ist das aber nicht realistisch umsetzbar, denn wer eine Immobilie erbt und/oder möglicherweise ein Familienheim besitzt, hat oft einen Großteil seines Vermögens in Immobilien investiert. Wichtig für Immobilienbesitzer: Neben der Immobilie sollten Sie auf jeden Fall jederzeit ausreichend Kapital zur Verfügung haben, um kurz- und mittelfristige Ausgaben bestreiten zu können.

Andere Immobilienanlagen wie offene Immobilienfonds sollten Sie nicht zu einem Drittel beimischen. Sie eignen sich als Beimischung bis maximal 10 Prozent. Ungleich riskanter sind geschlossene Immobilienfonds, da die Objekte oft nicht die in Aussicht gestellten Renditen erwirtschaften und Anleger nur schwer aussteigen können.

Einfach und liquide sind dagegen Aktien-ETF und Zinsanlagen, sie reichen für eine ausgewogene Geldanlage vollkommen aus. Wie Sie in diese Kategorien ganz unkompliziert mit dem Pantoffel-Portfolio investieren, lesen Sie ab S. 178. Häufig stehen Erben vor der Frage, wie sie größere Geldbeträge sinnvoll anlegen. Doch bevor wir dazu kommen, betrachten wir Sachwertanlagen wie Immobilien, Gold oder Kunstwerke.

Das Haus, die Sachwerte behalten oder verkaufen?

Was tun mit der Immobilie, den Antiquitäten, Kunstwerken oder Ähnlichem? Was gilt es zu bedenken und zu beachten?

Es ist für viele Erben eine emotionale Frage, ob sie das Familienheim oder eine Ferienwohnung behalten möchten oder nicht. Auch bei Gemälden, Schmuck, Oldtimern etc. fällt der Gedanke an einen Verkauf so manchem schwer. Aber können und wollen Sie alles behalten, oder sagt Ihnen die Vernunft, dass es besser wäre, sich von dem einen oder anderen Sachwert zu trennen? Möglicherweise ist der Unterhalt des Sportwagens zu teuer, oder Sie müssen Miterben auszahlen und sehen sich gezwungen, die ererbte Immobilie daher zu verkaufen. Entscheiden Sie nichts überstürzt, wägen Sie Für und Wider gut ab!

Manches hat auch keine Eile, wie zum Beispiel die Frage, was mit Kunstgegenständen oder Antiquitäten passieren soll. Allerdings sollten Sie bedenken, dass besonders wertvolle Stücke auch gut gelagert und gegen Risiken wie Diebstahl oder Brand versichert werden sollten. Und das kostet Geld. Ein Grund, das Thema dann doch nicht auf die ganz lange Bank zu schieben.

Wenn Sie noch unsicher sind, lesen Sie dieses Kapitel in Ruhe durch und schlafen darüber, bevor Sie eine Entscheidung treffen. Lassen Sie sich nicht drängen, aber setzen Sie sich eine innere Frist, innerhalb derer Sie entscheiden. Das können ein paar Wochen oder Monate sein, aber möglichst keine Jahre.

Ziele definieren

Das Erbe annehmen und für die Zukunft ausrichten oder Teile verkaufen, sind Teil des Abschiednehmens. Wichtig ist es, in dieser Zeit den Blick nach vorn zu richten und – so schwer das fällt – die eigenen Wünsche und Ziele zu hinterfragen. Betrachten Sie jeden einzelnen Posten in Ihrer Vermögensübersicht und machen Sie sich Gedanken, was Sie damit vorhaben. Sind Sie sich bei einigen Objekten bereits im Klaren, vermerken Sie das in der Übersicht.

Während viele Erben die Briefmarkensammlung lieber heute als morgen loswerden wollen, fällt die Entscheidung bei Immobilien oft besonders schwer. Erwägen Sie, das Familienheim selbst zu bewohnen? Das kann aus steuerlicher Sicht interessant sein. Beträgt die Wohnfläche weniger als 200 Quadratmeter, fällt keine Erbschaftssteuer an, wenn die Immobilie mindestens zehn Jahre Ihr Hauptwohnsitz ist. Werden die 200 Quadratmeter überschritten, müssen erbende Kinder die darüber hinausgehende Fläche versteuern, erbende Ehegatten nicht. Mehr dazu siehe das Kapitel „Die wichtigsten Steuerregeln", S. 131.

Immobilie behalten

Wollen Sie die Immobilie behalten, sollten Sie – egal, ob Sie diese selbst bewohnen oder vermieten wollen – zunächst prüfen, ob das finanziell möglich ist. Bedenken Sie dabei den Zustand der Immobilie, häufig besteht ein sogenannter Renovierungsstau, der aufwendige Umbaumaßnahmen und Sanierungen erfordert. Erstellen Sie einen Investitionsplan und tragen alle voraussichtlichen Ausgaben ein. Und bedenken Sie: Immobilien sind mit laufenden Kosten verbunden. Auch diese sollten Sie klären. Am besten erstellen Sie eine Übersicht und tragen alle bekannten Posten ein – von der Grundsteuer bis zur Müllabfuhr.

Ist oder wird die Immobilie vermietet, stehen den Aufwänden Erträge gegenüber. Kalkulieren Sie mögliche Mietausfälle und gegebenenfalls Kreditzinsen, wenn Sie eine Finanzierung benötigen, um Miterben auszuzahlen oder die Immobilie zu renovieren. Notieren Sie auf der einen Seite, welche Kosten genau auf Sie zukommen, und stellen den Aufwendungen mögliche Einnahmen gegenüber.

Anhand des Investitionsplans können Sie Ihren aktuellen Kapitalbedarf ermitteln. Benötigen Sie Geld für eine Renovierung, kann es oft sinnvoller sein, andere Vermögenswerte – sofern vorhanden – zu verkaufen, als einen Kredit aufzunehmen.

Im Fall der Vermietung kann sich wiederum eine Kreditfinanzierung lohnen, da die Schuldzinsen steuerlich abzugsfähig sind und sich mit Mieterträgen verrechnen lassen. Aktuelle Konditionen können Sie unter test.de/hypothekenzinsen jederzeit abfragen und so den besten Kredit finden.

Das Erbe sollte für Sie keine Last sein, sondern ein Plus an finanzieller Sicherheit bedeuten. Möglicherweise hat die verstorbene Person das Erbe oder Vermächtnis aber mit Auflagen belegt, die Sie nun erfüllen müssen. Erben sind an die Auflagen gebunden, sofern diese nicht rechtswidrig sind. Hat die verstorbene Person zum Beispiel angeordnet, dass eine Wohnung mietfrei einem Geschwisterkind überlassen werden soll oder Sie das Haus zwar erben, aber den anderen Geschwistern jeweils einen festen Geldbetrag auszahlen, müssen Sie als Erbe die Vorgaben erfüllen. Ansonsten können Miterben Klage erheben und auf Erfüllung der Auflage bestehen.

Anhand Ihrer Vermögensübersicht haben Sie bereits einen Überblick über Ihre finanziellen Ressourcen und können gut entscheiden, ob Sie über ausreichend finanzielle Mittel verfügen, um die Miterben auszuzahlen, oder ob Sie dafür einen Kredit benötigen. In diesem Fall müssen Sie mit Ihrer Bank sprechen, ob eine Finanzierung möglich ist. Sie können die Immobilie beleihen, sprich als Sicherheit für den Immobilienkredit einsetzen, und den Miterben so ihren Anteil auszahlen. Möglicherweise können Sie mit den Miterben auch Ratenzahlungen oder eine Stundung vereinbaren, damit die Zinsbelastung für Sie nicht zu hoch wird.

Immobilie vermieten

Die Vermietung einer geerbten Eigentumswohnung oder des Familienheims ist oft dann sinnvoll, wenn Sie Alleinerbe sind und Immobilienbesitz aufbauen beziehungsweise erweitern wollen. Auch für Erbengemeinschaften kann die Vermietung eine gute Lösung sein, wenn alle Beteiligten die Immobilie behalten möchten und sich die Erben auf eine gemeinsame Verwaltung oder Aufgabenteilung einigen können. Für eine erfolgreiche Vermietung sollte ein Vertreter und Ansprechpartner für den Mieter benannt werden, der sich im Ernstfall um alle Angelegenheiten in Verbindung mit dem Mietverhältnis kümmert. Alternativ kann auch eine Hausverwaltung mit diesen Aufgaben betraut werden, was aber zulasten der Erträge geht.

Da geerbte Immobilien jedoch häufig erheblichen Modernisierungsbedarf aufweisen und energetisch meist nicht auf dem aktuellen Stand sind, können hier erst mal hohe Kosten anfallen. Darüber sollten sich Erben im Klaren sein. Ob sich nach einer Verschönerung der Immobilie so hohe Mieteinnahmen erzielen lassen, dass die Kosten einer Modernisierung und energetischen Sanierung ausgeglichen werden können, ist nicht gesichert.

Gut zu wissen

Das Herz hängt am Familienheim. Einer der wichtigsten Gründe für viele Menschen, das Elternhaus zu behalten, ist die emotionale Bindung. Dieser Wert und das damit verbundene Lebensgefühl wiegen für manche Mitbürger alle finanziellen Aspekte auf, überdies lässt sich das Familienheim – auch das Millionenobjekt in einer süddeutschen Großstadt – unter Umständen komplett steuerfrei erben. Und wer noch keine Immobilie besitzt, tendiert meist dazu, die Immobilie zu behalten, anstatt sie zu verkaufen. Auch der Zustand der Immobilie sowie die Entwicklung des Immobilienmarktes beeinflussen die Entscheidung der Erben. Sind hohe Marktpreise für Immobilien zu erzielen oder müssen Miterben ausgezahlt werden, sind Immobilienerben eher geneigt, das Objekt zu verkaufen, als wenn die Preise im Keller sind. Worauf beim Verkauf zu achten ist, erfahren Sie ab S. 168.

In der Checkliste rechts finden Sie einen Überblick, was Sie bei der Vermietung bedenken sollten, denn laufende Mieteinnahmen sind eine gute Sache, doch wer vermietet, muss weit mehr bedenken. Und in aller Regel lässt sich nur bei größeren Objekten mit mehreren Wohnungen von den Mieterträgen leben. Diese unterliegen der Einkommenssteuer, weshalb von jedem Euro Mieteinnahme der Staat etwas abbekommen will und Sie auch laufend einen Teil der Mieterträge zur Seite legen sollten, damit Sie die Immobilie instandhalten und Reparaturen oder sonstige laufende Kosten begleichen können. Ein Aspekt, den zerstrittene Erbengemeinschaften bedenken sollten: Unbewohnte Einfamilienhäuser verlieren an Wert, Experten schätzen den Verlust auf rund 5 Prozent pro Jahr. Die Gebäude werden nicht geheizt, Schäden bleiben oft lange Zeit unerkannt. Insbesondere ältere Gebäude verfallen über die Jahre zusehends.

Immobilie verkaufen

Wenn die Immobilie für eine Selbstnutzung oder Vermietung nicht geeignet erscheint oder sich eine Erbengemeinschaft nicht einigen kann, wer die Immobilie erhalten oder wie sie genutzt werden soll, kommt es häufig zum Verkauf. Nicht selten ist der Schritt die einzige Option, um Streitigkeiten innerhalb der Erbengemeinschaft über die weitere Verwendung der Immobilie zu beenden. Ist für die Immobilie ein Käufer gefunden, beginnt für die Erben ein neues Kapitel: Ihr Anteil am Verkaufserlös landet auf dem Bankkonto. Dann müssen Sie sich Gedanken machen, wie Sie das Kapital sinnvoll investieren. Möglichkeiten hierzu finden Sie im Abschnitt „Größere Geldbeträge sinnvoll anlegen" ab S. 178.

Beim Verkauf gilt es jedoch einiges zu beachten. Erwägen Sie, die Immobilie direkt oder unter Vermittlung eines Maklers zu verkaufen? Wenn Sie die Immobilie selbst verkaufen wollen, sollten Sie den Markt intensiv beobachten und müssen beim Verkauf sicherstellen, dass der Käufer solvent ist und fristgerecht bezahlt. Sollte die Immobilie nicht im ersten Anlauf verkauft werden und verharrt lange auf dem Markt, kann dies den Wert deutlich schmälern. Daher ist es wichtig, einen fairen Marktpreis auszuloten. Sie können auch von einem Sachverständigen ein Gutachten erstellen lassen, das Sie potenziellen Interessenten vorlegen. Das Gutachten kostet zwar Geld, kann sich aber auszahlen, wenn Sie einen hohen Preis erzielen können.

Professionell aufbereitete Verkaufsunterlagen und eine gute Internetpräsentation des Objekts wecken Interesse bei Kaufinteressenten und erhöhen das Vertrauen. Daher ist es sinnvoll, wenn Sie frühzeitig Unterlagen zum Bau, Lagepläne, Teilungserklärungen, Energieausweis, Mietverträge (falls es sich um vermietete Immobilien handelt), Protokolle der letzten drei Wohnungseigentümerversammlungen bündeln und Kaufinteressenten vorlegen. Schalten

Checkliste

Vermieten oder nicht?

Das spricht für eine Vermietung ...

- ☐ Regelmäßige Mieteinnahmen
- ☐ Mieteinnahmen sind relativ gut planbar.
- ☐ Immobilie bleibt Eigentum des oder der Erben.
- ☐ Langfristige Wertsteigerung möglich
- ☐ Vermieten ist besser als Leerstand.

... und das dagegen

- ☐ Mietverträge laufen in der Regel unbegrenzt. Je länger Mieter in einer Wohnung leben, desto schwieriger wird es, das Mietverhältnis zu beenden. Eine Kündigung ist in der Regel nur bei Eigenbedarf möglich.
- ☐ Vermieter sind stets Ansprechpartner für die Mieter und müssen sich um Reparaturen kümmern.
- ☐ Wer in absehbarer Zeit einen Verkauf erwägt, sollte bedenken, dass eine leer stehende Immobilie häufig schneller und zu höheren Preisen verkauft werden kann.
- ☐ Unerwartete Reparaturen und Instandhaltungskosten können die Mieteinnahmen übersteigen.
- ☐ Im Falle einer Vermietung des geerbten Familienheims fällt – genauso wie bei dessen Verkauf – Erbschaftssteuer an, wenn die Freibeträge ausgeschöpft sind. Nur bei einer Eigennutzung lässt sich das umgehen.

Sie einen Makler ein (kostenpflichtig für Sie und den Käufer), übergeben Sie diesem die Unterlagen, er wird sich um die Präsentation und Abwicklung kümmern.

Haben Sie einen Kaufinteressenten gefunden, vereinbaren Sie einen gemeinsamen Termin bei einem Notar. Dort wird der offizielle Kaufvertrag ausgearbeitet und der Immobilienverkauf beurkundet – nach Abwicklung aller Formalitäten erhalten Sie den Verkaufserlös, und der neue Eigentümer wird ins Grundbuch eingetragen. Für alle, die sich mit dem Thema Immobilienverkauf beschäftigen, gibt es im Buch „Meine Immobilie erfolgreich verkaufen“ der Stiftung Warentest viele wertvolle Tipps.

Gezielt veräußern: Kunst, Gold, Briefmarken & mehr

Wer Kunstwerke, Gold oder Sammlerstücke loswerden will, sollte die Marktgepflogenheiten kennen und die Geschäftspartner prüfen. Nur so lässt sich ein guter Verkaufserlös erzielen.

Im Lauf des Lebens sammeln Menschen die unterschiedlichsten Dinge – manche sind von hohem Wert, manche taugen nur für den Flohmarkt. Das Schwierigste liegt häufig darin, einen angemessenen Preis zu bestimmen. Oftmals wollen Erben die Sachen möglichst schnell loswerden, um sich von Ballast zu befreien. Doch vorschnelle Entscheidungen sind fehl am Platz, denn gerade in diesem Bereich tummeln sich auch viele vermeintliche Sachverständige oder Betrüger, die auf schnelles Geld aus sind und die Unkenntnis von Laien zu ihrem eigenen Vorteil nutzen.

→ Vorsicht unseriöse Käufer

Seien Sie beim Verkauf von Kunstwerken oder Sammlerstücken argwöhnisch, insbesondere wenn jemand mehr bietet als am Markt üblich. Das klingt verlockend, oft hat die Sache aber einen Haken. Manche Anbieter verlangen, dass Sie ein Gutachten bei ihnen oder einem verbündeten Anbieter erstellen lassen, und verschwinden mit den Erbstücken zur Begutachtung. Dann bricht der Kontakt ab, und die Kunden stehen mit leeren Händen da. Daher gilt es, den potenziellen Käufer vorher kritisch zu prüfen. Das Internet leistet hier wertvolle Dienste.

Bedenken Sie aber: Eine schöne Internetseite ist schnell erstellt, oft betreiben Betrüger mehrere Webseiten oder wechseln die Internetadresse häufig. Suchen Sie im Impressum, wer hinter dem Unternehmen steckt, und versuchen Sie herauszufinden, welche Erfahrungen andere Nutzer mit diesem Anbieter gemacht haben.

Gold und Silber, Sammlermünzen

Für Edelmetalle, Gold- und Silberbarren oder -münzen können Sie aktuelle Marktpreise sehr einfach und schnell ermitteln. Sie sind austauschbare Stücke, ihr Wert richtet sich primär nach dem aktuellen Kurs des Edelmetalls. Dabei ist zu beachten: Je kleiner der Barren, desto höher ist in der Regel der Aufschlag. Die Preise von 1-Gramm-Barren liegen teilweise mehr als 20 Prozent höher als der entsprechende Gewichtspreis an der Börse.

Im Internet gibt es eine Reihe von großen Anbietern wie zum Beispiel Degussa, Pro Aurum oder Ophirum, die eine breite Auswahl an Edelmetallbarren und -münzen an- und verkaufen. Sie veröffentlichen auf den Webseiten An- und Verkaufskurse, was eine schnelle Preisermittlung ermöglicht. Hier werden primär die gängigen Gold- und Silbermünzen gehandelt.

Münzen, die von der Bundesrepublik Deutschland ausgegeben wurden, können bei den Filialen der Deutschen Bundesbank oder vielen Banken und Sparkassen zurückgegeben werden. Allerdings sind diese nur verpflichtet, den darauf aufgedruckten Wert auszuzahlen. Daher dürfte sich der Weg zu einem professionellen Münzhändler lohnen, da die Münzen häufig um einiges mehr wert sind. Das gilt insbesondere für ältere Münzen, weil bei diesen der Silbergehalt deutlich höher ist, als das bei den aktuellen Münzen der Fall ist.

Natürlich existieren neben den Münzen der Bundesrepublik auch viele Münzen anderer Länder. Zu den bekanntesten zählen:

- **Krügerrand (Südafrika)**
- **Maple Leaf (Kanada)**
- **American Eagle (USA)**

Haben Sie Zweifel am Wert oder der Echtheit von Barren oder Münzen, ist der fachkundige Rat eines Numismatikers gefragt. Laut der Deutschen Bundesbank erteilen die Industrie- und Handelskammern Auskünfte zu vereidigten Sachverständigen, oder Sie finden diese unter anderem beim Bundesverband des Deutschen Münzenfachhandels e.V. (muenzenverband.de) oder dem Verband der Deutschen Münzenhändler (vddm.de).

Gut zu wissen

Aufpassen: Münze oder Medaille?
Das Bundesfinanzministerium als „Münzherr" der Deutschen erklärt den Unterschied zwischen Münzen und Medaillen: „Im Unterschied zu den Sammlermünzen der Bundesrepublik Deutschland dürfen sogenannte Medaillen von jedermann hergestellt und vertrieben werden. Auf solchen Medaillen darf insbesondere kein Wert mit Währungsbezeichnung aufgeprägt werden." Daher sind Medaillen in aller Regel weniger wert, auch wenn darauf „Gedenkprägung" oder „Sonderprägung" steht und sie als „offiziell" oder „amtlich" bezeichnet werden. Es sind ganz klar keine Münzen der Bundesrepublik Deutschland, sondern häufig Prägungen von Vertriebsfirmen von geringerem Wert.

Marktplätze im Internet. Ebay ist für viele Sammler eine beliebte Anlaufstelle. Bevor Sie dort aber etwas einstellen, sollten Sie den Wert der Stücke kennen. Auf der Internetseite briefmarken.de gibt es Informationen zu Sammler-Briefmarken, bekannte Adressen für historische Wertpapiere sind hpwh.de oder scripovest.de.

Sammlerwerte

Sie haben in der Erbmasse viele bunte Briefmarken gefunden, möglicherweise noch aus der Zeit des Kaiserreichs oder der DDR – oder vielleicht Telefonkarten, historische Wertpapiere etc. Was tun damit – verkaufen oder aufbewahren? Lange behalten macht wenig Sinn, wenn Sie sich nicht dafür begeistern können. Zudem sinkt die Zahl der Sammler tendenziell, weshalb fraglich ist, ob man daher auf große Preissteigerungen in der Zukunft hoffen kann. Natürlich gibt es immer mal Ausnahmen bei einzelnen Marken, aber das erfordert eine gute Marktkenntnis und ständige Beobachtung. Mit etwas Glück sind in der Sammlung besonders wertvolle Stücke markiert, sodass Sie diese leichter erkennen können.

Marktpreise finden Sie unter anderem auf der Onlinehandelsplattform Ebay, im kostenpflichtigen Michel-Katalog oder der zugehörigen Internetseite briefmarken.de. Handelt es sich um eine besonders wertvolle Sammlung, können Sie sich auch an den Bund deutscher Philatelisten e.V. (bdph.de) wenden. Es ist empfehlenswert, sich eine zweite Meinung einzuholen, denn oft sind die Schätzer oder Händler am Kauf der Stücke interessiert und schätzen die Marken teils unter Wert. Seien Sie aber umsichtig, wenn Sie eine Sammlung zur Bewertung vorlegen. Fotografieren Sie die Sammlung vorher und behalten Sie stets einen Blick auf die Marken, damit nicht am Ende ein wertvolles Stück fehlt.

Auktion

Das Ölgemälde oder die Skulptur mögen nicht jedermanns Geschmack treffen, aber möglicherweise haben sie einen hohen Wert. Herausfinden lässt sich das nur durch den Besuch bei Fachleuten. Bei Kunstgegenständen wäre eine Galerie eine gute Anlaufstation, aber wie so oft kann es hier aufgrund des Geschäftsmodells zu Interessenskonflikten kommen. Möglicherweise wird der Preis lieber zu niedrig als zu hoch angesetzt. Ein Kunstsachverständiger ist daher gerade bei wertvollen Gemälden die bessere Wahl. Auch renommierte Auktionshäuser sind in diesem Fall eine gute Adresse.

Für eine Auktion von Wertgegenständen werden in der Regel erst Informationen über die betreffenden Stücke ermittelt und

veröffentlicht, vornehmlich auf Online-Auktionsseiten, teils auch in Katalogen. Das gilt übrigens auch für Briefmarken oder historische Wertpapiere (siehe Infokasten, S. 172). Renommierte Auktionshäuser laden potenzielle Käufer zum Auktionstermin ein. In der Versteigerungsaktion können Kaufinteressenten ihre Gebote abgeben, die meistbietende Person erhält den Zuschlag.

Konsignationsverkauf

Sie können Erbstücke, egal ob ein Kunstwerk, den Oldtimer, das Motorrad oder die Briefmarkensammlung, auch einem Fachhändler übergeben, der die Stücke in Ihrem Auftrag verkauft. Dabei geben Sie in der Regel einen Preis vor, den Sie erzielen möchten. Der Händler versucht einen Käufer zu finden. Genauso wie bei einer Auktion schneidet sich der Händler ein gutes Stück vom Kuchen ab. Da der Händler einen prozentualen Anteil am Verkaufserlös erhält, hat dieser genauso wie Sie ein Interesse, einen möglichst hohen Preis zu erzielen. In der Regel kennen erfahrene Händler den Markt und können den Wert gut einschätzen. Sie sollten aber auch Verhandlungsbereitschaft zeigen, wenn Käufer Interesse bekunden und den Preis verhandeln wollen.

Wichtig beim Konsignationsverkauf: Sie gehen sowohl mit dem Händler einen Vertrag ein, der die Ware in Konsignation nimmt, als auch mit dem Käufer über den Kaufvertrag. Achten Sie darauf, dass die Bedingungen der Übergabe der Ware sowie die Zahlungsmodalitäten vorab geklärt sind und Sie auch sicher sein können, dass Sie am Ende Ihr Geld erhalten. Gehen Sie keine Risiken ein, erkundigen Sie sich bei größeren Geschäften am besten bei Ihrer Hausbank nach der Bonität des Geschäftspartners. Die Bank stellt in diesem Fall eine Anfrage an die Bank des potenziellen Käufers und teilt dann mit, ob es bei dem potenziellen Käufer schon mal Zahlungsprobleme gegeben hat oder dieser solvent ist. Gerade in Situationen, in denen man Dinge unbedingt loswerden will, lassen sich Verkäufer leicht drängen und vergessen dabei die Sicherheit. Unterschreiben Sie also Verträge nicht voreilig.

Sparbuch oder Wertpapiere geerbt – was tun damit?

Hier erfahren Sie mehr über die unterschiedlichen Anlagemöglichkeiten und eine strategische Vermögensplanung.

Wer Sparbuch oder Wertpapiere erbt, sollte die Gelegenheit nutzen und mit wenig attraktiven Anlagen aufräumen – etwa mit Sparbuch oder Sparkonto. Die Aktion gleicht dem Aufräumen des Kleiderschranks, wobei wir Modetrends ausblenden und uns auf eine gute Kombination von wichtigen, einfach kombinierbaren Basics fokussieren, die gut zu uns passen. Genauso wie beim Outfit sind die einen eher mutiger, die anderen eher dezent. Das lässt sich auch mit Wertpapieren, allen voran mit Aktien und Anleihen beziehungsweise ETF oder anderen Investmentfonds, die Aktien oder Anleihen beinhalten – gut umsetzen.

Bestandsaufnahme

Gerade bei einem geerbten Portfolio muss aber erst mal jedes Stück einzeln betrachtet und entschieden werden, ob es noch passt oder besser aussortiert, sprich verkauft, wird. Bei der Entscheidung, wie Sie das Depot strukturieren und ob Sie ein Wertpapier behalten oder verkaufen, gilt es, die ganz persönliche finanzielle Situation zu berücksichtigen:

- **Finanzielle Ziele:** Definieren Sie, worauf Sie besonderen Wert bei der Geldanlage legen. Möglicherweise wollen Sie laufende Erträge generieren und das Kapital für den Lebensunterhalt verwenden. Oder soll sich das Kapital einfach nur vermehren und Ihnen finanzielle Sicherheit bieten, damit Sie im Notfall darauf zurückgreifen können? Soll das Vermögen ganz oder teilweise für besondere Events und Anschaffungen wie Reisen, Immobilienkauf etc. verwendet werden, gilt es auch den zeitlichen Horizont zu berücksichtigen. Sonst laufen Sie Gefahr, dass die Urlaubsreise ins Wasser fällt oder aus dem Haus nur eine kleine Wohnung wird.
- **Risikotragfähigkeit:** Mit der Erbschaft hat sich Ihre Risikotragfähigkeit sicherlich verbessert. Sie sollten jedoch für sich festlegen, bis zu welchem Grad Sie finanzielle Risiken hinnehmen können.
- **Risikotoleranz:** Können Sie nachts nicht mehr gut schlafen, wenn Sie Geld in Aktien investieren? Beurteilen Sie Ihre Risikotoleranz und entscheiden, ob Sie einen höheren oder niedrigeren

Anteil an sicheren Anlagen wie Zinspapieren bevorzugen oder etwas mehr Mut aufbringen und den Aktienanteil höher gewichten.

- **Diversifikation:** Streuen Sie das Risiko breit. Setzen Sie nicht alles auf einen Wert und kombinieren Sie sichere Zinspapiere mit Aktienanlagen, die auf längere Sicht üblicherweise deutlich höhere Renditen in Aussicht stellen. So reduzieren Sie Wertschwankungen und verbessern Ihr Chance-Risiko-Profil.

Aktien versus Anleihen

Wertpapieranlagen werden in zwei große Gruppen unterschieden: Aktien und Anleihen. Beide haben ihre Vor- und Nachteile, in Kombination bringen sie langfristig gute Ergebnisse. Mit Aktien sind Sie Teilhaber eines Unternehmens, Sie haben ein Mitspracherecht bei der jährlichen Hauptversammlung und einen Anspruch auf einen Anteil am Gewinn, der in Form von Dividenden an die Aktionäre ausgeschüttet wird. Die Wertentwicklung von Aktien hängt jedoch stark von wirtschaftlichen und unternehmensspezifischen Trends ab, so können die Geschäfte mal über Jahre hinweg gut laufen, sich aber auch mal deutlich schlechter entwickeln, und das Unternehmen schreibt dann möglicherweise sogar Verluste. Daher sind Aktien im Allgemeinen deutlich risikoreicher als Anleihen. Diese wiederum bieten Zinsen, und am Laufzeitende wird der Nennwert zurückgezahlt.

Auch an sich sichere Zinsanlagen können während der Laufzeit stark schwanken, wenn sich das Zinsniveau ändert. Bei steigenden Marktzinsen geben die Kurse bestehender Anleihen nach, da neu ausgegebene Papiere dann höhere Renditen bieten.

Je nach Ihrer persönlichen Risikobereitschaft können Sie Aktien oder Anleihen im Portfolio höher gewichten, eine einfache Orientierung bietet das Pantoffel-Portfolio. Es ist bequem, einfach nachvollziehbar und leicht umzusetzen.

Pantoffel-Portfolio

Die Angebote zur Geldanlage sind vielfältig. Um die Umsetzung ideal zu gestalten und gleichzeitig einfach und gut nachvollziehbar zu machen, hat die Stiftung Warentest das Pantoffel-Portfolio entwickelt. Das Konzept eignet sich sowohl für risikofreudige als auch für vorsichtige Anlegerinnen und Anleger, da jeder oder jede nach eigenem Gusto wählen kann, wie hoch die einzelnen Kategorien gewichtet werden.

Sie können zwischen drei Modellen wählen: Im defensiven Pantoffel liegt der Schwerpunkt auf Zinsanlagen. Das ausgewogene Portfolio besteht jeweils zur Hälfte aus Aktien- und Zinsanlagen, und Mutige wählen das offensive Pantoffel-Portfolio mit einer hohen Aktiengewichtung. Das Pantoffel-Portfolio ist auch für nachhaltig orientiert Anlegende geeignet. Es wird üblicherweise mit ETF umgesetzt. Aktiv gemanagte Fonds machen mehr Arbeit, was dem Pantoffel-

Gut zu wissen

Was tun mit Zertifikaten?
Nicht selten besitzen und vererben gerade ältere Menschen ein Depot mit Wertpapieren, die ihnen ein Bankberater empfohlen hat. Bevorzugt „verkaufen" Bankberater ihren Kunden nämlich Anlagen, bei denen die Bank Provisionen erhält. Üblich ist dies bei aktiv gemanagten Fonds und Zertifikaten. Letzteres sind Derivate, deren Wertentwicklung und Höhe der Rückzahlung vom Kurs eines anderen Wertes, zum Beispiel einer Aktie oder eines Aktienindex, an bestimmten Stichtagen abhängig sind. Viele Zertifikatekonstruktionen sind komplex und schwer nachvollziehbar. Zudem zehren Vertriebsprovisionen und jährliche Verwaltungsgebühren an der Rendite!
Es ist kein Geheimnis, dass Finanztest einfache und kostengünstige Anlagen wie ETF präferiert und zur Zurückhaltung bei Zertifikaten und sonstigen strukturierten Papieren rät. Prüfen Sie daher genau, welche Wertpapiere Sie geerbt haben, und wägen Sie ab, ob die Papiere bis zum Laufzeitende im Portfolio bleiben sollen oder Sie sie lieber gleich verkaufen.

prinzip – eine günstige und bequeme Anlage – widerspricht. Mehr dazu siehe „Größere Geldbeträge sinnvoll anlegen", S. 178.

Fonds versus ETF

Die Fondswelt ist zweigeteilt: Auf der einen Seite stehen aktiv gemanagte Fonds, bei denen ein professionelles Team die einzelnen Wertpapiere auswählt, in die der Fonds investiert. Das von Anlegenden bereitgestellte Kapital, sprich das Fondsvermögen, wird daher aktiv gemanagt. Auf der anderen Seite stehen ETF. Die drei Buchstaben stehen für Exchange Traded Funds, zu Deutsch börsengehandelte Indexfonds. Diese Fonds investieren in die Wertpapiere eines bestimmten Wertpapierindex, daher entwickeln sich ETF immer so gut oder schlecht wie der jeweilige Index. Sie gewinnen seit Jahrzehnten an Popularität, da nur wenige Fondsmanager mit aktiven Fonds bessere Ergebnisse erzielen als der jeweilige Vergleichsindex. Abhängig vom Markt und dem Zeitraum, den man betrachtet, sind die Ergebnisse unterschiedlich. Im Schnitt schneiden jedoch nur etwa 20 Prozent aller aktiv gemanagten Fonds besser ab als der Vergleichsindex. Die Zahlen sprechen für sich und sind der Grund, warum Finanztest Exchange Traded Funds (ETF) präferiert.

Genauso wie aktiv gemanagte Fonds streuen ETF das Risiko breit. Im Insolvenzfall sind ETF wie Fonds als Sondervermögen vor dem Zugriff der Gläubiger geschützt. Denn ETF sind ebenfalls Fonds und unterliegen den gleichen Gesetzesvorschriften. Der wesentliche Grund, warum sich ETF so gut entwickeln, ist aber nicht die breite Risikostreuung, sondern sind vor allem die niedrigen Kosten. Denn im Vergleich zu aktiv gemanagten Fonds ist der Verwaltungsaufwand bei einem ETF geringer, die Gebühren sind viel niedriger.

Um das klarer in Zahlen auszudrücken: Für herkömmliche Aktienfonds fallen beim Kauf zum Beispiel 3 bis 6 Prozent Ausgabeaufschlag an, bei Direktbanken geht es allerdings häufig günstiger oder bei Aktienfonds auch mal kostenlos. Ausgabeaufschläge entfallen bei ETF komplett, denn die Papiere werden wie Aktien an der Börse gehandelt. Ganz kostenlos ist der Erwerb von ETF in der Regel nicht, es fallen die üblichen Spesen der Bank wie beim Aktienkauf an. Jedoch bieten viele Onlinebroker und Direktbanken auch für eine Reihe von ETF einen kostenlosen Handel an.

Zusätzlich zum Ausgabeaufschlag (bei aktiv gemanagten Fonds) oder den Kaufspesen (bei ETF) kommen auf die Kunden jährliche Verwaltungsgebühren zu. Hier gibt es ebenfalls gravierende Unterschiede: Sie liegen zum Beispiel bei einem global investierenden ETF auf den Weltaktienindex MSCI World im Schnitt bei nur rund 0,2 Prozent des verwalteten Fondsvermögens, bei aktiv gemanagten Aktienfonds sprechen wir eher über 1 bis 2 Prozent. Über die Jahre summiert sich das ordentlich. Davon erhalten die Banken einen Teil als Bestandsprovision. In aller Regel achten Kunden auf diese Kosten nicht sonderlich, die Banken müssen ihren Provisionsanteil jedoch klar ausweisen, Sie können diesen also nachvollziehen. Wenn Sie das in den Unterlagen nicht finden, fragen Sie bei der Bank nach.

Ein weiterer Vorteil von ETF ist die hohe Transparenz. Wer zum Beispiel einen Dax-ETF im Portfolio hat, kann nachvollziehen, welche Titel dahinter stehen, und tagtäglich verfolgen, wie sich der Index entwickelt. Bei herkömmlichen Fonds werden die Bestände in den Halbjahresberichten veröffentlicht, die teils aber schon nicht mehr aktuell sind, wenn sie publiziert werden.

→ Praxistipp: Depot übertragen

Wenn Sie bereits ein Depot besitzen und das geerbte Depot auf Ihre Bank übertragen lassen wollen, können Sie Ihrer Bank einen Auftrag zum Einzug des Depots geben. Sie kümmert sich um den Übertrag der Wertpapiere. Dazu müssen Sie lediglich einen Antrag ausfüllen und unterschreiben. Sollten im Portfolio allerdings Bruchstücke von Wertpapieren – etwa aus Sparplänen mit Fonds oder ETF – liegen, werden diese verkauft, und es fällt möglicherweise Abgeltungssteuer an. Bedenken Sie zudem, dass Sie während des Übertrags an die Wertpapiere nicht drankommen, Sie können sie also nicht verkaufen.

Größere Geldbeträge sinnvoll anlegen

Schon der Gedanke daran, eine große Summe anzulegen, treibt vielen Menschen die Schweißperlen auf die Stirn. Doch alles halb so schwer. So gehen Sie Schritt für Schritt vor.

Wenn Sie geerbtes Geld langfristig sinnvoll anlegen wollen, führt an der Börse, sprich an einer Aktienanlage, kein Weg vorbei. Eine ganz einfache Strategie ist das Pantoffel-Portfolio von Finanztest, bei dem ein Teil des Kapitals in sichere Zinsanlagen und der andere in Aktien investiert wird. Dazu benötigen Sie ein Depot, es ist quasi die Schaltzentrale für Wertpapiere. Im Wertpapierdepot werden alle Arten von Wertpapieren, also Aktien, Anleihen oder ETF (Exchange Traded Funds), aufbewahrt. So wie in der Geldbörse Euromünzen und Scheine verstaut werden, können dort alle Arten von Wertpapieren verbucht werden.

Sofern Sie noch kein Depot besitzen, ist dies der erste Schritt, denn ohne Depot geht nichts. Vor der Eröffnung sollten Sie entscheiden, ob Sie eine Bankberatung benötigen. Wenn Sie darauf verzichten können und selbst entscheiden, welche Wertpapiere Sie kaufen, wählen Sie einen Onlinebroker oder eine Onlinebank, dort sind die Gebühren meist deutlich günstiger als bei einer Filialbank. Hier erfahren Sie alles, was Sie wissen müssen, um selbst ein Pantoffel-Portfolio zusammenzustellen, das sowohl durch seine einfache Handhabung als auch aufgrund der Ergebnisse überzeugt. Wir geben auch Tipps zu Produkten, sodass Sie sich den Gang zur Filialbank sparen können.

→ Praxistipp: Nichts übereilen

Wer Geld erbt, sollte keine überstürzten Entscheidungen treffen, sondern kann es erst einmal auf einem Tagesgeldkonto parken. Wenn Sie eine Empfehlung von einem Finanzberater erhalten haben, sollten Sie unbedingt eine zweite Meinung einholen – und zwar von einem wirklich unabhängigen Berater. Insbesondere bei großen Anlagebeträgen kann sich auch eine Honorarberatung lohnen, die in aller Regel nach Stunden abgerechnet wird – dafür fließen eben keine Provisionen. Übrigens: Auch Verbraucherzentralen bieten Honorarberatung an. Das kostet natürlich ebenfalls, aber es lohnt sich, da eine unabhängige Person die Empfehlung beurteilt.

Für vorsichtige und risikobereite Anleger gleichermaßen geeignet

Das Pantoffel-Portfolio gibt es in drei Varianten – je nach persönlicher Risikoeinstellung. Als Aktienbaustein kommen ETF auf international breit gestreute Indizes wie den MSCI World infrage, als Zinsbaustein Tagesgeld; Rentenfonds sind wegen Zinsänderungsrisiken derzeit nur eingeschränkt geeignet.

Defensiv:
Pantoffel für Vorsichtige

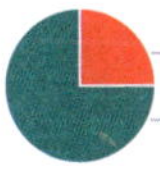

25 % Aktienfonds
75 % Zinsanlagen

Ausgewogen:
Der Fifty-fifty-Pantoffel

50 % Aktienfonds
50 % Zinsanlagen

Offensiv:
Pantoffel für Risikobereite

75 % Aktienfonds
25 % Zinsanlagen

Quelle: Finanztest

Alle Pantoffel-Varianten deutlich im Plus

Im Jahr 1993 eingerichtete Pantoffel-Portfolios wären nach 30 Jahren klar im Plus, obwohl die New-Economy-Blase, die Finanzmarktkrise und die Corona-Pandemie Börsen-Crashs auslösten.

Entwicklung von 100 000 Euro Pantoffel-Einmalanlage (30 Jahre Laufzeit)

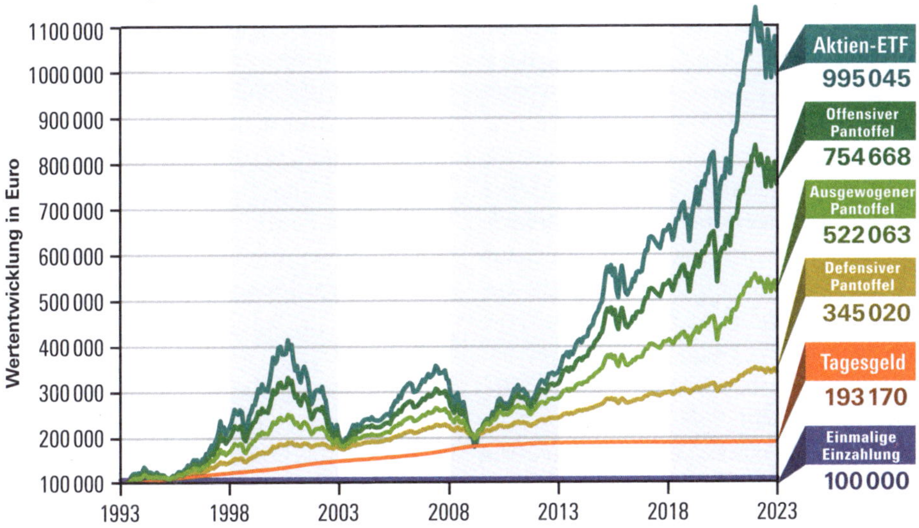

Quellen: Refinitiv, eigene Simulationen Stand: 1. Januar 2023

Das Pantoffel-Portfolio

Das Pantoffel-Portfolio von Finanztest streut die Risiken breit, es ist kostengünstig und leicht umzusetzen. Zwei Komponenten genügen: Aktien und sichere Zinsanlagen. Genauer gesagt ist es ein Aktien-ETF und entweder Tagesgeld, Festgeld oder ein Anleihen-ETF. Eine Auswahl geeigneter Aktien-ETF finden Sie im „Gut zu wissen" rechts.

Wie hoch der Aktien- und der Zinsanteil sind, hängt von Ihrer persönlichen Risikobereitschaft ab. Typisch ist eine 50/50-Aufteilung des anzulegenden Kapitals, Sie können aber auch die offensive Variante wählen und den Aktienanteil auf 75 Prozent erhöhen, beziehungsweise die konservativere mit 25 Prozent Aktien.

Das Pantoffel-Portfolio ist sehr pflegeleicht. Sie brauchen nicht ständig die Börsenkurse zu verfolgen, sondern prüfen nur gelegentlich, ob die Gewichtungen noch passen. Haben Sie sich zum Beispiel für ein 50/50-Portfolio entschieden und die Aktienkurse steigen stark, nimmt der Aktienanteil überproportional zu und die Gewichtung verschiebt sich. Verändert sie sich um mehr als 10 Prozentpunkte, wird die Gewichtung wieder auf das Ausgangsniveau zurückgesetzt.

Angenommen, bei einer 50/50-Gewichtung und einem anfänglichen 100 000-Euro-Portfolio klettert der Aktienanteil. Um die Ausgangsgewichtung wiederherzustellen, wird der Aktienbaustein auf den Zinsanteil umgeschichtet. Das hat den Vorteil, dass Sie antizyklisch reagieren und nach einem starken Kursanstieg Gewinne realisieren. Umgekehrt, sprich nach einem Rückgang der Aktienkurse, erhöhen Sie den Aktienanteil und profitieren im Aufschwung.

In der Bankfiliale raten die Kundenbetreuer Anlegenden selten zu kostengünstigen ETF, sondern preisen aktiv gemanagte Fonds und andere Papiere an, die der Bank Provisionserträge bringen. Banken sind eben keine Wohltätigkeitsorganisationen. Kunden zahlen zwar direkt kein Geld für die Beratung, indirekt fließt über Provisionen dennoch Geld. Zudem sind die Gebühren beim Kauf und Verkauf von Wertpapieren höher, und die Depotverwahrung kostet meist Geld, während diese bei vielen Direktbanken kostenfrei ist.

Im aktuellen Test von Finanztest waren zum Beispiel die Direktbanken DKB-Broker, Flatex, Onvista Bank und Smartbroker besonders preiswert. Bei den Filialbanken war die Santander Consumer Bank am günstigsten. Weitere Infos finden Sie gegen eine geringe Gebühr unter test.de/depotkosten.

Wertpapierdepot eröffnen

Bevor Sie ein Depot eröffnen, sollten Sie kurz nachfragen, welche Wertpapiere gehandelt werden können. Haben Sie ein passende Depotverbindung ausgewählt, ist die Hauptarbeit schon erledigt, die Eröffnung geht relativ schnell. Als Neukunde geben Sie direkt auf der Internetseite der Direktbank oder des Onlinebrokers Ihre persönlichen

Daten in das Kontoeröffnungsformular ein. Im Anschluss muss man sich legitimieren. Meist bieten die Banken diese Möglichkeit online per Video an, im sogenannten Video-Ident-Verfahren, oder Sie gehen mit Ihrem Personalausweis oder Reisepass zur Postfiliale, um Ihre Identität bestätigen zu lassen. Ist das Depot eröffnet, kann es losgehen mit der Auswahl und dem Kauf von ETF.

→ Wie sicher ist ein Depot?

Bankeinlagen wie Kontoguthaben auf dem Verrechnungskonto sind in der EU per Gesetz grundsätzlich bis zur Höhe von 100 000 Euro pro Kunde und Bank geschützt. Die Wertpapiere im Depot unterliegen nicht der Einlagensicherung, sondern gehören ohnehin den Kunden und sind ihnen zugeordnet. Sie haben daher einen Herausgabeanspruch, sollte ein Depotanbieter in Schieflage geraten.

Gut zu wissen

Die besten Aktien-ETF. Für den Aktienanteil des Pantoffel-Portfolios empfehlen wir Aktien-ETF Welt. ETF auf den Aktienindex MSCI World gibt es von verschiedenen Anbietern. Hier eine Auswahl. In Klammern die Isin, eine Nummer, mit der sich die ETF identifizieren lassen.

Amundi (LU1681043599)
Amundi Lyxor (FR0010315770)
HSBC (IE00B4X9L533)
Invesco (IE00B60SX394)
iShares (IE00B4L5Y983)
UBS (LU0340285161)
Vanguard (IE00BKX55T58)
Xtrackers (IE00BJ0KDQ92)

Für nachhaltig orientierte Anleger kommen zum Beispiel die folgenden nachhaltigen Aktien-ETF Welt infrage:
Amundi (LU1861134382)
Amundi Lyxor (LU1792117779)
BNP Easy (LU1615092217)
iShares (IE00BYX2JD69)
UBS (IE00BK72HJ67)

Papiere auswählen

Die einfachste Variante, große Geldbeträge anzulegen, ist, wie gesagt, sie entsprechend dem Pantoffel-Portfolio in zwei verschiedene Papiere zu investieren, und zwar in einen Aktien-ETF und Zinsanlagen wie Tages- oder Festgeld beziehungsweise Anleihen-ETF.

Für den Aktienanteil eignet sich ein ETF auf einen globalen Index wie den MSCI World, der rund 1500 Aktien aus 23 Ländern abbildet. Alternativ auf den MSCI All Country World, der knapp 2900 Papiere umfasst und auch in Schwellenländer investiert, oder den FTSE All World, der knapp 4200 Aktien aus aller Welt abbildet. Diese Indizes streuen die Risiken weltweit, weshalb der komplette Aktienanteil mit einem einzigen ETF abgedeckt werden kann.

Wenn Sie nicht tiefer in die Materie einsteigen möchten, können Sie einfach einen der Aktien-ETF aus dem „Gut zu wissen" von S. 181 wählen. Dort haben wir eine Auswahl geeigneter ETF für Sie zusammengestellt. Eine weit größere Palette finden Sie unter test.de/fonds. Dort bewertet Finanztest laufend Tausende von ETF und anderen Fonds. Geeignete ETF erhalten dort die Auszeichnung 1. Wahl. Das bedeutet, dass sich ein ETF wie der jeweilige Index entwickelt. Dabei wird nicht beurteilt, ob ein ETF gut oder schlecht abschneidet, sondern nur, ob er mit dem Markt im Gleichtakt läuft. Weicht die Zusammensetzung stark von der des Referenzindex der Fondsgruppe ab, wird dieser nicht als 1. Wahl ausgezeichnet.

Den Zinsanteil kann man geschickt auf einem Tagesgeld- oder Festgeldkonto parken oder in einen ETF auf europäische Staatsanleihen investieren. Somit besteht bei den Anleihen-ETF kein Wechselkursrisiko, allerdings ein Kursrisiko, da die Kurse von Anleihen während der Laufzeit steigen beziehungsweise fallen, wenn die Zinsen sinken oder klettern. Dieses Kursrisiko lässt sich mit Tagesgeld oder Festgeld vermeiden, langfristig orientierte Investoren können es aber in Kauf nehmen.

Bei großen Anlagebeträgen, zum Beispiel aus einem Immobilienverkauf, sollten Sie bei Tages- und Festgeldanlagen zudem bedenken, dass durch die gesetzliche Einlagensicherung pro Einleger bei einer Bank nur 100 000 Euro gesichert sind. (Siehe auch „Sicherheit hat Priorität", S. 158.) ETF sind dagegen als Sondervermögen besonders geschützt, weshalb die Höhe des Anlagebetrags keine Rolle spielt.

→ Nachhaltig anlegen

Wollen Sie bei der Geldanlage nachhaltige Kriterien berücksichtigen, ist das ebenfalls möglich. Es existieren auch ETF auf nachhaltige globale Aktien-Indizes (siehe „Gut zu wissen", S. 181). Eine einfache Lösung für die Zinskomponente ist ein Tages- oder Festgeldkonto bei einer nachhaltigen Bank, zum Beispiel der GLS Bank, der Umweltbank, der Triodos Bank oder einer Kirchenbank. Aktuelle Konditionen finden Sie im Internet unter: test.de/nachhaltige-zinsen.

Zinseszinseffekt nutzen

Sie können die Erträge, sprich die Zinsen und Dividenden von ETF, regelmäßig auszahlen lassen, wenn Sie das Geld für den Lebensunterhalt benötigen. Wählen Sie in diesem Fall einen ausschüttenden ETF, damit die Erträge stets auf Ihrem Konto landen. Das Pendant sind thesaurierende ETF, teils auch kumulierend genannt. Ausschüttungen werden dann ohne weitere Weisung automatisch in den jeweiligen Fonds oder

ETF reinvestiert. Die Wiederanlage hat den Vorteil, dass das Geld aus Zinsen und Dividenden weiter für Sie arbeitet und ebenfalls Ertrag bringt. Das nennt sich Zinseszinseffekt. Man kann aber auch bei ausschüttenden Fonds Wiederanlage vereinbaren.

Das Timing-Problem lösen

Vermutlich fragen Sie sich, ob jetzt der richtige Zeitpunkt für den Kauf von Aktien-ETF ist, und zögern vielleicht. Gerade bei größeren Anlagesummen fällt es oft schwer, das gesamte Geld an einem Tag zu investieren. Wenn Sie damit ein Problem haben, können Sie erst mal nur den Zinsanteil auf einem Festgeldkonto parken und den Aktienanteil in mehreren Tranchen alle ein oder zwei Monate investieren. Das Schwierige ist, dass es keine Ansage gibt, welches der günstigste Tag für den Kauf ist. Man ist immer erst im Nachhinein schlauer und weiß, wann der beste Zeitpunkt gewesen wäre. Die andere Variante ist, das Kapital einfach auf einen Schlag zu investieren.

Die Stiftung Warentest hat dazu Ende 2022 eine Analyse gemacht. Diese ergab, dass es in der Vergangenheit meist besser war, alles Kapital auf einmal zu investieren, als scheibchenweise in Raten einzuzahlen. In Raten einzuzahlen war jedoch besser für die Nerven, weil man in schlechten Zeiten weniger Geld verlor. Historisch gesehen wäre nur in 33 Prozent der Fälle der scheibchenweise Einstieg in zwölf Raten besser gewesen, als alles auf einmal zu investieren. Je länger der Markteinstieg gestreckt wurde, desto unwahrscheinlicher war es, damit besser abzuschneiden als mit einer Einmalanlage gleich zu Beginn. Nur einmal im Januar 2000, als die Aktienmärkte Rekorde erreichten, hätte der sukzessive monatliche Kauf über 23 Jahre hinweg mehr gebracht als der Einstieg im Januar 2000.

→ Beim Kaufauftrag beachten

Wenn Sie einen Kaufauftrag erteilen, egal, ob kleines oder großes Ordervolumen, sollten Sie den Auftrag streng limitieren. Ein Limit ist die Grenze, die man bereit ist, beim Kauf maximal zu bezahlen. Idealerweise liegt das Limit nahe am aktuellen Kurs.

Geld auszahlen

Das Pantoffel-Portfolio ermöglich nicht nur die Ansammlung von Vermögen, sondern auch eine regelmäßige Entnahme. Sie können sich quasi aus dem Vermögen auch eine Art monatliche Rente auszahlen. Dazu entnehmen Sie erst Geld aus dem Zinsbaustein, bis sich die Gewichte um mehr als 10 Prozentpunkte verschoben haben. Dann wird ein Teil des Aktienbausteins verkauft und auf dem Festgeld-/Tagesgeldkonto geparkt, um das Portfolio in die ursprüngliche Gewichtung zurückzuversetzen. Wird das Geld stets aus dem Zinsanlagenblock entnommen, müssen Sie selten Positionen verkaufen – und das spart Gebühren.

Hilfe

Kosten und Gebühren

Die Gebühren beim Nachlassgericht und bei Notaren richten sich nach dem Gerichts- und Notarkostengesetz GNotKG. Die Kosten hängen meist vom Nachlasswert ab. Beträgt beispielsweise der gesamte Nachlass 10 000 Euro und der Erbteil ein Viertel, ist der maßgebliche Nachlasswert 2500 Euro.
Dafür gibt es eine Gebührentabelle, die das Justizministerium unter https://www.gesetze-im-internet.de/gnotkg/anlage_2.html veröffentlicht hat. Es gelten die Gebühren in Tabelle B. Hier zu Ihrer Orientierung ein kleiner Auszug:

Die folgende Gebühr zahlen Sie bei einem Nachlasswert bis ...

10 000 Euro: 75 Euro
50 000 Euro: 165 Euro
110 000 Euro: 273 Euro
200 000 Euro: 435 Euro
500 000 Euro: 935 Euro
1 Million Euro: 1735 Euro
2 Millionen Euro: 3335 Euro

Werden für eine Leistung 2 Gebühren fällig, zahlen Sie das Doppelte, bei 0,5 Gebühren die Hälfte etc.
Generell gilt: Notarinnen und Notare müssen 19 Prozent Umsatzsteuer auf die Gebühren erheben, das Nachlassgericht nicht. Deshalb spart der Gang zum Nachlassgericht in der Regel Kosten.

Das zahlen Sie für...

Die Tabelle gibt einen Überblick über die Gebühren, die Sie für eine Leistung zahlen müssen. Für die Berechnung der Gebühr siehe Text auf S. 184.

Wofür?	Wie viel?	Praxistipps / Was ist zu beachten?
Erbschein/ENZ	Antrag: 1 Gebühr Erteilung durch das Gericht: 1 Gebühr	Bei einer Erbengemeinschaft ist es sinnvoll, dass ein Miterbe den Erbschein für den ganzen Nachlass beantragt, ein Teilerbschein für seinen Teil hilft wenig.
Beschwerde beim Oberlandesgericht gegen Erteilung eines Erbscheins	1 Gebühr, höchstens 800 Euro	Ein Streit um das Erbrecht ist vor dem Nachlassgericht viel kostengünstiger als ein streitiges Verfahren vor dem Zivilgericht.
Eröffnung einer letztwilligen Verfügung durch das Nachlassgericht	Einmalig 100 Euro	Das gilt auch bei mehreren letztwilligen Verfügungen.
Ausschlagung der Erbschaft	Wenn der Notar die Ausschlagung entwirft, 0,5 Gebühr, mindestens 30 Euro, sonst 0,2 Gebühr, mindestens 20, maximal 70 Euro.	Bei Überschuldung des Nachlasses zahlen Sie die Mindestgebühr. Sie beträgt 30 Euro, wenn der Notar die Auschlagungserklärung formuliert. Mehrere Ausschlagungen in einem Dokument sparen Kosten.
Immobilien: Grundbuchberichtigung	Die Grundbuchberichtigung ist innerhalb der Zweijahresfrist[1)] kostenlos. Danach 1 Gebühr	Antrag ist formlos möglich.
Immobilien: Kosten für Auseinandersetzung und Vermächtniserfüllung; Grundbuchkosten	Bei eigenhändiger Verfügung 2 Gebühren, mindestens 120 Euro. Bei notarieller Verfügung 1 Gebühr, mindestens 60 Euro	Die Übereignung (Auflassung) von Immobilien muss stets notariell beurkundet werden. Die Grundbuchberichtigung ist innerhalb der Zweijahresfrist[1)] kostenlos, danach 1 Gebühr. Dies gilt auch, wenn die Erben/der Vermächtnisnehmer erst infolge einer Erbauseinandersetzung/Vermächtniserfüllung eingetragen werden, bei Vermächtnisnehmern aber nur, wenn sie zugleich auch Erbe sind (Vorausvermächtnis).

1) Die Gebühr wird nicht erhoben, wenn der Eintragungsantrag binnen zwei Jahren seit dem Erbfall bei dem Grundbuchamt eingereicht wird. Dies gilt auch, wenn die Erben erst infolge einer Erbauseinandersetzung eingetragen werden. Kostenfrei ist allerdings immer nur die erste Eintragung nach dem Erbfall.

Wofür?	Wie viel?	Praxistipps / Was ist zu beachten?
Erbteilsübertragung	2 Gebühren, mindestens 120 Euro	Die Erbteilsübertragung muss stets notariell beurkundet werden. Bei Immobilien ist infolge der Erbteilsübertragung das Grundbuch zu berichtigen. Die Grundbuchberichtigung ist innerhalb der Zweijahresfrist[1)] kostenlos, danach 1 Gebühr.
Abschichtungsvereinbarung (Ausscheiden eines Miterben aus der Erbengemeinschaft)	Notarkosten bei Beurkundung 2 Gebühren, mindestens 120 Euro	Die Abschichtung muss nicht notariell beurkundet werden. Bei Immobilien ist stets ein Antrag auf Berichtigung des Grundbuchs erforderlich, den alle Miterben stellen müssen. Die Unterschriften müssen notariell beglaubigt werden. Notarkosten, wenn der Notar den Antrag entwirft: 0,5 Gebühr, mindestens 30 Euro – Notarkosten, wenn der Notar nur die Unterschriften unter einem vorbereiteten Antrag beglaubigt: 0,2 Gebühr, mindestens 20, maximal 70 Euro. Die Grundbuchberichtigung ist innerhalb der Zweijahresfrist[1)] kostenlos, danach 1 Gebühr.
Nachlassvollmacht, Notarkosten	Wenn der Notar die Vollmacht entwirft, 1 Gebühr; beglaubigt er nur die Unterschriften unter einer vorbereiteten Vollmacht, 0,2 Gebühr, mindestens 20, maximal 70 Euro	Ein Muster für die Vollmacht finden Sie rechts.
Testamentsvollstreckerzeugnis	Antrag: 1 Gebühr; Verfahren für den Antrag: 1 Gebühr; Verfahren über die Einziehung eines Testamentsvollstreckerzeugnisses: 1 Gebühr	Die Gebühr wird in diesen Fällen nicht aus dem vollen Nachlasswert berechnet, sondern aus einem Anteil von 20 Prozent, zum Beispiel bei einem Nachlasswert von 100 000 Euro (= Gebührenwert 20 000 Euro) eine Gebühr von 107 Euro.

1) Die Gebühr wird nicht erhoben, wenn der Eintragungsantrag binnen zwei Jahren seit dem Erbfall bei dem Grundbuchamt eingereicht wird. Dies gilt auch, wenn die Erben erst infolge einer Erbauseinandersetzung eingetragen werden. Kostenfrei ist allerdings immer nur die erste Eintragung nach dem Erbfall.

Muster

Nachlassvollmacht

I. Vollmacht
Ich, Martina Mustermann, geb. Maier,
geboren am 17. Januar 1991,
wohnhaft in 80333 München, Barrer Str. 32,

bevollmächtige hiermit

meine Mutter, Frau Adelheid Maier, geb. Müller,
geboren am 25. Oktober 1955,
wohnhaft in 94032 Passau, Kleiner Exerzierplatz 13, –
nachfolgend als „Bevollmächtigte" bezeichnet –

mich in allen Angelegenheiten gerichtlich und außergerichtlich zu vertreten, die den Nachlass meines verstorbenen Vaters, Herrn Wilhelm Maier, geboren am 08.07.1951, verstorben am 08.09.2023, betreffen.

1. Die Vollmacht soll in Bezug auf den Nachlass im gesetzlich zulässigen Rahmen umfassend sein und auch Rechtsgeschäfte umfassen, die ein Nachlassverwalter nicht vornehmen kann. Hierzu zählen insbesondere, jedoch nicht ausschließlich:

- alle Geschäfte zur Verwaltung des Nachlasses,
- die Verfügung über Vermögensgegenstände des Nachlasses jeder Art einschließlich Grundbesitz,
- der Vermögenserwerb,

— die Eingehung von Verbindlichkeiten, einschließlich einer Zwangsvollstreckungsunterwerfung[1], auch nach § 800 ZPO. Sie berechtigt zur Abgabe und Entgegennahme von Erklärungen ebenso wie zu allen sonstigen für mich vorzunehmenden Handlungen, insbesondere die Entgegennahme von Gegenständen aller Art. Die Vollmacht berechtigt nicht zur Verfügung über meinen Erbteil.

2. Die Vollmacht gilt über den Tod hinaus. Sie berechtigt zur Erteilung von Untervollmachten. Für gerichtliche und außergerichtliche Vertretung ist die Bevollmächtigte ausdrücklich berechtigt, andere Personen zu beauftragen und zu bevollmächtigen. Vom Verbot der Mehrvertretung ist die Bevollmächtigte befreit.

II. Wirksamkeit, Haftung

1. Die Vollmacht ist nur wirksam, solange die Bevollmächtigte im unmittelbaren Besitz des Originals (der Urschrift) ist. Die Vollmacht ist jederzeit widerruflich.
2. Die Bevollmächtigte haftet in Ausübung der Vollmacht nur für Vorsatz und grobe Fahrlässigkeit.

München, den ______________________________

(Datum und Unterschrift mit vollständigem Namen)

Damit die Vollmacht von Kreditinstituten akzeptiert wird und auch für Immobilien beim Grundbuchamt verwendet werden kann, muss zumindest die Unterschrift unter der Vollmacht notariell beglaubigt sein (beschränkt auf Bankgeschäfte genügt auch eine Bankvollmacht auf dem Formular des Kreditinstituts).

1) Die Zwangsvollstreckungsunterwerfung ist insbesondere notwendig, wenn über eine Nachlassimmobilie etwas finanziert und hierüber eine Grundschuld bestellt wird. Die Banken verlangen hier in der Regel die Zwangsvollstreckungsunterwerfung, um ohne vorherige Klage vollstrecken zu können.

Stichwortverzeichnis

R/S

T

U/V

W

Z

Die Stiftung Warentest wurde 1964 auf Beschluss des Deutschen Bundestages gegründet, um dem Verbraucher durch vergleichende Tests von Waren und Dienstleistungen eine unabhängige und objektive Unterstützung zu bieten.

Die Autoren:
Dr. Stefan Bandel ist Notar in Passau.
Antonie Klotz und Brigitte Wallstabe-Watermann sind freie Journalistinnen und Mitgründerinnen von finanzjournalisten.de. Sie sind auf Finanzthemen spezialisiert und arbeiten für namhafte Medien. Für die Stiftung Warentest haben sie unter anderem die Bücher „Anlegen mit ETF", „Alles über Bitcoin, Ethereum und Co." und „Immobilien verschenken und vererben" mitgeschrieben.

Stiftung Warentest
Lützowplatz 11–13
10785 Berlin
Telefon 0 30/26 31–0
Fax 0 30/26 31–25 25
www.test.de
email@stiftung-warentest.de

USt-IdNr.: DE136725570

Vorstand: Hubertus Primus
Weitere Mitglieder der Geschäftsleitung: Julia Bönisch, Dr. Holger Brackemann, Daniel Gläser

Programmleitung: Niclas Dewitz
Autoren: Dr. Stefan Bandel, Antonie Klotz, Brigitte Wallstabe-Watermann
Projektleitung und Lektorat: Ursula Rieth
Mitarbeit im Lektorat: Merit Niemeitz

Korrektorat: Christoph Nettersheim
Fachliche Unterstützung: Michael Degethof, Diplom Finanzwirt (FH); Prof. Dr. Michael Sohni, vereidigter Sachverständiger von Grundstücken; Karin Baur, Simeon Gentscheff, Alrun Jappe, Eugénie Zobel (Finanztest)
Titelentwurf: Christian Königsmann
Grafiken und Satz: Büro Brendel, Berlin
Bildnachweis: GettyImages (S. 2, 3, 8, 18, 26, 47, 51, 56, 80, 84, 96, 102, 114, 119, 130, 133, 150, 152, 173); Florian Brendel (S. 2, 29, 63, 164, 179); René Reichelt (S. 2, 25, 146, 157); Josephine Rank (S. 162)

Produktion: Christian Königsmann
Verlagsherstellung: Rita Brosius (Ltg.), Romy Alig, Susanne Beeh
Litho: tiff.any, Berlin
Druck: MEO MEDIA, eine Marke der Meinders & Elstermann GmbH & Co. KG, Belm

ISBN: 978-3-7471-0705-8

Wir haben für dieses Buch 100 % Recyclingpapier und mineralölfreie Druckfarben verwendet. Stiftung Warentest druckt ausschließlich in Deutschland, weil hier hohe Umweltstandards gelten und kurze Transportwege für geringe CO_2-Emissionen sorgen. Auch die Weiterverarbeitung erfolgt ausschließlich in Deutschland.